이아주소 2

Annotations on the Erya

옮긴이 **이충구**(李忠九)는 경기도 과천에서 출생하여 성균관대학교 대학원 국어국문학과에서 석사·박사 과정을 수료하고 문학박사 학위를 취득하였다. 독립기념관 전문위원을 역임하였고, 현재 성균관대학교 강사로 재직하면서 한중철학회 회장을 맡고 있다.

옮긴이 **임재완**(林在完)은 부산에서 출생하여 성균관대학교 대학원 한문학과에서 석사·박사 과정을 수료하였으며, 태동고전연구소(지곡서당 6기)를 수료하였다. 성균관대학교 강사 및 삼성문화재단 삼성미술관 리움 선임연구원을 역임하였고, 현재 수원시 역사박물관 전문위원으로 재직하고 있다.

옮긴이 **김병헌**(金柄憲)은 경북 영양에서 출생하여 성균관대학교 대학원 한문학과에서 석사·박사 과정을 수료하였다. 성균관대학교 강사 및 독립기념관 전문위원을 역임하였다. 현재 (주)사문원 대표이다.

옮긴이 **성당제**(成唐濟)는 충남 예산에서 출생하여 성균관대학교 대학원 한문학과에서 석사·박사 과정을 수료하고 문학박사 학위를 취득하였다. 현재 성균관대학교 강사 및 서울대학교 규장각 한국학연구원으로 재직하고 있다.

이아주소 2

1판 1쇄 발행 2004년 12월 30일
1판 2쇄 발행 2008년 3월 25일

옮긴이 / 이충구·임재완·김병헌·성당제
펴낸이 / 박성모
펴낸곳 / 소명출판
등록 / 제13-522호
주소 / 137-878 서울시 서초구 서초동 1621-18 (란빌딩 1층)
대표전화 / (02) 585-7840
팩시밀리 / (02) 585-7848
somyong@korea.com / www.somyong.co.kr

ⓒ 2004, 한국학술진흥재단

값 29,000원

ISBN 978-89-5626-129-4 94030
ISBN 978-89-5626-127-0 (전6권)

이아주소(爾雅注疏) 2

Annotations on the Erya

이충구 · 임재완 · 김병헌 · 성당제 공역

일러두기

- 본 번역의 대본은 『爾雅注疏』로, 1999년 12월에 北京大學校 出版社에서 간행한 十三經注疏(標點本) 가운데 하나이다. 『爾雅』 經文과 郭璞의 『爾雅注』, 邢昺의 『爾雅疏』가 수록되어 있다.
- 『爾雅音義』는 대본에는 수록되어 있지 않았으나 필요하다고 생각되어 함께 번역하였다. 陸德明의 『經典釋文』 속에 수록된 『爾雅音義』로, 北京 中華書局에서 1983년에 간행한 것이다.
- 본서에 인용된 『詩經』을 비롯한 제경전 文句의 풀이는 朱熹 및 그 학파의 註釋에 의거하지 않고, 十三經注疏本의 주석에 의거하였다. 그 이유는 본서 대본의 저자 중 연대가 가장 늦은 邢昺도 주희보다 약 200년 이전 인물이기 때문에 주희 등의 주석과는 무관하기 때문이다.
- 번역에 참고를 가장 많이 한 서적은 『爾雅詁林』이다. 1998년 湖北敎育出版社에서 朱祖延 主編으로 간행되었다. 『爾雅』와 관련된 역대 모든 著作物을 총망라한 叢書이다.
- 陸璣의 『疏』는 정확히 말하자면 『毛詩草木鳥獸蟲魚疏』로 四庫全書本을 참고로 하였다.
- 주석에서 『爾雅詁林』 「義疏」라고 한 것은 淸의 고증학자인 郝懿行의 『爾雅義疏』를 가리키는 것으로 『爾雅』의 주석서로 가장 뛰어나다고 평가받고 있다.
- 주석에서 『爾雅詁林』 「正義」라고 한 것은 邵晉涵의 『爾雅正義』를 말한다.
- 주석에서 『爾雅詁林』 「音義攷證」이라 한 것은 盧文弨의 『爾雅音義攷證』을 말한다.
- 주석에서 『爾雅詁林』 「陸音義」라고 한 것은 『爾雅詁林』에 수록된 육덕명의 『爾雅音義』를 말하는데, 번역의 대본으로 한 『爾雅音義』(『經典釋文』)와는 板本의 差異가 다소 있다.
- 주석에서 『爾雅詁林』 「義證」이라 한 것은 尹桐陽의 『爾雅義證』을 말한다.
- 주석에서 저작자를 말하지 않고 「蟲名今釋」, 「郭注佚存補訂」, 「一切注音」, 「注疏本正誤」 등이라고 표현한 것이 있는데 모두 『爾雅詁林』에서 인용한 서명이다.
- 위에 밝힌 것 이외의 『爾雅詁林』 내의 여러 저서는 참고문헌에 그 서명을 제시하였다.

역자 서문

『이아(爾雅)』는 선학(先學)들이 '여러 경전의 요체[群經之樞要]', '제자백가의 지침[百氏之指南]'이라고 하였다. 훈고(訓詁)를 연구하고 주소(注疏)를 다는 이들은 모두『이아』를 근거로 삼았으며『이아』가 13경에 편입되자 이를 극도로 추숭하였다. 『이아』의 가치는 훈고학의 기초를 확립했다는 점, 사어(詞語)의 다양한 옛 뜻을 보존하고 있다는 점에 있다. 따라서『이아』는 고대 문헌을 학습하고 문화유산을 계승하는 데에 중요한 도구이다.

한자 독해의 원조(元祖), 훈고의 으뜸 고전으로서『이아』의 위치는 확고하다. 『이아』의 피석사(被釋詞 : 標題語)와 해석사(解釋詞 : 說明語), 그리고 본문을 주해한 주(注)・소(疏) 및 음의(音義)는 독음해의(讀音解義)에 직결되므로, 해당 한자의 음의(音義)를 이해할 뿐만 아니라, 한자의 독해법칙까지 살필 수 있다. 한마디로『이아』는 한자 뜻풀이의 지침서라고 하겠다.

이러한 중요성의 전제 아래『이아』의 경문(經文)과 주소(注疏)와 음의(音義) 등을 한국어로 변역하여 옮긴 것이다. 『이아』의 번역은 한자의 한국적 독해, 즉 한자의 한국음의를 명확히 하고, 나아가 한자의 한국적 독해 방식・경향을 제시했다는 데 그 의의가 있다. 그러므로 이로부터 한자 독해는 물론, 한자의 국어훈고 즉 한자의 국어의미 추구, 한자의미의 한국적 이해를 꾀할 수 있다. 이렇듯 한국어 사용자는 번역에 의해 한자의 의미를 파악하게 되므로, 『이아』의 번역은 결국 한국인에게 한자를 이해시키는 길잡이가 될 것이다.

이 번역이 갖는 의의를 몇 가지 들 수 있다.

첫째, 한자에 관한 최고(最古) 원전의 번역이다. 『이아』는 한자서로서 『설문해자(說文解字)』보다 훨씬 앞선다. 따라서 『이아』 번역은 한자 주석의 근원에 대한 국어번역이라고 할 수 있다.

둘째, 사서삼경 등 제경전을 해석하는 데 많은 도움이 될 수 있다. 『이아』에 수록된 한자는 특히 『시경(詩經)』을 비롯한 제경전에서 채록하여, 이를 훈고라는 입장에서 전문적으로 풀이한 것이다. 그러므로 『이아』 번역을 통해 제경전에 나오는 해당 한자의 의미를 분명히 이해할 수 있다.

셋째, 한자의 한국적 독해, 즉 한자의 한국 음의를 명확히 제시한다. 따라서 한국어 사용자들이 『이아』에 제시된 한자의 자음과 자의를 이해하는 데 도움을 줄 것이다.

넷째, 자전 편찬에 도움을 줄 수 있다. 『이아』는 자전의 원조라고 할 수 있다. 『이아』의 각 한자 의미는 자전에 모두 채택되어야 하는데, 이따금 누락된 것도 있고 또 부정확하게 주석된 경우도 있다. 그러므로 『이아』 번역은 자전의 미흡한 부분들을 보충하는 중요한 자료가 될 것이다.

다섯째, 『이아주소』의 번역은 세계 최초라는 점이다. 근래 『이아』 번역서가 나온 바 있으나 주소까지 함께 번역된 것은 없다.

번역 작업은 1998년 1월에 착수하였다. 윤번제로 원문과 역문을 준비하고 주로 격주 일요일에 함께 모여 낭독해 가면서 검토하였다. 작업이 상당히 진척된 2000년 가을에는 한국학술진흥재단의 동서양학술명저번역지원 사업에 채택되어 진도에 박차를 가하게 되었다. 약 1년 뒤인 2001년 9월 30일에 번역을 마쳐 학술진흥재단에 보고하고, 출판 허가를 받아 지금 출간하게 된 것이다. 출간이 늦어진 것은 벽자 등의 장애로 번역자와

출판사 양측에서 교정에 시간과 노력을 많이 들였기 때문이다.

번역에 참여한 인원은 출입이 있었는 바, 작업을 본격적으로 추진하여 마무리한 사람은 4명이다. 김병헌·임재완 연구원은 처음부터 참여하였고, 본인과 성당제 연구원은 1999년 2월에 합류하였다. 끝까지 함께 하지 못한 동학들에게 아쉬워하며 한편 고마움을 느낀다.

역자들이 이 번역을 감당하기에는 매우 벅찬 것이었다. 그럼에도 이를 시도한 것은 『이아』를 독파해보자는 학문적 욕구 때문이었다. 그러나 애로도 많았다. 특히 『이아』에 인용된 『시경』을 비롯한 제경전 구절의 풀이를 주자(朱子) 및 그 학파의 주석에 의거하지 않고 십삼경주소본(十三經注疏本)의 주석에 의거해야 했으므로, 지금까지 익혔던 선입관을 버리고 번역해야 하는 데서 고민이 많았다. 미흡한 점에 마음이 끌린다. 지금 작업을 끝내면서 그 결과에 대하여 매우 부끄러운 생각이 든다. 다만 주소까지 몇 차례 읽었다는 것으로 위안을 삼고자 한다. 부족한 점은 제현의 질정으로 보충되기를 기대한다.

이 책이 나오는 데에는 많은 도움을 받았다. 특히 한국동양철학회를 통하여 학술진흥재단에 번역사업이 신청된 일은 깊이 기억될 것이다. 성균관대학교 임형택 교수님께서는 일찍부터 관심을 두시고 이끌어주셨다. 학술진흥재단 관계자 제위께서는 번역지원 사업에 채택하고 출판을 허락해 주셨다. 그리고 소명출판에서는 어렵고 지루한 출판을 맡아주셨다. 감사드린다.

2004년 12월
이충구 씀

차례

이아주소 2

역자 서문 · 3

권3
卷三

석언(釋言) 제2(第二)

爾雅音義 言，魚鞬反，『詩』傳云："直言曰言." 『書』傳云："言，辭章也." 東方朔云："誦詩九萬言" 謂一字爲一言也." 『說文』："從口辛聲."[1] 『左傳』云："介之推曰: '言，身之文也.'" "仲尼曰: '言以足志，文以足言.'" 『廣雅』云："言，從也." 此「釋言」篇者，釋古今之訓義.

언(言)은 어(於)와 건(鞬)의 반절이다. 『시경』「대아」「공류(公劉)」의 모전에 "직언(直言 : 곧바로 말하다)을 언(言)이라 한다"고 하였다. 『서경』의 전(傳)에는 "언(言)은 사장(辭章 : 말. 문장)이다"고 하였다. 동방삭(東方朔)은 말하기를 "시(詩) 구만 언(言)을 암송한다"고 했으니, 일자(一字)가 일언(一言)임을

----

1) 從口辛聲 : 대본에는 '從口從辛聲'이라 하였으나 段注本 『설문』에 따라 고쳤다. 辛은 辛의 잘못이다.

말한다. 『설문』에 "구(口)를 따르며 건(辛 : 죄 건)이 소리이다"고 하였다.
『좌전』 희공(僖公) 24년에 "개지추(介之推)는 '말이란 몸을 장식하는 무늬
다'고 하였다"고 하였다. 양공(襄公) 25년에는 "중니가 '말로써 고서(古書)
를 이루고, 문장으로 말을 이룬다2)고 하였다"고 하였다. 『광아』에는 "언
(言)은 종(從)이다"고 하였다. 이 「석언(釋言)」편은 고금(古今)의 훈의(訓義)를
풀이한 것이다.

<table>
<tr><td>爾雅
疏</td><td>『說文』曰: "直言曰言." 仲尼曰: "言以足志." 介之推曰: "言, 身
之文也." 然則言者發於志而形於聲, 所以文章於身者也. 『論語』</td></tr>
</table>

曰: "『詩』三百, 一言以蔽之, 曰: 思無邪." 『左傳』"趙簡子稱子大叔遺我
以九言." 皆以一句爲一言也. 『漢書』東方朔云: "十六學『詩』·『書』, 誦
二十二萬言", 則以一字爲一言也. 雖一句一字有異, 要以今古方國殊別,
學者莫能通. 是以『方言』云: "皆古今語也, 初別國不相往來之言也. 今或
同, 而舊書雅記3)故俗語, 不失其方, 而後人不知, 故爲之作釋也." 是曰
"釋言."

『설문』에 "직언(直言)을 언(言)이라 한다"고 하였다. 중니는 "말로써 고서
를 이룬다"고 하였다. 개지추는 "언(言)은 몸을 꾸미는 것이다"고 하였다.
그렇다면 언(言)은 뜻에서 나와 소리로 드러나므로 몸을 꾸미게 되는 것이
다. 『논어』 「위정(爲政)」에 "『시경』 삼백 편을 한 마디로 말한다면 생각에
사특함이 없는 것이다"고 하였다. 『좌전』 정공(定公) 4년에 "조간자(趙簡子)
는 정(鄭)나라 자태숙(子大叔)을 칭찬하면서 나에게 아홉 가지의 말을 남겨
주었다4)고 하였는데, 모두 일구(一句)를 일언(一言)으로 보았다. 『한서』 「동

---

2) 말로써 …… 이룬다 : 杜預注에 "志, 古書. 足, 猶成也"라고 하였다.
3) 雅記 : 郭璞은 雅를 『爾雅』로 보았으나, 淸代의 학자인 戴震(1723~1777)은 『方言疏
證』에서 '常'이라 보아 '舊書所常記故俗語'라 보았다. 『방언』 권1-6에 나온다.
4) 趙簡子가 …… 남겨주었다 : 이 구절은 『좌전』의 "鄭子大叔未至而卒. 晉趙简子爲之
臨. 甚哀, 曰, 黃父之會, 夫子語我九言. 曰無始亂, 無怙富, 無違同, 無敖禮,

방삭전(東方朔傳)」에서 동방삭이 말하기를 "16살에 『시경』과 『서경』을 배웠으며, 22만 언(言)을 암송했다"고 하였으니, 일자(一字)를 일언(一言)으로 보았다. 비록 한 구절과 한 글자라는 차이가 있으나, 요컨대 지금과 옛날 그리고 지방어가 달라서 학자들이 두루 통하는 자가 없다. 이런 까닭에 『방언』에 "모두 고금의 말이다. 처음에는 다른 나라들끼리 서로 왕래하지 못한 말이다. 지금은 혹은 같아서 구서(舊書)의 일상 기록과 옛날의 속어(俗語)가 그 지방말을 잃지 않았다. 그러나 후세 사람들이 알지 못할 것 같아 『방언』을 지어 풀이한다"고 하였으니, 이것은 「석언(釋言)」을 말하는 것이다.

 殷・齊, 中也.

은(殷)・제(齊)는 중(中 : 가운데. 바로잡다)이다.

 『書』曰 : "以殷仲春." 「釋地」曰 : "岠, 齊州以南."

『서경』에 "봄의 절기를 바로 잡는다"[5]라 하였다. 「석지(釋地)」에는 "거(岠)는 제주(齊州) 이남이다"고 하였다.

 中, 如字, 又音仲, 又知重反. 距, 又作岠, 同, 音巨.

無驕能, 無復怒, 無謀非禮, 無犯非義"를 형병이 요약한 것이다.
5) 봄의 …… 잡는다 : 孔穎達 疏의 "以此天之時候調正仲春之節氣"를 따랐다. 『諺解』
　　는 "뻐곰 殷ᄒ 仲春이면"이라 하여, '殷'을 수식어로 풀이하였다.

중(中)은 여자(如字)이며, 또한 음은 중(仲)이고, 또한 지(知)와 중(重)의 반절이다.[6] 거(距)는 또 거(岠)로도 쓰며, 음의가 같고, 음은 거(巨)이다.

 殷・齊皆謂正中也. ○注“『書』曰：以殷仲春”者,「堯典」文. 案彼
云：“日中星鳥,[7] 以殷仲春.” 孔安國以殷爲正, 中・正義同故也.
云“「釋地」曰：岠, 齊州以南”者, 彼注云：“岠, 去也. 齊, 中也.” 謂中州爲
齊州, 是齊得爲中也.

은(殷)과 제(齊)는 모두 정중(正中)이다. ○ 주에서 인용한『서경』의 “이은 중춘(以殷仲春)”은 「우서(虞書)」「요전(堯典)」의 글이다. 살피건대, 「요전(堯典)」에 “춘분일에 남방칠수가 나타나면 봄의 절기를 바로 잡는다”고 하였다. 공안국은 은(殷)을 정(正)이라 하였는데, 중(中)과 정(正)의 뜻이 같기 때문이다. 주에서 말한 「석지」의 “거, 제주이남(岠, 齊州以南)”은 곽박의 주에 “거(岠)는 거(去)이다. 제(齊)는 중(中)이다”고 하였다. 중주(中州)[8]를 말하여 제주(齊州)라고 하였으니, 이것이 제(齊)가 중(中)이 될 수 있는 것이다.

 斯・診, 離也.

시(斯)・치(診)는 리(離 : 분리하다)이다.

---

6) 中은 …… 반절이다 : 如字인 경우 平聲 東韻으로 ‘가운데’, ‘중앙’의 뜻이 되고, 音仲・知重反인 경우 去聲 送韻으로 ‘알맞다’의 뜻이 된다.
7) 日中星鳥 : 日中은 春分을 말하고, 星鳥는 南方七宿인 井・鬼・柳・星・張・翼・軫이다.
8) 中州 : 邢昺은 “中州, 猶言中國也”라 하였다. 즉 岠 지역은 중국 이남이라는 뜻이다. 여기서 말하는 현재의 국명인 中國이 아니라, 당시 문명이 발달한 天下 한 가운데라는 의미다.

爾雅注 齊·陳曰斯. 謻, 見『詩』.

제(齊)·(陳)에서는 시(斯)라 한다. 치(謻)는 『시경』에 보인다.

爾雅音義 斯, 私貲所宜[9]二反. 謻, 尺氏反.

시(斯)는 사(私)와 자(貲), 쇼(所)와 의(宜) 두 가지의 반절이다. 치(謻)는 척(尺)과 씨(氏)의 반절이다.

爾雅疏 斯, 析. 謻, 張. 皆分離也 孫炎曰: "斯, 析之離." 郭云"齊·陳曰斯"者, 『方言』文.「陳風」「墓門」云 : "斧以斯之." 是也. 云"謻, 見『詩』"者,「小雅」「巷伯」云 : "哆兮侈兮, 成是南箕." 鄭箋云 : "因箕星之哆而又侈大之." 是也. 謻·侈音義同.

시(斯)는 석(析 : 쪼개다)이고, 치(謻)는 장(張 : 나누다)이니, 모두 분리(分離)함이다. 손염은 "시(斯)는 쪼개서 나누는 것이다"고 하였다. 곽박이 "제·진왈시(齊·陳曰斯)"라 한 것은 『방언』의 글이다. 『시경(詩經)』「진풍(陳風)」「묘문(墓門)」에 "도끼로 쪼개다"고 한 것이 그것이다. 주에서 말한 "치, 현『시』(謻, 見『詩』)"는 「소아」「항백(巷伯)」에 "입을 크고도 크게 벌림이여, 남쪽의 기성(箕星)처럼 되었다"고 하였는데, 정전(鄭箋)에는 "기성(箕星)이 입을 크게 벌리는 것을 따라서 또 더 크게 만든다"고 한 것이 이것이다. 치(謻)와 치(侈)는 음의(音義)가 같다.

---

9) 所宜 : '斯'는 『시경』 집전에 '所宜反'으로 음을 제시하였는데, 『諺解』에는 음이 '싀'로 표기되어 있다. '宜'는 『釋文』에 冝로 되어 있다.

 謖·興, 起也.

속(謖)·흥(興)은 기(起: 일어나다)이다.

 『禮記』曰:"尸謖."

『예기』에 "시속(尸謖: 시동이 일어난다)"이라 하였다.

 謖, 所六反.

속(謖)은 소(所)와 육(六)의 반절이다.

 謖·興皆作起也. ○注"『禮記』曰:尸謖"者,「祭統」文也.

　속(謖)과 흥(興)은 모두 일어남을 뜻한다. ○ 주에서 인용한 『예기』의 "시속(尸謖)"은 「제통(祭統)」의 글이다.

 還·復, 返也.

　선(還)·복(復)은 반(返: 되돌리다)이다.

皆迴返也.

모두 되돌림을 뜻한다.

 還, 音旋. 復, 音服. 返, 音反, 『說文』同,10) 云: "『春秋傳』作㣚 從彳."

선(還)은 음이 선(旋)이다. 복(復)은 음이 복(服)이다. 반(返)은 음이 반(反)인데 『설문』에는 같고, "『춘추전』에는 반(㣚)으로 되어 척(彳 : 가다)을 따랐다"고 한다.

 皆迴返也. 『春秋』書"師還", 又曰"至河乃復"之類, 是也.

모두 돌아옴이다. 『춘추』 장공(莊公) 8년에 에 "군사가 되돌려왔다"고 썼으며, 또 소공 12년에 "하수(河水)에 이르러 바로 되돌려왔다"고 한 따위가 이것이다.

 宣·徇, 徧也.

선(宣)·순(徇)은 편(徧 : 두루)이다.

---

10) 『說文』同: 『說文』에 返을 '㣚'으로 쓰지 않고 '返'으로 써서 字形이 같음을 말한다. 그리고 段注本 『說文』에는 "㣚, 春秋傳返從彳"이라 하였다. 이 구절에 대해 段玉裁는 "『左氏傳』을 말한다. 지금의 『左氏傳』에는 㣚字가 없다"고 하였다.

皆周徧也.

모두 주편(周徧 : 두루)이다.

 徇, 本又作徇. 樊本作徇, 並辭峻反. 郭音巡. 張揖『字詁』云 : "徇,
今巡." 施音詢進. 本又爲均序. 徧古徧字.

순(徇)은 본에 따라 또 순(徇)으로 되어 있다. 번광의 본에는 순(徇)으로
되어 있는데 모두 사(辭)와 준(峻)의 반절이다. 곽박은 음을 순(巡)이라 하였
다. 장읍(張揖)의 『자고(字詁)』에는 "순(徇)은 지금의 순(巡)이다"고 하였다.
시건은 음을 순(詢)이라 하였는데 진(進 : 나아가다)이고, 본에 따라 또 균서
(均序)로 되어 있다. 편(徧)은 편(遍)의 고자(古字)이다.

皆周徧也. 「大雅」「江漢」云 : "來旬來宣." 毛傳云 : "旬, 徧." 鄭箋
云 : "宣, 徧." 是皆爲周徧也. 徇·旬音義同.

모두 두루함이다. 「대아」 「강한(江漢)」에 "두루 돌아다니며 왕명을 펼쳐
라"고 하였는데, 모전(毛傳)에는 "순(旬)[11]은 편(徧)이다"고 하였으며, 정전
(鄭箋)에는 "선(宣)은 편(徧)이다"고 하였다. 이는 모두 두루함이다. 순(徇)과
순(旬)은 음의가 같다.

馴·遽, 傳也.

---

11) 旬 : 鄭箋은 旬을 營으로 보았다.

일(馹)·거(遽)는 전(傳 : 역말)이다.

皆傳車驛馬之名.

모두 전거(傳車 : 역참 수레)와 역마(驛馬)[12]의 명칭이다.

馹, 而實反. 郭音義云 : “本或作遷” 『聲類』云 : “亦馹字, 同.” 遽,
其據反. 傳, 張戀反, 注同. 車音居.

일(馹)은 이(而)와 실(實)의 반절이다. 곽박의 음의에는 “본에 따라 질(遷)
로 되어 있다”고 하였다. 『성류(聲類)』에는 “역시 일(馹)자이며, 음의가 같
다”고 하였다. 거(遽)는 기(其)와 거(據)의 반절이다. 전(傳)은 장(張)과 련(戀)
의 반절[13]이며, 주에서도 같다. 거(車)는 음이 거(居)이다.[14]

皆傳車驛馬之名. 文十六年『左傳』曰 : “楚子乘馹會師於臨品.” 又
僖三十三年云 : “使遽告於鄭.” 又成五年曰 : “晋侯以傳召伯宗.”
是皆謂今驛也.

모두 전거(傳車)와 역마(驛馬)의 명칭이다. 『좌전』 문공(文公) 16년에 “초
(楚)나라 임금이 역말을 타고 임품(臨品)에서 군사들을 회합했다”고 하였

---

12) 驛馬 : 驛站에 대기시켜 두고 官用에 쓰는 말. 역말이라고 한다. 역참은 公文이나 官
   物을 전달하며 왕래하는 官員들이 머무는 곳을 말한다.
13) 傳은 …… 반절 : 去聲 霰韻이다. 傳이 平聲 先韻으로 읽히면, ‘續(잇다)’이라는 뜻이
   된다.
14) 車는 …… 居이다 : ‘거’는 ‘들어 있다[居]’는 입장이고, 또 다른 음인 ‘차’는 ‘집[舍]’
   이라는 입장으로 설명한다. 『釋名』 「釋車」에 “古者曰車, 聲如居, 言行所以居人也.
   今曰車, 聲近舍, 車舍也. 行者所處, 若居舍也”라고 하였다.

고, 또 희공(僖公) 33년에 "역말을 보내어 정(鄭)나라에 알리게 하였다"고 하였으며, 또 성공 5년에 "진(晉)나라 임금이 역말로 백종(伯宗)을 불렀다"고 하였는데, 이는 모두 지금의 역마(驛馬)를 말한다.

蒙·荒, 奄也.

몽(蒙)·황(荒)은 엄(奄 : 덮다)이다.

奄, 奄覆也. 皆見『詩』.

엄(奄)은 엄부(奄覆 : 덮다)이다. 모두 『시경』에 보인다.

蒙, 莫公反. 『小爾雅』云 : "覆也." 覆音副.

몽(蒙)은 막(莫)과 공(公)의 반절이다. 『소이아』에는 "부(覆 : 덮다)이다"고 하였다. 부(覆)는 음이 부(副)이다.

皆謂奄覆. 「唐風」云 : "葛生蒙楚." 孫炎曰 : "荒大之奄." 「周南」云 : "葛藟荒之." 故郭云 "皆見『詩』."

모두 덮는 것을 말한다. 「당풍(唐風)」「갈생(葛生)」에 "칡이 자라 가시나무를 덮는다"고 하였다. 손염은 "거칠고 크게 덮는 것이다"고 하였다. 「주

남(周南)」「규목(樛木)」에 "칡덩굴이 덮여 있다"고 하였다. 그러므로 곽박이
"개현『시』(皆見『詩』)"라 하였다.

告・謁, 請也.

곡(告)・알(謁)은 청(請: 청구하다)이다.

皆求請也.

모두 요구하여 청하는 것이다.

告, 古毒反.

곡(告)은 고(古)와 독(毒)의 반절이다.

皆謂求請也. 成二年『左傳』曰: "郤克對齊侯曰: '晉與魯・衛, 兄
弟也.' 來告曰: '大國朝夕釋憾於敝邑之地.'"『詩』序云: "無險詖
私謁之心."

모두 청하여 요구하는 것을 말한다. 『좌전』 성공(成公) 2년에 "극극(郤克)
이 제나라 임금에게 대답하여 말하기를 '진(晉)은 노(魯)・위(衛)와 형제입
니다'하였다. 두 나라가 와서 고하기를 '큰 나라[齊]가 조석(朝夕)으로 우

리나라 땅에 침범하여 원한을 풀려고 합니다"라 하였다. 『시경』「주남(周南)」「권이(卷耳)」서(序)에 "음험하고 사특하며 사사로이 청하는 마음이 없다"고 하였다.

肅·雝, 聲也.

숙(肅)·옹(雝)은 성(聲: 화락한 소리)이다.

『詩』曰 : "肅雝和鳴."

『시경』에 "딩동댕 소리가 조화롭게 울린다"고 하였다.

雝, 於容反.

옹(雝)은 어(於)와 용(容)의 반절이다.

和樂聲也. ○注 "『詩』曰 : 肅雝和鳴"者, 「周頌」「有瞽」文也.

화락(和樂)한 소리이다. ○주에서 인용한 『시경』의 "숙옹화명(肅雝和鳴)"은 「주송(周頌)」「유고(有瞽)」의 글이다.

 格‧懷, 來也.

격(格)‧회(懷)는 래(來 : 오다)이다.

 『書』曰 : "格, 爾衆庶." 懷, 見『詩』.

『서경』에 "오너라, 너 백성들이여!"라 하였다. 회(懷)는 『시경』에 보인다.

 謂招來也. ○注"『書』曰 : 格, 爾衆誓"者, 「商書」「湯誓」文也. 云 "懷, 見『詩』"者, 「周頌」「時邁」云 : "懷柔百神"

불러오게 함을 말한다. ○주에서 인용한 『서경』의 "격, 이중서(格, 爾衆誓)"는 「상서(商書)」「탕서(湯誓)」의 글이다. "회, 현『시』(懷, 見『詩』)"는 「주송(周頌)」「시매(時邁)」에 "모든 신(神)을 오게 하여 편안하게 한다"[15]고 하였다.

 畛‧厎, 致也.

진(畛)‧지(厎)는 치(致 : 이르다. 이루다)이다.

 皆見『詩』傳.

---

15) 모든 신을 …… 한다 : 毛傳의 "柔, 安"을 따랐다.

모두 『시』 전(傳)에 보인다.

 畛, 之忍反. 底, 之視反.

진(畛)은 지(之)와 인(忍)의 반절이다. 지(底)는 지(之)와 시(視)의 반절이다.

「曲禮」曰 : “畛于鬼神.” 昭元年『左傳』曰 : “叔向曰 : 底祿以德.”
「周頌」「武」篇云 : “耆定爾功.” 毛傳曰 : “耆, 致也.” 王肅云 : “致
定其大功, 謂誅紂定天下.” 是毛傳讀耆爲底, 故注云“見『詩』傳.”

『예기』「곡례(曲禮)」에 “귀신(鬼神)을 이르게 하다”고 하였다. 『좌전』 소
공(昭公) 원년에 “숙향(叔向)이 말하기를 ‘복록을 이루는 것은 덕으로 한다’
고 한다”고 하였다. 「주송」「무(武)」편에 “그대의 공을 이루어 안정케 하
셨습니다”고 하였다. 모전에 “기(耆)는 치(致)이다”고 하였다. 왕숙(王肅)은
“그 큰 공로를 이루어 안정케 함이니, 주(紂)를 죽여 천하를 안정케 함이
다”고 하였다. 이것은 모전에 기(耆)16)를 지(底)로 읽은 것이다. 그러므로
주에서 “현『시』전(見『詩』傳)”이라고 하였다.

경문 惙 · 怙, 恃也.

치(惙) · 호(怙)는 시(恃 : 의지하고 믿다)이다.

---

16) 耆 : 鄭箋은 耆를 ‘老’로 보았으며, 『集傳』은 毛傳을 따랐다.

今江東呼母爲恀.

지금 강동에서는 어머니를 치(恀)라고 부른다.

 恀, 音是. 怙, 音戸. 恃, 音市.

치(恀)는 음이 시(是)이다. 호(怙)는 음이 호(戸)이다. 시(恃)는 음이 시(市)이다.

 皆依恃也. 郭云: "今江東呼母爲恀." 「小雅」「蓼莪」云: "無父何怙, 無母何恃." 是也.

모두 믿고 의지함이다. 곽박은 "금강동호모위치(今江東呼母爲恀)"라 하였다. 「소아」「육아(蓼莪)」에 "아버지 없으면 누구를 의지하리오? 어머니 없으면 누구를 의지하리오?"라 한 것이 이것이다.

 律·遹, 述也.

율(律)·휼(遹)은 술(述: 서술하다. 따르다)이다.

 皆敍述也, 方俗語耳.

모두 '서술하다'는 뜻이며 지방 속어이다.

 遹, 古述字. 一音餘橘反.

홀(遹)은 술(述)의 고자(古字)이다. 일음(一音)은 여(餘)와 귤(橘)의 반절이다.

 皆敍述也, 方俗語異耳. 律管所以述氣. 遹者, 述行之也.「大雅」「文王有聲」云 : "遹駿有聲"之類是也.

모두 '서술하다'는 뜻인데 지방 속어이어서 다를 뿐이다. 율관(律管)[17]은 공기를 부는 것이다. 홀(遹)은 따라서 행함이다.「대아」「문왕유성(文王有聲)」에 "위대한 명성이 있는 조상을 따랐다"[18]의 종류가 이것이다.

 兪·畣, 然也.

유(兪)·답(畣)은 연(然 : 그렇다고 하다. 대답하다)이다.

『禮記』曰 : "男唯女兪." 畣者, 應也. 亦爲然.

---

17) 律管 : 12律을 정하는 管. 銅으로 만든다.『周禮』「春官」「典同」에 "六律"이라 하고, 그 鄭注에 "律, 述氣者也. …… 皆以銅爲之"라고 하였다.
18) 위대한 …… 따랐다 : 정전의 "乃述行有令聞之聲之道所致也. 所述者, 謂大王王季也"를 따랐다.

『예기』에 "남자는 빠른 소리로 '네!' 여자는 부드러운 소리로 '예'라고 대답한다"고 하였다. 답(畓)은 응답함인데, 또한 대답한다는 의미다.

 兪, 羊朱反. 畓, 古答字, 一本作荅, 唯, 維癸反. 應, 音譍.

유(兪)는 양(羊)과 주(朱)의 반절이다. 답(畓)은 답(答)의 고자(古字)인데, 어떤 본에는 답(荅)으로 되어 있다. 유(唯)는 유(維)와 계(癸)의 반절이다. 응(應)은 음이 응(譍)이다.

 皆然應也. "『禮記』曰:"男唯女兪"者,「內則」文也. 畓, 古荅字, 故爲應也.

모두 응답함이다. 주에서 인용한 『예기』의 "남유여유(男唯女兪)"는 「내칙(內則)」의 글이다. 답(畓)은 답(荅)의 고자(古字)이므로 응답함이라는 뜻이다.

豫 · 臚, 敍也.

예(豫) · 려(臚)는 서(敍 : 차례)이다.

皆陳敍也.

모두 차례이다.

 臚, 呂居反.

려(臚)는 려(呂)와 거(居)의 반절이다.

 皆陳敍也. 事豫備者, 亦有敍也. 『漢書』云 : "典客, 秦官, 大初元年更名大鴻臚." 韋昭曰 : "鴻, 大也. 臚, 陳敍也. 以禮大陳敍於賓客也." 又『莊子』云 : "大儒臚傳." 是也.

모두 차례이다. 일에 미리 준비된 것은 또한 차례가 있다. 『한서』「백관공경표(百官公卿表)」에 "전객(典客)은 진(秦)나라 관직인데 태초(太初) 원년(元年 : B.C.104)에 대홍려(大鴻臚)로 이름을 바꾸었다"고 하였다. 위소(韋昭)는 "홍(鴻)은 대(大 : 크다)이다. 려(臚)는 진서(陳敍)이다. 예(禮)를 빈객(賓客)에게 크게 차례로 베푸는 것이다"고 하였다. 또 『장자』「외물(外物)」에 "큰 학자가 차례로 전한다"고 한 것이 이것이다.

 庶幾, 尙也.

서기(庶幾)는 상(尙 : 바라다)이다.

 『詩』曰 : "不尙息焉."

『시경』에 "휴식을 바라지 않으랴?"[19]고 하였다.

 幾, 音機.

기(幾)는 음이 기(機)이다.

 尙謂心所希望也. ○注“『詩』曰 : 不尙息焉”者,「小雅」「菀柳」篇 文也. 鄭箋云 : “尙, 庶幾也.” 以心所念尙卽是庶幾, 義相反覆, 故引之.

상(尙)은 마음으로 희망하는 것을 말한다. ○주에서 인용한 『시경』의 "불상식언(不尙息焉)"은 「소아」 「울류(菀柳)」편의 글이다. 정전은 "상(尙)은 서기(庶幾)이다"고 하였다. 마음으로 생각하여 바라는 것이 곧 서기(庶幾) 이며, 뜻이 서로 반복되므로 인용하였다.

 觀·指, 示也.

관(觀)·지(指)는 시(示 : 보여주다)이다.

 『國語』曰 : “且20)觀之兵.”

『국어』에 "장차 무력(武力)을 나타내 보이려 하다"고 하였다.

---

19) 휴식을 …… 않으랴 : 鄭箋의 “豈有不庶幾欲就之止息乎”를 따랐다.
20) 且 : 『國語』(上海古籍出版社, 1998, 1면)에는 '將'으로 되어 있다.

觀, 施音館, 謝音官, 注同.

관(觀)에 대하여 시건(施乾)은 음을 관(館), 사교(謝嶠)는 음을 관(官)이라
하였는데, 주(注)에서도 같다.

 示謂呈見於人也. ○注"『國語』曰：且觀之兵"者, 案「周語」：穆
王將征犬戎, 祭公謀父諫曰："不可! 先王耀德不觀兵.21) …… 犬
戎氏以其職來王22). 天子曰：'予必以不享征之, 且觀之兵' 無乃廢先王之
訓而王幾頓乎!" 是也. 『論語』曰："指其掌." 謂擧掌以示人也.

시(示)는 사람에게 보여주는 것을 말한다. ○ 주(注)에서 인용한 『국어』
의 "차관지병(且觀之兵)"은 살피건대, 「주어(周語)」에 목왕(穆王)이 견융(犬戎)
을 정벌하려고 하자 채공모보(祭公謀父)가 간하기를 "안됩니다. 선왕은 덕
을 밝히시고 무력을 나타내 보이지 않았습니다. …… 견융씨(犬戎氏)가 그
직책으로 왕께 와서 알현하는데, 천자께서는 '나는 반드시 공물을 바치지
않은 것으로 정벌하고자 하여, 장차 무력을 나타내 보이고자 한다'고 하
셨습니다. 바로 선왕의 가르침을 폐기하여 제후의 알현하는 예가 위태로
이 무너지지 않겠습니까?"라 한 것이 이것이다. 『논어』「팔일(八佾)」에 "지
기장(指其掌)"이라 하였으니, 손바닥을 들어 남에게 보인 것을 말한다.

---

21) 不觀兵 : 『國語』 원문에는 이 뒤에서 '犬戎氏' 앞까지 글이 더 있으나 여기서는 생
략되었다.
22) 來王 : 제후가 봉지를 世襲할 때 천자를 뵙는 일. 제후의 알현을 말한다. 『詩經』「商
頌」「殷武」의 "莫敢不來王"의 孔穎達 疏에 "一世而一見於王"이라 하였다.

 若·惠, 順也.

약(若)·혜(惠)는 순(順: 따르다. 순종하다)이다.

 『詩』曰 : "惠然肯來."

『시경』에 "순종하는 마음으로 기꺼이 온다"고 하였다.

 肯, 口等反.

긍(肯)은 구(口)와 등(等)의 반절이다.

 順, 不逆也. 『書』"曰若稽古", 謂順考古道也. 『詩』「邶風」「終風」
云 : "惠然肯來." 言有順心然後可來, 是也.

순(順)은 불역(不逆 : 거스르지 않다)이다. 『서경』「요전」의 "왈약계고(曰若稽
古)"는 옛 도를 따라 고찰함을 말한다. 『시경』「패풍(邶風)」「종풍(終風)」의
"혜연긍래(惠然肯來)"라 하였으니, 순종하는 마음이 있은 후에 올 수 있음
을 말한 것이 이것이다.

 敖·憮, 傲也.

오(敖)·무(憮)는 오(傲: 오만하다)이다.

『禮記』曰："無憮, 無敖." 傲, 慢也.

『예기』에 "거만하지 말고, 오만하지 말아라"고 하였다. 오(傲)는 만慢:
오만하다)이다.

敖, 五刀反. 憮, 郭火孤反, 沈亡甫反. 傲, 五報反.

오(敖)는 오(五)와 도(刀)의 반절이다. 무(憮)에 대하여 곽박은 화(火)와 고
(孤)의 반절이라 하였고, 심선(沈旋)은 망(亡)과 보(甫)의 반절이라 하였다.
오(傲)는 오(五)와 보(報)의 반절이다.

皆謂傲慢. 「周頌」「絲衣」云："不吳不敖." ○注"『禮記』曰：無憮,
無傲"者, 「投壺」文也. 案彼云："魯令23)弟子辭曰：'毋憮, 毋敖,
毋偝24)立, 毋踰言.25) 偝立·踰言有常爵.'" 是也.

모두 오만(傲慢)을 말한다. 「주송(周頌)」「사의(絲衣)」에 "떠들지도 않고,
오만하지도 않다"고 하였다. ○주에서 인용한 『예기』의 "무무, 무오(無憮
無傲)"는 「투호(投壺)」의 글이다. 살펴건대, 「투호(投壺)」에 "노(魯)나라에서
는 제자(弟子)들에게 호령하기를 '거만하지 말고, 오만(傲慢)하지 말고, 등
지어 서지 말고, 멀리서 말하지 말라. 등지어 서거나 멀리서 말하는 사람

---

23) 令 : 호령하다. 孔穎達 疏에 "號令弟子"라 하였다.
24) 偝 : '背'와 통용자이다.
25) 踰言 :『예기』에는 '逾'로 되어 있다. 孔穎達 疏에 "逾言, 謂遠相談話"라고 하였다.

은 항상 벌주(罰酒)가 있을 것이다'고 하였다"고 한 것이 이것이다.

 幼・鞠, 稚也.

유(幼)・국(鞠)은 치(稚: 어리다)이다.

 『書』曰 : "不念鞠子哀."

『서경』에 "어린 동생의 애처로움을 생각하지 않는다"고 하였다.

 穉, 直利反, 又音稚.

치(穉)는 직(直)과 리(利)의 반절, 또는 음이 치(稚)이다.

『方言』云 : "稚, 年小也." 「曲禮」曰 : "幼子常視無誑." 『書』曰 : "兄亦不念鞠子哀." 是皆謂年小也. "『書』曰"者, 「周書」「康誥」 文也.

『방언』에 "치(穉)는 나이가 어린 것이다"고 하였다. 『예기』「곡례」에 "어린 아이에게는 항상 속이지 않는 것을 보여 주어야 한다"고 하였고, 『서경』에 "형은 또한 어린 동생의 애처로움을 생각하지 않는다"고 하였는 데, 이는 모두 연소(年小)함을 말한다. "『서』왈『書』曰"은 「주서(周書)」「강고(康誥)」의 글이다.

 逸·諐, 過也.

일(逸)·건(諐)은 과(過 : 허물)이다.

 『書』曰 : "汝則有逸罰."

『서경』에 "너는 잘못한 벌이 있다"고 하였다.

 諐, 去虔反.

건(諐)은 거(去)와 건(虔)의 반절이다.

皆謂咎過也. ○注"『書』曰 : 汝則有逸罰"者, 案「商書」「盤庚」云 : "惟予一人有佚罰." 「費誓」云 : "汝則有常刑." 無云"汝則有逸罰" 者, 師讀不同故也. 或者其在今文乎? 諐者, 『左傳』曰 : "禮義不諐."之類 是也.

모두 잘못을 말한다. ○주에서 인용한 『서』의 "여즉유일벌(汝則有逸罰)" 은 살피건대,「상서(商書)」「반경(盤庚)」에 "나 한 사람에게 잘못한 벌이 있 다"[26]고 하였고,「비서(費誓)」에는 "너는 일정한 형벌이 있다"고 하여, "여즉유일벌(汝則有逸罰)"이란 문장이 없는 것은 사(師 : 선생)가 읽은 것이 같지 않아서이다.27) 혹은 그것이 금문(今文)에 있는 것인가? 건(謇)은 『좌전』에 "예절·의리에 허물이 없다"고 한 따위가 이것이다.

 疑·休, 戾也.

의(疑)·휴(休)는 여(戾 : 그치다)이다.

 戾, 止也. 疑者亦止.

여(戾)는 지(止 : 그치다)이다. 의(疑)도 또한 지(止)이다.

 戾, 力細反.

려(戾)는 력(力)과 세(細)의 반절이다.

 戾, 止也. 『書』曰 : "疑謀勿成." 「月令」云 : "百工休是." 疑·休皆 爲止也.

---

27) 師가 …… 않아서이다 : 漢代에 經典을 전수하는 방법의 하나가 口傳이다. 스승이 책을 잘못 읽었거나 제자가 잘못 들었을 가능성이 크다는 의미다. 經典 가운데 특히 『書經』에 이런 현상이 많다. 『서경』을 최초로 전해 준 伏生은 동쪽 지역의 齊나라 사람이다. 당시 그 지역의 사투리로 전해 주었을 가능성이 크다고 한다.

여(戾)는 지(止)이다. 『상서』에 "도모함을 그치면 일을 이루지 못한다"[28]고 하였다. 『예기』「월령(月令)」에 "모든 기술자들이 일을 그친다"[29]고 하였는데, 의(疑)와 휴(休)는 모두 지(止 : 그치다)이다.

疾・齊, 壯也.

질(疾)・제(齊)는 장(壯 : 빠르다)이다.

壯, 壯事, 謂速也. 齊亦疾.

장(壯)은 일을 장쾌히 함이니, 신속함을 말한다. 제(齊)도 역시 질(疾 : 빠르다)이다.

壯, 阻亮反.

장(壯)은 조(阻)와 량(亮)의 반절이다.

急疾・齊整皆於事敏速彊壯也.

---

28) 도모함을 …… 못한다 : 『이아』의 "疑, 止也"에 따른 번역이다. 그러나 『서경』의 孔穎達 疏에는 "所疑之謀勿成用之"라고 하여, '의심스러운 도모는 이루지 말라'로 번역된다.
29) 모든 …… 그친다 : 「月令」에 "季秋之月. 是月也, 霜始降, 則百工休"로 되어 있다.

급질(急疾)과 제정(齊整)은 모두 일에 신속하고 굳셈이다.

 悈‧褊, 急也.

계(悈)‧편(褊)은 급(急 : 급하다. 빠르다)이다.

 皆急狹.

모두 급함이다.

 悈, 本或作極, 又作亟, 同. 紀力反. 或音戒. 褊, 必淺反, 『說文』
云 : “小衣也.”30) 『廣雅』云 : “褊, 狹陋也.” 狹, 戶甲反.

계(悈)는 본에 따라 극(極), 또는 극(亟)으로 되어 있는데 음의가 같다. 기
(紀)와 력(力)의 반절이며 혹은 음이 계(戒)이다. 편(褊)은 필(必)과 천(淺)의
반절인데, 『설문』에는 “소의(小衣 : 작은 옷)이다”고 하였으며, 『광아(廣雅)』에
는 “편(褊)은 협루(狹陋 : 좁고 지저분하다)이다”고 하였다. 협(狹)은 호(戶)와 갑
(甲)의 반절이다.

 悈與亟同. 「大雅」「靈臺」云 : “經始勿亟.” 「文王有聲」云 : “匪棘
其欲.” 『禮記』引此詩作 “匪革其猶.” 革亦急. 悈‧亟‧棘‧革, 字
雖異, 音義同. 「魏風」「葛屨」云 : “維是褊心.” 又 『廣雅』云 : “悈, 謹也. 褊,

───────────────

30) 小衣也 : 段注本 『說文』에는 ‘衣小也’로 되어 있다.

狹陋也." 是皆急狹也.

계(㥤)는 극(亟)과 같다. 「대아」「영대(靈臺)」에 "재어 시작하기를 빨리 하지 말라"고 하였다. 「대아」「문왕유성(文王有聲)」에 "그 욕심을 빨리 달성하려고 한 것이 아니다"고 하였다. 『예기』「예기(禮器)」에서는 이 시를 인용하여 "그 계책을 빨리 서두르는 것이 아니다"고 하였으니, 혁(革)도 급(急)이다. 계(㥤)·극(亟)·극(棘)·혁(革)은 글자는 비록 다르나 음의는 같다. 「위풍(魏風)」「갈구(葛屨)」에 "마음이 급하다"고 하였고, 또 『광아(廣雅)』에 "계(㥤)는 근(謹)이며, 편(褊)은 협루이다"고 하였으니, 이는 모두 급하다는 뜻이다.

 貿 · 賈, 市也.

무(貿) · 고(賈)는 시(市 : 물건을 사고 팔다)이다.

 『詩』曰 : "抱布貿絲."

『시경』에 "베를 가지고 와서 실을 산다"고 하였다.

 貿, 音茂, 字又作貿, 同. 賈, 音古.

무(貿)는 음이 무(茂)이고, 글자를 또 무(貿)로도 쓰는데 음의가 같다. 고

(賈)는 음이 고(古)이다.

 謂市買賣物也. ○注"『詩』曰 : 抱布貿絲"者, 「衛風」「氓」篇文也. 「大雅」「瞻卬」云 : "如賈三倍"也.

시장에서 물건을 사고 파는 것을 말한다. ○주에서 인용한 『시경』의 "포포무사(抱布貿絲)"는 「위풍(衛風)」「맹(氓)」편의 글이다. 「대아(大雅)」「첨 앙(瞻卬)」에 "팔아 이익을 삼 배는 하는 것과 같다"고 하였다.

 扉・陋, 隱也.

비(扉)・누(陋)는 은(隱 : 숨다)이다.

 『禮記』曰 : "扉用席." 『書』曰 : "揚側陋."

『예기』에 "가리는 것은 자리를 사용한다"[31]고 하였으며, 『서경』에는 "외지게 숨어 있는 이를 등용한다"고 하였다.

 扉, 符沸反, 字又作陫, 同. 側, 音仄.

---

31) 가리는 …… 사용한다 : 원문 '扉用席'의 '扉'는 茀의 古文. 鄭注에 "古文右作侑, 扉 作茀"이라 하였다. 茀은 蔽・隱의 뜻이다. 『爾雅詁林』「義疏」에 "按茀訓蔽, 與隱同 義, 茀扉又一聲之轉"이라 하였다.

비(厞)는 부(符)와 비(沸)의 반절인데 글자를 또 비(陫)로도 쓰며 음의가
같다. 측(側)은 음이 측(仄)이다.

 皆幽隱也. ○注"『禮記』曰 : 厞用席"者, 案「有司徹」云 : "有司官
徹饋, 饌于室中西北隅, 南面, 如饋之設, 右32)几, 厞用席." 是也.
云『禮記』者, 誤也. 云"『書』曰 : 揚側陋"者,「堯典」文也.

모두 깊이 숨어 있는 것이다. ○주에서 인용한 『예기』의 "비용석(厞用
席)"은 살피건대, 『의례』「유사철(有司徹)」에 "유사(有司 : 담당 관원)가 제물
(祭物)을 거두고,33) 방 안 서북쪽 귀퉁이에 반찬을 차린다. 남쪽을 향하는
데 제물을 진설하는 것과 같다. 궤(几 : 고기 도마)로 돕고 가리는 것은 자리
를 사용한다"고 한 것이 이것이다. 곽박이 『예기』라고 한 것은 잘못이다.
주에서 인용한 『서경』의 "양측루(揚側陋)"는 「요전(堯典)」의 글이다.

 遏・遾, 逮也.

알(遏)・서(遾)는 태(逮 : 이르다)이다.

 東齊曰遏, 北燕曰遾, 皆相及逮.

동제(東齊)에서는 알(遏)이라 하고, 북연(北燕)에서는 서(遾)라 하는데 모

---

32) 右 : 侑(侑食)의 古文. 鄭注에 "古文右作侑"라 하였다.
33) 有司인 …… 거두고 : 鄭注에 司馬・司士가 俎를 들고, 宰夫가 대(敦 : 黍稷을 담는
그릇) 및 두(豆 : 나무 그릇)를 잡는다고 하였다.

두 '이르다'는 뜻이다.

 遾, 嘗例反. 逮, 音代, 一音徒帝反.

서(遾)는 상(嘗)과 례(例)의 반절이다. 태(逮)는 음이 대(代)인데, 일음(一音)
은 도(徒)와 제(帝)의 반절이다.

 逮謂相及也. ○注"東齊日遏, 北燕日遾"者, 『方言』文也.

태(逮)는 이르름을 말한다. ○주에서 "동제왈알, 북연왈서(東齊日遏, 北燕
日遾)"라 한 것은 『방언』의 글이다.

 征・邁, 行也.

정(征)・매(邁)는 행(行 : 가다)이다.

 『詩』曰 : "王于出征." 邁亦行.

『시경』에 "왕이 이에 출정하시다"고 하였다. 매(邁)는 또한 행(行)이다.

 皆出行也. ○注"『詩』曰 : 王于出征"者, 「小雅」「六月」文也. 云
"邁亦行"者, 『詩』云 : "周王于邁." 是也.

모두 출행(出行 : 나아가다)이다. ○주에서 인용한 『시경』의 "왕우출정(王
于出征)"은 「소아」 「유월(六月)」의 글이다. "매역행(邁亦行)"은 『시경』 「대아」
「역복(棫樸)」에 "주왕이 가다"라고 한 것이 이것이다.

 圮·敗, 覆也.

비(圮)·패(敗)는 복(覆 : 무너지다)이다.

 謂毀覆.

무너짐을 말한다.

 圮, 皮美反. 覆, 芳服反, 注同.

비(圮)는 피(皮)와 미(美)의 반절이다. 복(覆)은 방(芳)과 복(服)의 반절인데,
주에서도 같다.

 圮毀·敗壞皆傾覆也. 『書』曰 : "祖乙圮于耿."

비훼(圮毀)와 패괴(敗壞)는 모두 '무너지다'는 뜻이다. 『서경』「함유일덕
(咸有一德)」에 "조을(祖乙)이 경(耿)에서 무너졌다"고 하였다.

 荐・原, 再也.

천(荐)・원(原)은 재(再 : 거듭)이다.

 『易』曰 : "水荐至." 今呼重蠶[34]爲廬.

『주역』에 "물이 거듭 이르렀다"고 하였다. 지금은 두 번 거두는 누에를
원(廬)이라고 부른다.

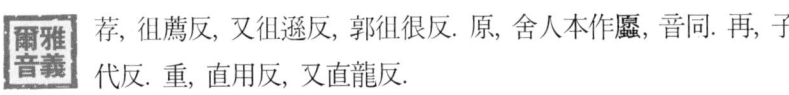 荐, 徂薦反, 又徂遜反, 郭徂很反. 原, 舍人本作廬, 音同. 再, 子
代反. 重, 直用反, 又直龍反.

천(荐)은 조(徂)와 천(薦)의 반절, 또는 조(徂)와 손(遜)의 반절이다. 곽박은
조(徂)와 흔(很)의 반절이라 하였다. 원(原)에 대하여 사인본(舍人本)에는 원
(廬)으로 되어 있으며 음은 같다. 재(再)는 자(子)와 대(代)의 반절이다. 중(重)
은 직(直)과 용(用)의 반절, 또는 직(直)과 룡(龍)의 반절이다.

---

34) 重蠶 : 再蠶. 1년에 두 번 거두는 누에. 『爾雅詁林』「義疏」에 "原蠶, 一歲再收"라
하였다. 原은 廬과 통한다.

 皆重再也. 孫炎云: "荐, 草生之再也." 郭云『易』曰: 水荐至"者, 『周易』「坎卦」象辭也. 云"今呼重蠶爲廲"者, 『周禮』「夏官」「馬質」 云"禁原蠶"者是也.

모두 '거듭'이라는 뜻이다. 손염(孫炎)은 "천(荐)은 풀이 살아남이 거듭되는 것이다"고 하였다. 곽박이 인용한 『주역』의 "수천지(水荐至)"는 『주역』 「감괘(坎卦)」의 상사(象辭)이다. "금호중잠위원(今呼重蠶爲廲)"은 『주례(周禮)』 「하관(夏官)」 「마질(馬質)」에 "두 번 거두는 누에를 금한다"고 한 것이 이것이다.

 撫·敉, 撫也.

무(撫)·미(敉)는 무(撫 : 어루만지다)이다.

 撫, 愛撫也. 敉義見『書』.

무(撫)는 애무(愛撫)함이다. 미(敉)의 뜻은 『상서』에 보인다.

 憮, 亡甫反. 敉, 亡婢反, 郭敷靡反, 孫敷是反.

무(憮)는 망(亡)과 보(甫)의 반절이다. 미(敉)는 망(亡)과 비(婢)의 반절인데, 곽박은 부(敷)와 미(靡)의 반절이라고 하였으며, 손염(孫炎)은 부(敷)와 시(是)

의 반절이라고 하였다.

 皆憐撫也. 『方言』云 : "宋衛邠陶之間謂愛曰撫." 故注云 : "撫,
愛撫也." 云"救義見『書』"者, 「大誥」云"予翼以于救寧武圖功"之
類, 是也.

　모두 사랑하여 어루만져줌이다. 『방언』에 "송(宋)·위(衛)·빈(邠)·도(陶)
지역에서는 사랑하는 것을 무(撫)라 한다"[35]고 하였다. 그러므로 주에서
"무(撫)는 애무(愛撫)함이다"고 하였다. 주에서 "미의현서(救義見『書』)"라 한
것은 「주서(周書)」「대고(大誥)」에 "우리를 도와 이에 군사적인 일을 위무
해 주며 공을 이룰 것을 도모한다"[36]고 한 따위가 이것이다.

 朧·脉, 瘠也.

　구(朧)·구(脉)는 척(瘠 : 수척하다)이다.

 齊人謂瘠瘦爲脉.

　제인(齊人)은 수척(瘦瘠)한 것을 구(脉)라 한다.

---

35) 宋·衛 …… 撫라 한다 : 『방언』 권1-8에 나온다.
36) 우리를 …… 도모한다 : 孔穎達 疏의 "其來爲我翼佐我周, 于是用撫安武事, 謀立其
　　功"을 따랐다. 『집전』은 "于, 往. 武, 繼也. …… 輔我以往, 撫定商邦, 而繼嗣武王所圖
　　之功也"라 하여, '나를 도와 가서 商나라를 위안시켜 武王이 도모한 공을 계승한다'로
　　번역된다.

朧, 字又作癯, 同, 求俱反. 脉, 音求. 瘠, 秦昔反.

　구(朧)는 글자를 또 구(癯)로도 쓰는데 음의가 같으며 구(求)와 구(俱)의 반절이다. 구(脉)는 음이 구(求)이다. 척(瘠)은 진(秦)과 석(昔)의 반절이다.

 皆瘦瘠也. 鄭玄『周禮』注云: "瘦, 朧. 腐, 敗." 郭云: "齊人謂瘠瘦爲脉."

　모두 수척(瘦瘠)함이다. 정현은 『주례』의 주(注)에서 "수(瘦)는 구(朧: 파리하다)이다. 부(腐)는 패(敗: 꺾이다)이다"고 하였다. 곽박은 "제인(齊人)은 수척(瘦瘠)한 것을 구(脉)라 한다"고 하였다.

 桄 · 熲, 充也.

　광(桄) · 경(熲)은 충(充: 충만하다)이다.

 皆充盛也.

　모두 '충만하다'는 뜻이다.

 桄, 孫作光, 古黃反. 熲, 古逈反.

광(桄)에 대하여 손염은 광(光)으로 쓰고, 고(古)와 황(黃)의 반절이라고
하였다. 경(熲)은 고(古)와 형(逈)의 반절이다.

 孫叔然本桄作光. 『書』云 : "光被四表." 『說文』云 : "熲, 火光也."
是皆充盛也.

손숙연(孫叔然 : 孫炎) 본(本)에는 광(桄)을 광(光)으로 썼다. 『서경』「우서(虞
書)」「요전(堯典)』에 "사방에 충만히 넘친다"[37]고 하였다. 『설문』에 "경(熲)
은 불빛이다"고 하였다. 이것은 모두 충만하다는 뜻이다.

 屢・暱, 亟也.

누(屢)・닐(暱)은 기(亟 : 자주)이다.

 親暱者亦數, 亟亦數也.

친닐(親暱)도 삭(數 : 자주)이며, 기(亟)도 삭(數)이다.

屢, 力住反. 暱, 女乙反. 亟, 墟記反. 數, 色角反.

---

37) 사방에 …… 넘친다 : 孔傳의 "光, 充. …… 故其名聞充溢四外"를 따랐다. 『집전』은
"光, 顯. 被, 及"이라 하여, '드러남이 사방에 미친다'로 번역된다.

루(屢)는 력(力)과 주(住)의 반절이다. 닐(暱)은 녀(女)와 을(乙)의 반절이다. 기(亟)는 허(墟)와 기(記)의 반절이다. 삭(數)은 색(色)과 각(角)의 반절이다.

亟猶數也.『詩』「頌」曰 : "屢豐年."『左傳』曰 : "諸夏親暱." 親暱者, 恩信必數. 故注云 "親暱者亦數."

기(亟)는 삭(數)과 같다.『시경』「주송(周頌)」「환(桓)」편에 "자주 풍년이 든다"고 하였다.『좌전』에는 "중국(中國)[38]의 제후들은 친근하고 가깝다"고 하였다. 친근하고 가까운 것은 은혜와 신뢰를 반드시 자주 한다. 그러므로 주에서 "친닐자역삭(親暱者亦數)"이라고 하였다.

 靡·罔, 無也.

미(靡)와 망(罔)은 무(無 : 없다)이다.

無, 不有也.『詩』云 : "靡神不擧."『書』曰 : "罔有攸赦." 皆是.

무(無)는 있지 않음이다.『시경』「대아」「운한(雲漢)」에 "제사를 지내지 않은 신은 없다"[39]고 하였으며,『서경』에 "용서해 주는 것이 있지 않다"고 한 것이 모두 이것이다.

---

38) 中國 : 문명이 발달한 곳으로, 戎狄과 상대적으로 말한 것이다.『左傳』「會箋」에 "諸夏, 中國也. …… 夏, 明也. 謂中國爲夏者, 言禮儀文物粲然明備也. 對戎狄, 故曰諸夏"라 하였다.
39) 제사를 …… 없다 : 鄭箋의 "求於群神無不祭也"를 따랐다.

 爽, 差也. 爽, 忒也.

상(爽)은 차(差 : 어긋나다)이다. 상(爽)은 특(忒 : 어긋나다)이다.

 皆謂用心差錯, 不專一.

모두 마음 씀이 어긋나서 한결같지 않음을 말한다.

 忒, 他得反, 或作貸.

특(忒)은 타(他)와 득(得)의 반절인데, 혹 특(貸)으로도 쓴다.

 廣異言也. 爽謂差錯, 又爲忒變. 孫炎曰 : "忒, 變雜不一." 郭云 : "皆謂用心差錯, 不專一." 『詩』「衛風」云 : "女也不爽."「大雅」「瞻卬」云 : "鞫40)人忮忒."

다른 말을 널리 하였다. 상(爽)은 차착(差錯 : 어긋나다)을 말하고, 또 특변 (忒變 : 틀려 바뀌다)의 뜻이다. 손염은 "특(忒)은 변덕스러워 한결같지 않다"고 하였다. 곽박은 "모두 마음 씀이 어긋나서 한결같지 않음을 말한다"고 하였다. 『시경』「위풍(衛風)」「맹(氓)」편에 "여자가 두 마음을 가지지 않았다"고 하였다. 「대아」「첨앙(瞻卬)」에는 "사람을 곤궁하게 하고 해치고 변한다"41)고 하였다.

---

40) 鞫 : 『시경집전대전』에는 '鞠'으로 되어 있다.

 佴, 貳也.

이(佴)는 이(貳 : 둘째)이다.

 佴次爲副貳.

이차(佴次)는 부이(副貳 : 둘째)이다.

 佴, 而志反.

이(佴)는 이(而)와 지(志)의 반절이다.

 佴, 次也. 次卽副貳之義.

이(佴)는 차(次 : 둘째)라는 뜻이다. 차(次)는 곧 부이(副貳)라는 뜻이다.

 劑·翦, 齊也.

제(劑)·전(翦)은 제(齊 : 자르다)이다.

---

41) 사람을 …… 변한다 : 鄭箋의 "鞠, 窮也. …… 好窮屈人之語, 忮害轉化"를 따랐다.

南方人呼翦刀爲劑刀.

남방인은 전도(翦刀 : 가위)를 제도(劑刀)라 한다.

 劑, 卽隨反. 翦, 子淺反.

제(劑)는 즉(卽)과 수(隨)의 반절이다. 전(翦)은 자(子)와 천(淺)의 반절이다.

 皆謂齊截也. 郭云 : "南方人呼翦刀爲劑刀." 「釋器」云 : "金鏃翦 羽謂之鏃.42)"

모두 가지런히 자른다는 것을 말한다. 곽박은 "남방인은 전도(翦刀)를 제도(劑刀)라 한다"고 하였다. 『이아』 「석기(釋器)」에 "쇠붙이 화살촉에 깃 을 자른 것을 후(鏃)라 한다"고 하였다.

 饋·餾, 稔也.

분(饋)·유(餾)는 임(稔 : 익다. 찌다)이다.

 今呼餐飯爲饋, 饋熟爲餾.

_____

42) 鏃 : 대본에 '鏃'으로 되어 있는 것은 잘못이다.

지금은 수반(餐飯 : 초벌 익은 밥을 분(饙)이라 부르고, 분(饙)을 익힌 것을 류(餾)라 한다.

爾雅 音義 饙, 方云反, 字又作餴, 同. 『說文』作餴云 : "脩飯也." 饙‧餴並 或餴也, 『字書』云 : "一蒸米." 餾, 力又反. 稔, 字又作飪, 同, 而 審反. 餐, 音脩, 又西九反, 又所九反, 一音孫. 『廣雅』 : "饙謂之餐也." 『倉頡篇』云 : "餐, 饙也." 餅, 字作餅, 俗作飯, 同, 符萬反. 『字林』云 : "飯, 食也, 扶晚反, 飤也."

분(饙)은 방(方)과 운(云)의 반절인데, 글자를 또 분(餴)으로도 쓰며 음의 가 같다. 『설문』에는 행(餴)으로 되어 있는데 "수반(脩飯 : 애벌 익은 밥이다" 고 하였다. 분(饙)과 분(餴)은 모두 혹은 행(餴)이다. 『자서』에 "한 번 찐 쌀 이다"고 하였다. 류(餾)는 력(力)과 우(又)의 반절이다. 임(稔)은 글자를 또 임(飪)으로도 쓰는데 음의가 같으며 이(而)와 심(審)의 반절이다. 수(餐)는 음 이 수(脩), 또는 서(西)와 구(九)의 반절, 또는 소(所)와 구(九)의 반절인데, 일 음(一音)은 손(孫)이다. 『광아』에 "분(饙)을 수(餐)라 한다"고 하였다. 『창힐편 (倉頡篇)』에는 "수(餐)는 궤(饙)이다"고 하였다. 변(餅)은 글자를 병(餅)으로 쓰 며 민간에서는 반(飯)으로 쓰는데 음의가 같으며, 부(符)와 만(萬)의 반절이 다. 『자림』에는 "반(飯)은 사(食 : 밥)이다. 부(扶)와 만(晚)의 반절인데 사(飤 : 밥)이다"고 하였다.

爾雅 疏 稔, 熟也. 孫炎曰 : "蒸之曰饙, 均之曰餾." 郭云 : "今呼餐飯爲饙, 饙熟爲餾." 『說文』云 : "饙, 一蒸米也." "餾, 飯氣流也." 然則蒸 米謂之饙, 饙必餾而熟之. 故言 "饙‧餾, 稔也." 「大雅」「泂酌」云 : "可以 餴饎." 饙‧餴音義同.

임(稔)은 익음이다. 손염은 "찌는 것을 분(饙), 고르게 하는 것을 류(餾)라 한다"[43]고 하였다. 곽박은 "지금은 수반(饋飯)을 분(饋)이라 부른다. 분(饋)을 익힌 것을 류(餾)라 한다"고 하였다. 『설문』에 "분(饋)은 쌀을 한 번 찐 것이다"고 하였고, "류(餾)는 밥 기운이 퍼지는 것이다"고 하였다. 그렇다면 쌀을 찐 것을 분(饋)이라 하고, 분(饋)은 반드시 류(餾)를 거쳐서 익는 것이다. 그러므로 "분(饋)과 류(餾)는 임(稔)이다"고 말한 것이다. 「대아」 「형작(泂酌)」에 "술과 음식을 익힐 수 있다"라 하였다. 분(饋)과 분(餴)은 음의가 같다.

 媵·將, 送也.

잉(媵)·장(將)은 송(送 : 보내다)이다.

 『左傳』曰 : "以媵秦穆姬." 『詩』曰 : "遠于將之."

『좌전』에 "진(秦)나라에 가는 목희(穆姬)를 따라가는 신하로 삼게 하였다"고 하였다. 『시경』에 "멀리 보낸다"고 하였다.

 媵, 以證反, 又繩證反, 『方言』云 : "媵, 寄也, 記也, 送也."

잉(媵)은 이(以)와 증(證)의 반절, 또는 승(繩)과 증(證)의 반절이다. 『방언』에 "잉(媵)은 기(寄)이며 기(記)이며 송(送)이다"고 하였다.

---

43) 饙餾 : '饋'은 밥이 막 끓는 것, '餾'는 뜸을 들이는 것이다.

皆謂送行也. 孫炎曰 : "將, 行之送也." ○ 注云 "『左傳』曰 : 以媵
秦穆姬"者, 案僖五年 "晉執虞公及其大夫井伯, 以媵秦穆姬." 杜
注云 : "秦穆姬, 晉獻公女, 送女曰媵, 以屈辱之." 云 "『詩』曰 : 遠于將之"
者, 「邶風」「燕燕」衛莊姜送歸妾之詩也.

모두 보내는 것을 말한다. 손염은 "장(將)은 감을 보내는 것이다"고 하
였다. ○ 주에서 인용한 『좌전』의 "이잉진목희(以媵秦穆姬)"는 살피건대, 희
공(僖公) 5년에 "진(晉)나라가 우공(虞公)과 그 대부 정백(井伯)을 체포하여
진(秦)으로 시집가는 목희(穆姬)를 따라가는 신하로 삼게 하였다"고 하였다.
두예(杜預)의 주에 "진(秦) 목희(穆姬)는 진(晉) 헌공(獻公)의 딸이다. 딸에게
딸려 보내는 것을 잉(媵)이라 하니, 우공(虞公)과 정백(井白)을 굴욕되게 한
것이다"고 하였다. 주에서 인용한 『시경』의 "원우장지(遠于將之)"는 「패풍
(邶風)」「연연(燕燕)」의 글이며, 위(衛)나라 장강(莊姜)이 진(陳)나라 여자 대규
(戴嬀)인 첩을 돌려보내는 시이다.[44]

 作·造, 爲也.

작(作)·조(造)는 위(爲 : 영위하다)이다.

 造, 才早反.

조(造)는 재(才)와 조(早)의 반절이다.

---

44) 衛 莊姜이 …… 시이다 : 『毛詩』 序의 내용이다.

謂營爲也. 皆見「鄭風」「緇衣」篇.

영위(營爲)함을 말한다. 모두「정풍(鄭風)」「치의(緇衣)」편에 보인다.

 饎・餱, 食也.

비(饎)와 후(餱)는 사(食 : 밥)이다.

 『方言』云 : "陳楚之間相呼食爲饎."

『방언』에 "진(陳)과 초(楚) 지역에서는 사(食)를 비(饎)라고 부른다"[45]고 하였다.

 饎, 音非. 餱, 音侯. 呼, 或作謼, 同.

비(饎)는 음이 비(非)이다. 후(餱)는 음이 후(侯)이다. 호(呼)는 혹 호(謼)로도 쓰나 음의가 같다.

 皆飯食也. ○注"『方言』云 : 陳楚之間相呼食爲饎"者, 案彼云 : "饎・㱃, 食也. 陳楚之內相謁而食麥饘謂之饎. 楚曰㱃.[46] 凡陳

---

45) 陳과 楚 …… 불렀다 : 『방언』 권1-13에 나온다.

楚之郊・南楚之外相謁而飧, 或曰餥, 或曰鉆. 秦魯之際・河陰之間曰隱
(惡恨切)餬(五恨切). 此眞秦語也."「大雅」「公劉」云 : "乃裹餱糧."

모두 밥이라는 뜻이다. ○ 주에서 인용한『방언』의 "진초지간상호식위
비(陳楚之間相呼食爲餥)"는 살피건대『방언』에 "비(餥)・사(餎)는 사(食)이다.
진(陳)과 초(楚) 지역에서는 서로 방문하여 맥전(麥饘)[47]을 먹는데 이를 비
(餥)라 한다. 초(楚)에서는 사(餎)라 한다. 대체로 진(陳)・초(楚)의 교외(郊外)
와 남초(南楚)의 밖에서는 서로 방문하여 밥을 먹는데 혹은 사(餎)라 하고
혹은 염(鉆)이라 한다. 진(秦)・로(魯) 지역과 하음(河陰 : 황하 남쪽의 지명)에서
는 은안(隱 : 惡과 恨의 반절이다, 餬 : 五와 恨의 반절이다)이라 한다. 이것은 순
수한 진어(秦語)이다"고 하였다.「대아」「공류(公劉)」에 "이에 양식을 싼다"
고 하였다.

 鞠・宄, 窮也.

국(鞠)과 구(宄)는 궁(窮 : 곤궁하다. 철저히 따지다)이다.

 皆窮盡也. 見『詩』.

모두 궁진(窮盡 : 끝까지 다하다)이다.『시경』에 보인다.

---

46) 餎 : 대본에는 餰으로 되어 있으나『방언』에 따라 고쳤다.『설문』(5篇 下-12)에도 "餎,
楚人相謁食麥曰餎"라 하였다.
47) 麥饘 : 글자대로 풀이하면 '보리죽'이라는 뜻이나, 어떤 음식을 가리키는지 확실하지
않다.

鞠, 居六反, 字又作鞫, 同. 究, 音救.

국(鞠)은 거(居)와 육(六)의 반절이며, 글자를 또 국(鞫)으로도 쓰나 음의
가 같다. 구(究)는 음이 구(救)이다.

 皆窮盡也. 「大雅」「雲漢」云 : "鞫哉庶正." 「小雅」「節南山」云 :
"以究王訩."

모두 궁진(窮盡)함이다. 「대아」「운한(雲漢)」에 "곤궁하도다. 여러 관청의
우두머리여!"라 하였다. 「소아」「절남산(節南山)」에 "왕의 정치가 혼란한
이유를 궁구(窮究)해 본다"고 하였다.

 滷 · 矜 · 鹹, 苦也.

노(滷) · 긍(矜) · 함(鹹)은 고(苦 : 쓰다. 고생하다)이다.

 滷, 苦地也. 可矜憐者, 亦辛苦. 苦卽大鹹.

노(滷)는 매우 짠 땅이다. 불쌍히 여길 만한 것도 역시 신고(辛苦 : 쓰다)
다. 고(苦)는 곧 대함(大鹹 : 매우 짜다)이다.

潴, 音魯. 鹹, 音咸. 憐, 力田反.

노(潴)는 음이 로(魯)이다. 함(鹹)은 음이 함(咸)이다. 련(憐)은 력(力)과 전 (田)의 반절이다.

 郭云"潴, 苦地也"者, 謂斥潴可煮鹽者. 『左傳』曰 : "表淳潴." 云 "可矜憐者, 亦辛苦"者, 「小雅」「鴻雁」云 : "爰及矜人." 鄭箋云 : "可憐之人, 謂貧窮者." 是辛苦之人也. 云"苦即大鹹"者, 釋經之鹹也. 鹹 味極必苦, 故以鹹爲苦也.

곽박이 "노, 고지야(潴, 苦地也)"라 한 것은 척로(斥潴 : 염분이 많은 땅)이며 소금을 구울 수 있는 것을 말한다. 『좌전』양공(襄公) 25년에 "표순로(表淳 潴 : 척박한 땅을 표시한다)"라 하였다. 주에서 말한 "가긍련자, 역신고(可矜憐 者, 亦辛苦)"는 「소아」「홍안(鴻雁)」에 "불쌍한 사람에게 미친다"고 하였는 데, 정전(鄭箋)은 "가련한 사람이란 빈궁한 사람을 말한다"고 하였으니, 이 것이 신고(辛苦)한 사람이다. 주에서 말한 "고즉대함(苦即大鹹)"은 경문(經 文)의 함(鹹)을 풀이한 것이다. 찐밋이 시극하면 반드시 쓰기 때문에 함(鹹) 을 고(苦)라 한 것이다.

干·流, 求也.

간(干)·류(流)는 구(求 : 찾다)이다.

『詩』曰 : "左右流之."

『시경』에 "좌우로 찾는다"고 하였다.

 皆求取也. 『論語』云 : "子張學干祿." ○ 注"『詩』曰 : 左右流之"者, 「周南」「關雎」文也.

모두 찾는다는 뜻이다. 『논어』「위정(爲政)」에 "자장이 녹(祿)을 구하는 것을 배우려 하였다"고 하였다. ○ 주에서 인용한 『시경』의 "좌우류지(左右流之)"는 「주남」「관저(關雎)」의 글이다.

 流, 覃也. 覃, 延也.

류(流)는 담(覃 : 길게 뻗어나가다)이다. 담(覃)은 연(延 : 뻗어나가다)이다.

 皆謂蔓延相被及.

모두 만연(蔓延)하여 서로 미치는 것을 말한다.

 覃, 徒南反, 本又作𪐴字. 孫叔然云 : "古覃字, 同." 蔓, 音萬. 延, 以戰反, 相連不斷, 又音延, 本今作延.

담(覃)은 도(徒)와 남(南)의 반절인데, 본에 따라 담(縛)으로 되어 있다. 손숙연(孫叔然)은 "담(覃)의 고자(古字)로 음의가 같다"고 하였다. 만(蔓)은 음이 만(萬)이다. 연(延)은 이(以)와 전(戰)의 반절이며, 서로 이어져 끊어지지 않는 것이고, 또한 음은 연(延)인데, 어떤 본에는 지금 연(延)으로 되어 있다.

 轉相解也. 皆謂蔓延相被及, 水之流必相延及.『詩』「周南」云 : "葛之覃兮."

서로 돌아가면서 풀이하였다. 모두 만연(蔓延)하여 서로 미쳐 가는 것을 말하는 것으로, 물이 흘러감에 반드시 미쳐 간다.『시경』「주남」「갈담(葛覃)」에 "칡이 뻗어나간다"고 하였다.

 佻, 偸也.

조(佻)는 투(偸 : 구차하다)이다.

 謂苟且.

구차(苟且)함을 말한다.

爾雅
音義 佻, 他雕反, 郭唐了反. 偸, 他侯反.

조(佻)는 타(他)와 조(雕)의 반절인데, 곽박은 적(唐)과 료(了)의 반절이라
하였다. 투(偸)는 타(他)와 후(侯)의 반절이다.

 「小雅」「鹿鳴」云 : "視民不恌." 是也. 李巡曰 : "恌, 偸薄之偸." 郭
云 : "謂苟且." 『左傳』趙孟曰 : "吾儕偸食, 朝不謀夕, 何其長也."
杜注云 : "言欲苟免目前, 不能念長久." 是謂偸爲苟且也.

「소아」「녹명(鹿鳴)」에 "백성들에게 보여 구차하지 않게 한다"[48]라 한
것이 이것이다. 이순은 "조(佻)는 투박(偸薄)의 투(偸)이다"고 하였다. 곽박
은 "구차(苟且)함을 말한다"고 하였다. 『좌전』 소공(昭公) 원년에 조맹(趙孟)
이 "우리들은 구차스럽게 밥을 먹으며 아침에 저녁을 생각지도 못하는
형편인네 어떻게 오래 가겠는가?"라고 하였다. 두예(杜預)의 주에 "구차하
게 목전(目前)의 일만을 면하고자 한 것으로 장구한 계책을 생각하지 못함
을 말한다"고 하였는데, 이것이 투(偸)가 구차(苟且)의 뜻이 됨을 말하는 것
이다.

 潛, 深也. 潛·深, 測也.

잠(潛)은 심(深 : 깊다)이다. 잠(潛)·심(深)은 측(測 : 깊다)이다.

爾雅
注 測亦水深之別名.

측(測)도 역시 '물이 깊다'는 뜻의 다른 글자이다.

 潛, 捷鹽反. 深, 如字, 又尸鴆反. 測, 初力反.

잠(潛)은 첩(捷)과 염(鹽)의 반절이다. 심(深)은 여자(如字), 또는 시(尸)와 짐(鴆)의 반절이다. 측(測)은 초(初)와 력(力)의 반절이다.

 轉相解也. 『詩』曰: "潛雖伏矣." 是深矣. 潛·深又爲測. 郭云: "測亦水深之別名."

서로 돌아가면서 풀이하였다. 『시경』「소아」「정월(正月)」에 "깊이 비록 숨어 있으나"라 하였는데, 이것이 심(深)이다. 잠(潛)과 심(深)은 또 측(測)의 뜻이 된다. 곽박은 "측역수심지별명(測亦水深之別名)"이라 하였다.

 穀·鞠, 牛也.

곡(穀)과 국(鞠)은 생(生 : 살다. 기르다)이다.

 『詩』曰: "穀則異室."

『시경』에 "살아서는 집이 다르다"고 하였다.

 鞠, 居六反.

국(鞠)은 거(居)와 육(六)의 반절이다.

 皆生活也. ○注"『詩』曰:穀則異室"者,「王風」「大車」篇文也.「小雅」「蓼莪」云:"母兮鞠我."

모두 생활함이다. ○주에서 인용한 『시경』의 "곡즉이실(穀則異室)"은 「왕풍(王風)」「대거(大車)」의 글이다. 「소아」「육아(蓼莪)」에는 "어머니께서 나를 기르셨다"고 하였다.

 啜, 茹也.

철(啜)은 여(茹:먹다)이다.

 啜者, 拾食.

철(啜)은 주워서 먹는다는 뜻이다.

爾雅
音義 啜, 常悅反, 郭音銳, 顧猪芮反, 施丑衛尺銳二反. 『說文』云:"啜, 嘗也." 『廣雅』云:"食也." 茹, 音汝, 食也.

철(啜)은 상(常)과 열(悅)의 반절인데 곽박은 음을 예(銳), 고야왕(顧野王)은
저(猪)와 예(芮)의 반절, 시건(施乾)은 축(丑)과 위(衛), 척(尺)과 예(銳) 두 가지
의 반절이라 하였다. 『설문』에는 "철(啜)은 상(嘗:먹다)이다"고 하였다. 『광
아』에는 "식(食:먹다)이다"고 하였다. 여(茹)는 음이 여(汝)로 '먹다'라는 의
미다.

『說文』云:"啜, 嘗也." 郭云:"啜者, 拾食." 『禮記』「檀弓」云:
"啜菽飮水." 「大雅」「烝民」云:"柔則茹之." 『方言』云:"茹, 食也.
吳越凡貪飮食者謂之茹."

『설문』에는 "철(啜)은 상(嘗)이다"고 하였다. 곽박은 "철(啜)은 주워서 먹
는 것이다"고 하였다. 『예기』 「단궁 하(檀弓 下)」에 "콩을 먹고 물을 마신
다"고 하였다. 「대아」 「증민(烝民)」에 "부드러우면 먹는다"고 하였다. 『방
언』에 "여(茹)는 식(食)이다. 오(吳)와 월(越)에서는 무릇 음식을 탐내는 것을
여(茹)라 한다"[49]고 하였다.

 茹·虞, 度也.

여(茹)와 우(虞)는 탁(度:헤아리다)이다.

皆測度也. 『詩』曰:"不可以茹."

---

49) 茹는 …… 茹라고 한다: 『방언』 권7-7에 나온다.

모두 헤아리다는 뜻이다. 『시경』에 "헤아릴 수가 없다"고 하였다.

 茹, 如庶反, 注同. 度, 待各反, 注及下同.

여(茹)는 여(如)와 서(庶)의 반절이며, 주에서도 같다. 탁(度)은 대(待)와 각(各)의 반절이며, 주와 아래에서도 같다.

 皆測度也. ○注"『詩』曰 : 不可以茹"者,「邶風」「柏舟」文也.『左傳』曰 : "備豫不虞."

모두 헤아리다는 뜻이다. ○ 주에서 인용한 『시경』의 "불가이여(不可以茹)"는 「패풍(邶風)」「백주(柏舟)」의 글이다.『좌전』 문공(文公) 6년에 "뜻하지 않은 상황에 미리 준비한다"고 하였다.

 試・式, 用也.

시(試)와 식(式)은 용(用 : 임용하다)이다.

 皆見『詩』・『書』.

모두 『시경』과 『서경』에 보인다.

 皆任用也. ○注"皆見『詩』・『書』"者,「小雅」「大東」云:"百僚是
試.""雨無正"云:"庶曰式臧.""商書」「盤庚」云:"今予將試以汝
遷", 又云"式敷民德"之類是也.

모두 임용(任用)함이다. ○주에서 인용한 "개현『시』・『서』(皆見『詩』・
『書』)"는 「소아」「대동(大東)」에 "백관(百官)에 임용되었다"고 하였고, 「우무
정(雨無正)」에 "착한 이를 등용하기를 바랐다"50)고 하였고, 「상서(商書)」「반
경(盤庚)」에 "지금 내가 장차 너를 등용하여 옮겨가서"라 하였고, 또 "등용
하여 백성에게 펴보이기를 덕으로 한다"51)고 한 따위가 이것이다.

 誥・誓, 謹也.

고(誥)와 서(誓)는 근(謹:삼가다)이다.

 皆所以約勤謹戒衆.

모두 검약하고 부지런한 것으로 백성을 삼가 타이르는 것이다.

皆謹敕也. 以大義諭衆謂之誥, 集將士而戒之曰誓.『尚書』誥・
誓之篇, 是也. 故郭云:"皆所以約勤謹戒衆也."

---

50) 착한 이를 …… 바랐다:鄭箋의 "庶幾其自改悔, 而用善人"을 따랐다. 集傳은 "庶幾
   曰王改而爲善"이라 하여, '善을 하기를 바랐다'로 번역된다.
51) 등용하여 …… 한다:孔穎達 疏의 "用此布示于民, 必以德義"를 따랐다.『集傳』은
   "式, 敬也. 敬布爲民之德"이라 하여, '경건히 백성의 덕을 펴서'로 번역된다.

모두 '삼가다'는 뜻이다. 대의(大義)로 백성을 깨우치는 것을 고(誥), 장사(將士)를 모아 그들을 훈계하는 것을 서(誓)라고 한다. 『상서』의 고(誥)・서(誓)와 같은 편52)이 이것이다. 그러므로 곽박은 "개소이약근근계중(皆所以約勤謹戒衆)"이라 하였다.

 競・逐, 彊也.

경(競)과 축(逐)은 강(彊 : 힘쓰다)이다.

 皆自勉彊.

모두 스스로 힘쓴다는 뜻이다.

 彊, 巨丈反, 注同, 又其良反.53)

강(彊)은 거(巨)와 장(丈)의 반절이며 주에서도 같으며, 또 기(其)와 량(良)의 반절이다.

 皆自勉彊也.「大雅」「抑」篇云 : "無競維人." 馳逐者, 亦强梁也.

---

52) 誥・誓와 같은 篇 : 湯誥・大誥・康誥, 그리고 湯誓・泰誓・牧誓 등이 있다.
53) 彊, 巨丈反, …… 又其良反 : 『석문』에는 "强, 巨丈反, 注同, 本或作彊, 字又其良反"으로 되어 있다.

모두 스스로 힘쓴다는 뜻이다. 「대아」 「억(抑)」편에 "이보다 힘쓰는 것이 없는 사람이면"[54]이라 하였다. 치축(馳逐)도 역시 강량(强梁 : 강력하다)이다.

 禦·圉, 禁也.

어(禦)와 어(圉)는 금(禁 : 막다)이다.

 禁制.

금제(禁制 : 억제하다)함이다.

 圉, 本或作御, 同, 俱魚呂反.

어(圉)는 본에 따라 혹 어(御)로 되어 있는데, 음의기 같으며 모두 어(魚)와 여(呂)의 반절이다.

 皆謂禁制. 「小雅」「棠棣」云 : "外禦其務." 養馬曰圉, 亦所以禁制, 故皆爲禁也.

모두 금제(禁制)를 말한다. 「소아」 「당체(棠棣)」에 "밖으로 남의 업신여

---

54) 이보다 …… 사람이면 : 毛傳은 "無競, 競也", 鄭箋은 "競, 彊也. 人君爲政. 無彊於得賢人"이라 하고, 『集傳』은 "競, 强也"라 하여, 모두 '彊'을 '힘쓰다'는 의미로 본 것이다.

김[55]을 막는다"고 하였다. 말을 기르는 것을 어(圉)라 하는데, 또한 금제하는 것이기 때문에 모두 금(禁)의 뜻이 되었다.

 窒·窴, 塞也.

질(窒)과 매(窴)는 색(塞 : 막다)이다.

 謂塞孔穴.

구멍을 막는 것을 말한다.

 窒, 猪乙反, 又丁栗反. 窴, 亡皆反.

질(窒)은 저(猪)와 을(乙)의 반절, 또는 하(下)와 률(栗)의 반절이다. 매(窴)는 망(亡)과 개(皆)의 반절이다.

 皆謂堙塞孔穴, 「豳」「七月」云 : "穹窒熏鼠." 「大宗伯」云 : "以貍沈祭山林川澤." 是其類也.

모두 구멍을 막는 것을 말한다. 「빈풍(豳風)」 「칠월(七月)」에 "구멍을 막고 쥐구멍에 불을 놓는다"고 하였다. 『주례』 「대종백(大宗伯)」에 "매침(貍沈)

---

55) 업신여김 : 鄭箋에 "務, 侮也"라 하였다.

으로 산림(山林)과 천택(川澤)에 제사지낸다"56)고 한 것이 그러한 종류이다.

 黼・黻, 彰也.

보(黼)와 불(黻)은 창(彰 : 드러나다)이다.

 黼文如斧, 黻文如兩己相背.

보(黼)의 문양은 도끼와 같고, 불(黻)의 문양은 기(己)자 두 글자가 서로 등지고 있는 것과 같다.

黼, 字或作𪓳, 同, 音甫. 白與黑曰黼, 爲斧形. 黻, 字或作𧝑, 同, 音弗, 靑與黑曰黻. 黻, 戾也. 己, 音紀.

보(黼)는 글자를 혹 보(𪓳)로두 쓰는데 음의기 같으며, 음이 보(甫)이다. 백색과 흑색이 있는 것을 보(黼)라고 하며 도끼 형상을 하고 있다. 불(黻)은 글자를 혹 불(𧝑)로도 쓰는데 음의가 같으며, 음이 불(弗)이다. 청색과 흑색이 있는 것을 불(黻)이라 한다. 불(黻)은 려(戾 : 어긋나다)이다. 기(己)는 음이 기(紀)이다.

---

56) 貍沈으로 …… 지낸다 : 鄭玄은 "祭山林曰貍, 川澤曰沈"라 하였다. 貍는 犧牲을 땅에 묻음이고, 沈은 犧牲을 물에 잠기게 함이다.

 彰, 明也. 言文采著明也. ○注云"黼文如斧, 黻文如兩己相背"者,「考工記」云 : "白與黑謂之黼, 黑與靑謂之黻."「釋器」云 : "斧謂之黼." 蓋半白半黑, 似斧刃白而身黑. 黻謂以靑黑線刺繡爲兩己字相背. 黼取能斷, 黻取善惡相背.

창(彰)은 명(明 : 밝다)이다. 무늬와 색채가 밝게 드러나는 것을 말한다. ○ 주에서 말한 "보문여부, 불문여양기상배(黼文如斧, 黻文如兩己相背)"는 『주례』「고공기(考工記)」「화적(畵繢)」에 "백색과 흑색이 있는 것을 보(黼)라 하며, 청색과 흑색이 있는 것을 불(黻)이라 한다"고 하였고,「석기(釋器)」에는 "부(斧)를 보(黼)라 한다"고 하였다. 대체로 반은 백색이고 반은 흑색인데, 부(斧)의 날은 백색이며 몸통은 흑색인 것과 같다. 불(黻)은 청흑색 실로 수를 놓아 기(己)자 두 글자가 서로 등지도록 한 것이다. 보(黼)는 능히 자른다는 의미를 취하였고, 불(黻)은 선악이 서로 배치된다는 뜻을 취한 것이다.

 膺・身, 親也.

응(膺)과・신(身)은 친(親 : 몸소)이다.

謂躬親.

궁친(躬親 : 몸소)을 말한다.

膺, 於矜反.

응(應)은 어(於)와 긍(矜)의 반절이다.

 服膺·身先皆謂躬親也.

복응(服膺)·신선(身先)은 모두 궁친(躬親)을 말한다.

 愷悌, 發也.

개제(愷悌)는 발(發:떠나다)이다.

 發, 發行也. 『詩』曰: "齊子愷悌."

발(發)은 '출발하여 가다'이다. 『시경』에 "제(齊)나라 여자가 길을 떠나 간다"고 하였다.

 愷, 苦亥反. 悌, 徒禮反.

개(愷)는 고(苦)와 해(亥)의 반절이다. 제(悌)는 도(徒)와 례(禮)의 반절이다.

 謂發明而行也. ○注"『詩』曰 : 齊子愷悌"者, 「齊風」「載驅」篇文也. 毛傳云 : "言文姜於是樂易然." 鄭箋云 : "此豈弟猶言發夕也. 豈, 讀當爲闓. 弟, 古文『尙書』以弟爲圛, 圛, 明也." 然則郭云 : "發, 發行也." 是用鄭箋爲說.

새벽에 떠나감을 말한다. ○주에서 인용한 『시경』의 "제자개제(齊子愷悌)"는 「제풍(齊風)」「재구(載驅)」의 글이다. 모전(毛傳)에는 "문강(文姜 : 齊子)이 이에 마음이 편안하고 즐거웠다"고 하였으며, 정전(鄭箋)에는 "이 개제(豈弟)는 저녁에 떠난다는 말과 같다. 개(豈)는 당연히 개(闓)로 읽어야 한다. 제(弟)는, 고문 『상서(尙書)』에는 제(弟)를 역(圛)이라 하였으니, 역(圛)은 명(明)이다"고 하였다. 그렇다면 곽박이 "발(發)은 발행(發行)함이다"고 한 것은 곧 정전(鄭箋)으로 실명한 것이다

 髦士, 官也.

모사(髦士)는 관(官 : 관직을 주다)이다.

 取俊士, 令居官.

준사(俊士 : 준수한 선비)를 취하여 관직에 있게 하는 것이다.

爾雅 音義 髦, 音毛. 毛中之長毫曰髦, 士之俊傑者借譬爲名. 令, 力呈反.

모(髦)는 음이 모(毛)이다. 터럭 중에서 가장 긴 터럭을 모(髦)라 하는데, 사(士) 중에서 준걸한 자를 모(髦)자를 빌려와 비유하여 명칭으로 하였다. 령(令)은 력(力)과 정(呈)의 반절이다.

 下云[57]“髦, 俊也.” 士者, 男子之人大號. 言取俊士令居官也.「大雅」「棫樸」云 : “髦士攸宜.” 是也.

아래 글에서 “모(髦)는 준(俊)이다”고 하였다. 사(士)는 남자 사람에 대한 큰 호칭이다. 곽박이 “취준사, 영거관(取俊士, 令居官)”이라 하였는데,「대아」「역복(棫樸)」에 “준수한 선비에게 어울리는 것이다”고 한 것이 이것이다.

 畯, 農夫也.

준(畯)은 농부(農夫 : 勸農官)이다.

今之嗇夫是也.

지금의 색부(嗇夫)가 이것이다.

 畯, 子峻反, 主田大夫也. 嗇, 音色.

---

57) 云 : 내본에는 ‘士’로 되어 있으나 『이아고림』「邢疏」에 따라 고쳤다.

준(畯)은 자(子)와 준(峻)의 반절로 밭을 주관하는 대부(大夫)이다. 색(嗇)은 음이 색(色)이다.

 田畯, 一曰農夫. 孫炎曰 : "農夫, 田官也." 皆謂主田大夫也. 「小雅」「甫田」云 : "田畯至喜." 鄭箋云 : "田畯司嗇, 今之嗇夫也." 此注云 : "今之嗇夫是也." 然則田畯, 田官, 在田司主稼穡, 故謂之司嗇. 漢及東晉亦有此官, 謂之嗇夫. 故鄭·郭皆云 : "今之嗇夫也."

전준(田畯)은 한 편으로 농부(農夫)라고 한다. 손염은 "농부는 전관(田官)이다"고 하였으니 모두 밭을 주관하는 대부를 말한다. 「소아」「보전(甫田)」에 "전준(田畯)이 와서 기뻐한다"고 하였는데, 정전(鄭箋)에 "전준(田畯)은 사색(司嗇)으로 지금의 색부(嗇夫)이다"고 하였다. 곽박의 주에서도 "지금의 색부(嗇夫)가 이것이다"고 하였다. 그렇다면 전준(田畯)은 전관(田官)으로 밭에 있으면서 가색(稼穡)을 맡아 주관하는 것이기 때문에 사색(司嗇)이라 한다. 한(漢)과 동진(東晉)에도 또한 이 관리가 있었는데, 색부(嗇夫)라고 하였다. 그러므로 정현과 곽박이 "지금의 색부(嗇夫)이다"고 한 것이다.

 蓋·割, 裂也.

개(蓋)와·할(割)은 열(裂 : 찢다. 베다)이다.

 蓋, 未詳.

개(蓋)는 미상이다.

 蓋, 古害反, 舍人本作害. 裂, 音列.

개(蓋)는 고(古)와 해(害)의 반절인데, 사인(舍人)본에는 해(害)로 되어 있다. 렬(裂)은 음이 렬(列)이다.

 割謂以刀裂之也.

할(割)은 칼날로 가르는 것을 말한다.

 邕·支, 載也.

옹(邕)과 지(支)는 재(載 : 신다)이다.

 皆方俗語, 亦未詳.

모두 지방의 속어인데 역시 미상이다.

 邕, 字又作擁.

옹(邕)은 글자를 또 옹(擁)으로도 쓴다.

 謝氏云 : "邕, 字又作擁." 釋云 : "擁者, 護之載." 郭云 : "皆方俗
語, 亦未詳."

사교(謝嶠)는 "옹(邕)은 글자를 또 옹(擁)으로도 쓴다"고 하였으며, 해석
하기를 "옹(擁)은 보호하여 싣는 것이다"고 하였다. 곽박은 "모두 지방의
속어인데 역시 미상이다"고 하였다.

 誰詜, 累也.

추위(誰詜)[58]는 누(累 : 연속되다. 누를 끼치다)이다.

爾雅注 以事相屬累爲誰詜.

일이 서로 이어지는 것을 추위(誰詜)라 한다.

爾雅音義 誰, 謝之睡反, 郭置睡反. 詜, 郭女睡反, 顧汝恚反, 謝音矮, 孫云
: "楚人曰誰, 秦人曰詜." 累, 本又作纍, 劣僞反, 字又作絫, 同,
注同. 屬, 之欲反.

---

58) 誰詜 : 誰詜를 連綿詞로 보아 '累'의 뜻으로 한다. 『爾雅詁林』「郭注」에서는 '誰'와
'詜'로 따로 구분하였어도 각각 '累'의 뜻이다.

추(諙)에 대하여 사교(謝嶠)는 지(之)와 수(睡)의 반절, 곽박은 치(置)와 수(睡)의 반절이라 하였다. 위(諉)에 대하여 곽박은 녀(女)와 수(睡)의 반절, 고야왕(顧野王)은 여(汝)와 에(恚)의 반절, 사교는 음이 위(餧)라고 하였다. 손염은 "초인(楚人)은 추(諙)라 하고 진인(秦人)은 위(諉)라 한다"고 하였다. 루(累)는 본에 따라 또 류(纍)로 되어 있으며, 열(劣)과 위(僞)의 반절인데, 글자를 또 류(纝)로도 쓰지만 음의가 같으며 주에서도 같다. 촉(屬)은 지(之)와 욕(欲)의 반절이다.

 謂相累及也. 孫炎曰 : "楚人曰諙, 秦人曰諉." 郭云 : "以事相屬累爲諙諉."

서로 연루되어 미쳐감을 말한다. 손염은 "초인(楚人)은 추(諙)라 하고 진인(秦人)은 위(諉)라 한다"고 하였다. 곽박은 "일이 서로 이어지는 것을 추위(諙諉)라 한다"고 하였다.

 漠·察, 清也

막(漠)과·찰(察)은 청(清 : 맑고 깨끗하다)이다.

 皆清明.

모두 청명(清明)함이다.

漠, 音莫. 樊光云 : "漠然, 淸貌."

막(漠)은 음이 막(莫)이다. 번광은 "막연(漠然)은 깨끗한 모습이다"고 하
였다.

 樊光云 : "漠然, 淸貌." 察, 明也. 是皆淸明也.

번광(樊光)은 "막연(漠然)은 깨끗한 모습이다"고 하였다. 찰(察)은 명(明)이
다. 이는 모두 청명(淸明)함이다.

 庇 · 庥, 廕也.

비(庇)와 휴(庥)는 음(廕 : 가리다)이다.

 今俗語呼樹蔭爲庥.

지금 속어(俗語)로 나무가 그늘진 것을 불러 휴(庥)라고 한다.

 庇, 必寐反, 又音秘. 庥, 字又作休, 虛求反, 郭許州反. 廕, 字亦
作蔭, 於鴆反.

비(庇)는 필(必)과 매(寐)의 반절, 또는 음이 비(秘)이다. 휴(庥)는 글자를 또 휴(休)로도 쓰는데, 허(虛)와 구(求)의 반절이며, 곽박은 허(許)와 주(州)의 반절이라 하였다. 음(廕)은 글자를 또 음(蔭)으로도 쓰는데 어(於)와 짐(鴆)의 반절이다.

 舍人曰 : "庇, 蔽也. 庥, 依止也." 郭云 : "今俗語呼樹蔭爲庥." 文七年『左傳』云 : "葛藟猶能庇其本根."

사인은 "비(庇)는 '가리다'이다. 휴(庥)는 기대어 쉬는 것이다"고 하였다. 곽박은 "지금 속어에서 나무가 그늘진 것을 불러 휴(庥)라 한다"고 하였다. 『좌전』 문공(文公) 7년에 "칡이 덩굴 져서[59] 오히려 그 뿌리를 가릴 수 있다"고 하였다.

 穀 · 履, 祿也.

곡(穀) · 리(履)는 록(祿 : 복록. 관리의 봉급)이다.

 『書』曰 : "旣富方穀." 『詩』曰 : "福履將之."

『서경』에 "이미 작록(爵祿)을 풍부히 하고 바야흐로 선도(善道)로 한다"[60]고 하였다. 『시경』에 "복(福)과 록(祿)을 크게 하리라"[61]고 하였다.

---

59) 칡이 덩굴 져서[葛藟] : 『會箋』에 "藟亦葛之類. 杜以爲蔓延之義誤"라 하여, '덩굴 지다'로 풀이한 것은 잘못이고, '갈류', 즉 '머루'라는 것이다.

60) 이미 …… 한다 : 孔傳의 "旣當以爵祿富之, 又當以善道接之"를 따랐다.

皆福祿也.『孝經援神契』云:"祿者, 錄也. 取上所以敬錄接下, 下
所以敬錄事上." ○注"『書』曰:旣富方穀"者,「洪範」文. 云"『詩』
曰:福履將之"者,「周南」「樛木」文也.

모두 복록이다. 『효경원신계(孝經援神契)』[62]에 "녹(祿)은 기록함이다. 위
에서는 경건히 기록하여 아래 사람을 접대하는 것이고, 아래에서는 경건
히 기록하여 윗사람을 섬기는 것을 취한 것이다"고 하였다. ○ 주에서 인
용한 『서경』의 "기부방곡(旣富方穀)"은 「홍범(洪範)」의 글이며, 『시경』의
"복리장지(福履將之)"는 「주남(周南)」 「규목(樛木)」의 글이다.

 履, 禮也.

리(履)는 예(禮:예법)이다.

 禮可以履行, 見『易』.

예(禮)는 실천하는 것으로, 『주역』에 보인다.

履又爲禮也. ○注"禮可以履行, 見『易』"者,「序卦」云:"物畜然
後有禮, 故受之以履." 韓康伯云:"履者, 禮也."

---

61) 복과 …… 하리라:毛傳의 "將, 大也"를 따랐다. 鄭箋은 "'將猶扶助也"이라 하였다.
62) 『孝經援神契』:書名. 『孝經緯』의 일종이다.

리(履)는 또 예(禮)의 뜻이다. ○ 주에서 말한 "예가이리행, 현『역』(禮可以履行, 見『易』)"은 「서괘(序卦)」에 "사물이 쌓인 후에 예(禮)가 있다. 그러므로 「리괘(履卦)」로 받는다"[63]고 하였는데, 한강백(韓康伯)[64]은 "리(履)는 예(禮)이다"고 하였다.

 隱, 占也.

은(隱)은 점(占 : 헤아리다)이다.

 隱度.

은밀히 헤아리는 것이다.

 度, 大各反.

탁(度)은 대(大)와 각(各)의 반절이다.

 占者, 視兆以知吉凶也. 必先隱度, 故曰"隱, 占也."

---

63) 「履卦」로 받는다 : 「小畜」 다음에 「履卦」가 온다는 의미다.
64) 韓康伯 : 晉나라 韓伯. 字가 康伯이다. 관직은 吏部尙書・領軍 등을 지냈다(『晉書』 75).

점(占)은 점괘를 보아 길흉(吉凶)을 아는 것이다. 반드시 은밀히 헤아리기 때문에 "은(隱)은 점(占)이다"고 하였다.

 逆, 迎也.

역(逆)은 영(迎 : 맞이하다)이다.

 謂迎迓. 「周書」「顧命」云 : "逆子釗于南門之外."

맞이함을 말한다. 「주서(周書)」「고명(顧命)」에 "아들 소(釗)를 남문 밖에서 맞이한다"고 하였다.

 憯, 曾也.

참(憯)은 증(曾 : 발어사)이다.

 發語辭. 見『詩』.

발어사이다. 『시경』에 보인다.

 憯, 七感反.

참(憯)은 칠(七)과 감(感)의 반절이다.

 憯猶言曾也. 曾, 則也. 皆發語辭. 郭云 "見『詩』"者, 「小雅」「節南山」云: "憯莫懲嗟"·「衛風」「河廣」云: "曾不崇朝"之類是也.

참(憯)은 증(曾)이라는 말과 같다. 증(曾)은 즉(則)으로 모두 발어사이다. 곽박이 "현『시』(見『詩』)"라 한 것은 「소아」 「절남산(節南山)」에 "이에 상란(喪亂)을 그치게 하는 자가 없으니 어이 할건가?"65)라 한 것과, 「위풍(衛風)」 「하광(河廣)」에 "이에 아침이 다 가지 않아 도착한다"고 한 따위가 이것이다.

 增, 益也.

증(增)은 익(益 : 보태다)이다.

 今江東通言增.

지금의 강동에서는 통상 증(增)이라 한다.

---

65) 이에 …… 할건가: 鄭箋의 "懲, 止也. …… 曾無以恩德止之者, 嗟乎奈何"를 따랐다. 『集傳』에는 "尹氏曾不懲創吞嗟"라 하여, '이에 尹氏는 懲戒되어 탄식하지 않는다'로 번역된다.

謂饒益也. 郭云 : "今江東通言增."

넉넉하게 보탬을 말한다. 곽박은 "금강동통언증(今江東通言增)"이라 하
였다.

 窶, 貧也.

구(窶)는 빈(貧 : 가난하다)이다.

 謂貧陋.

가난하고 누추함을 말한다.

 窶, 求矩反, 『毛詩』傳云 : "窶者, 無禮."

구(窶)는 구(求)와 구(矩)의 반절이다. 『모시(毛詩)』의 전(傳)에 "구(窶)는 예
(禮)가 없는 것이다"고 하였다.

 窶者, 無禮也. 貧者, 無財也. 由其無財以爲禮. 郭云 : "謂貧陋."
「邶風」「北門」云 : "終窶且貧."

구(寠)는 예(禮)가 없는 것이다. 빈(貧)은 재산이 없는 것이다. 재물이 없음을 말미암아 예(禮)를 차리는 것이다. 곽박이 말한 "위빈루(謂貧陋)"는 「패풍(邶風)」「북문(北門)」에서 "끝내 초라하고 또 가난하다"고 한 것이다.

 薆, 隱也.

애(薆)는 은(隱 : 숨기다)이다.

 謂隱蔽.

숨기고 가림을 말한다.

 薆, 烏槩反.

애(薆)는 오(烏)와 개(槩)의 반절이다.

 薆鄣卽隱蔽也.

애장(薆鄣)은 즉 은폐(隱蔽 : 숨기다)이다.

 僾, 唈也.

애(僾)는 읍(唈 : 숨이 막히다)이다.

 嗚唈短氣, 皆見『詩』.

오읍(嗚唈)은 단기(短氣 : 기운이 떨어지다)이니, 모두 『시경』에 보인다.

 僾, 烏槩反. 唈, 烏合反.

애(僾)는 오(烏)와 개(槩)의 반절이다. 읍(唈)은 오(烏)와 합(合)의 반절이다.

 孫炎曰 : "心唈也." 郭云 : "嗚唈短氣, 皆見『詩』." 「大雅」「桑柔」 云 : "亦孔之僾." 是也.

손염은 "심읍(心唈 : 마음이 막히다)이다"고 하였다. 곽박이 말한 "오읍단기, 개현시(嗚唈短氣, 皆見『詩』)"는 「대아」「상유(桑柔)」에 "또한 매우 숨이 막힌다"[66]고 한 것이 이것이다.

 基, 經也.

---

66) 또한 …… 막힌다 : 鄭箋의 "見之使人唈然如鄕疾風不能息也"를 따랐다.

기(基)는 경(經 : 기초를 세우다. 시작하다)이다.

 基業所以自經營.

일을 시작함은 스스로 경영해 나가는 것이다.

 基, 設也.

기(基)는 설(設 : 세우다)이다.

 亦爲造設.

역시 만들어 세우는 것이다.

基, 墙下土也. 又詁爲始作事, 謀始必經綸也. 郭云 : "基業所以自經營." 又"爲造設."

기(基)는 담장 아래의 흙이다. 또 일을 시작한다는 뜻으로 풀이되는데, 처음을 도모할 때는 경륜(經綸)이 필수적이다. 곽박은 "기업소이자경영(基業所以自經營)"이라 하고, 또 "위조설(爲造設)"이라 하였다.

 祺, 祥也.

기(祺)는 상(祥 : 상서롭다)이다.

 謂徵祥.

징조가 상서(祥瑞)로움을 말한다.

 祺, 吉也.

기(祺)는 길(吉 : 길하다)이다.

 祥吉之先見.

길상(吉祥)이 먼저 나타남이다.

 祺, 音其, 下同. 見, 賢遍反.

기(祺)는 음이 기(其)이며 아래도 같다. 현(見)은 현(賢)과 편(遍)의 반절이다.

 舍人曰 : “祺, 福之祥, 謂徵祥也.” 祥卽吉之先見者也, 故又爲吉.
「大雅」「行葦」云 : “壽考維祺.”

사인(舍人)은 “기(祺)는 복(福)의 조짐으로 징조가 상서로움을 말한다”고
하였다. 상(祥)은 곧 길함이 먼저 나타나는 것이다. 그러므로 또 길(吉)의
뜻이 된다. 「대아」 「행위(行葦)」에는 “오래 살아 길하다”고 하였다.

 兆, 域也.

조(兆)는 역(域 : 무덤의 경계)이다.

 謂塋界.

무덤의 경계이다.

爾雅
音義 兆, 『廣雅』云 : “葬地也”, 本又作垗, 音同. 塋, 音營.

조(兆)는 『광아』에는 “장지(葬地 : 매장하는 땅)이다”고 하였다. 본에 따라
또 조(垗)[67]로 되어 있는데 음이 같다. 영(塋)은 음이 영(營)이다.

---

67) 垗 : 垗는 正字, 兆는 假借字이다.

 謂塋墓界域也. 『孝經』曰 : "卜其宅兆." 『廣雅』云 : "兆, 葬地也." 「士喪禮」云 : "筮宅, 冢人營之." 鄭注云 : "宅, 葬居也." 然則筮 得吉兆, 經營之以爲界域也.

무덤의 경계를 말한다. 『효경』에 "그 묘자리를 점친다"고 하였다. 『광 아』에 "조(兆)는 장지(葬地)이다"고 하였다. 『의례(儀禮)』 「사상례(士喪禮)」에 는 "점을 쳐서 묘자리를 잡는데 총인(冢人)[68]이 경영한다"고 하였는데, 정 현의 주에는 "택(宅)은 묘자리이다"고 하였다. 그렇다면 점을 쳐 좋은 묘 자리를 얻어 터를 다지고 경계로 삼는 것이다.

 肇, 敏也.

조(肇)는 민(敏 : 민첩하다)이다.

 『書』曰 : "肇牽車牛."

『서경』에 "조견거우(肇[69]牽車牛 : 민첩하게 우마차를 끌고 온다)"라 하였다.

謂敏疾也. "『書』曰 : 肇牽車牛"者, 「周書」「酒誥」文也.

---

68) 冢人 : 周代의 관직으로 무덤터를 관장하는 일을 한다.
69) 肇 : 『集傳』은 "肇, 敏"이라 하였고, 孔傳은 "始牽車牛"라 하여 '始(비로소)'로 보았다.

민첩하고 빠른 것을 말한다. 주에서 인용한 『서경』의 "조견거우(肇牽車牛)"는 「주서(周書)」「주고(酒誥)」의 글이다.

 挾, 藏也.

협(挾)은 장(藏 : 보관하다)이다.

 今江東通言挾.

지금 강동에서는 통상 협(挾)이라고 한다.

 挾, 戶牒反.

협(挾)은 호(戶)와 첩(牒)이 반절이다.

 謂隱藏物也. 郭云 : "今江東通言挾." 『史記』: "秦有挾書之律."

물건을 감추는 것을 말한다. 곽박은 "지금의 강동에서는 통상 협(挾)이라고 한다"고 하였다. 『사기』에 "진(秦)나라에는 협서율(挾書律 : 책을 숨기면 벌을 주는 법률)이 있었다"고 하였다.

 浹, 徹也.

협(浹)은 철(徹: 두루 미치다)이다.

 謂霑徹.

두루 미침을 말한다.

 浹, 子協反, 郭音接. 徹, 直列反. 霑, 竹簾反.

협(浹)은 자(子)와 협(協)의 반절인데, 곽박은 음을 접(接)이라고 하였다.
철(徹)은 직(直)과 렬(列)의 반절이다. 점(霑)은 죽(竹)과 렴(簾)의 반절이다.

 言潤澤浹洽, 相霑徹也.

은택이 널리 퍼지고 서로 두루 미침을 말한다.

 替, 廢也.

체(替)는 폐(廢: 없애다)이다.

 替, 滅也.

체(替)는 멸(滅 : 없애다)이다.

 亦爲滅絶.

역시 멸망시켜 단절하는 것이다.

 替謂廢已也. 「小雅」「楚茨」云 : "子子孫孫, 勿替引之." 是也. 替
又爲絶滅.

체(替)는 폐하여 없어짐을 말한다. 「소아」「초자(楚茨)」에 "자자손손이
폐기되지 않고 길이 이어나간다"고 한 것이 이것이다. 체(替)는 또 멸절(滅
絶)의 뜻이 된다.

 速, 徵也. 徵, 召也.

속(速)은 징(徵 : 부르다)이다. 징(徵)은 소(召 : 부르다)이다.

 『易』曰 : "不速之客."

『주역』에 "부르지 않은 손"이라 하였다.

 轉相解也, 皆謂呼召. ○注"『易』曰 : 不速之客"者, 「需卦」「上六」 爻辭也.

돌아가면서 서로 풀이하였는데 모두 부르는 것을 말한다. ○주에서 인용한 『주역』의 "불속지객(不速之客)"은 「수괘(需卦)」「상육(上六)」의 효사(爻辭)이다.

 琛, 寶也.

침(琛)은 보(寶 : 보물)이다.

 『詩』曰 : "來獻其琛."

『시경』에 "내헌기침(來獻其琛 : 와서 보물을 바친다)"이라 하였다.

 琛, 勑金反, 郭舒金反.

침(琛)은 칙(勑)과 금(金)의 반절인데, 곽박은 서(舒)와 금(金)의 반절이라고 하였다.

謂珍寶也. 舍人曰: "美寶曰琛." ○注"『詩』曰 : 來獻其琛"者,「魯頌」「泮水」文也.

진기한 보물을 말한다. 사인(舍人)은 "아름다운 보물을 침(琛)이라 한다"고 하였다. ○주에서 인용한『시경』의 "내헌기침(來獻其琛)"은「노송(魯頌)」「반수(泮水)」의 글이다.

 探, 試也.

탐(探)은 시(試 : 시험하다)이다.

 刺探嘗試.

정탐하여 시험하는 것이다.

 探, 吐南反. 刺, 七赤反.

탐(探)은 토(吐)와 남(南)의 반절이다. 척(刺)은 칠(七)과 적(赤)의 반절이다.

 試謂嘗之也.『論語』曰: "見不善如探湯." 郭云: "刺探嘗試."

시(試)는 시험해봄을 말한다. 『논어』「계씨(季氏)」에 "착하지 못한 일 보기를 끓는 물을 만져보듯이 하라"고 하였다. 곽박은 "정탐하여 시험하는 것이다"고 하였다.

 髦, 選也.

모(髦)는 선(選 : 뽑다)이다.

 俊士之選.

준사(俊士)를 뽑는 것이다.

 髦, 俊也.

모(髦)는 준(俊 : 뛰어난 사람)이다.

 士中之俊, 如毛中之髦.

사(士) 중에서 준걸한 자는 모(毛) 중의 모(髦)와 같은 것이다.

選, 宣戀反.

선(選)은 선(宣)과 련(戀)의 반절이다.

 廣異言也. 毛中之長毫曰髦, 士之俊選者借譬爲名焉. 故郭云 : "士中之俊, 如毛中之髦."

다른 말을 넓게 하였다. 터럭 중에서 가장 긴 터럭을 모(髦)라 하는데, 사(士) 중에서 준걸한 자를 모(髦)자를 빌려와 비유하여 명칭으로 하였다. 그러므로 곽박이 "사(士) 중에서 준걸한 자는 모(毛) 중의 모(髦)와 같은 것이다"고 하였다.

 俾, 職也.

비(俾)는 직(職·직책을 맡아 책임을 다하다)이다.

 使供職.

직책을 이바지하게 하는 것이다.

 俾, 必爾反, 沈方寐反.

비(俾)는 필(必)과 이(爾)의 반절이다. 심선은 방(方)과 매(寐)의 반절이라 하였다.

 俾詁爲使, 言任使供職也.

비(俾)의 사(使)로 풀이되는데, 임용하여 직책을 이바지하게 하는 것을 말한다.

 紕, 飾也.

비(紕)는 식(飾 : 꾸미다)이다.

 謂緣飾, 見『詩』.

꾸미는 것을 말하며, 『시경』에 보인다.

 紕, 婢寐反, 謝房彌反, 郭方寐反. 飾, 申職反. 緣, 悅面反.

비(紕)는 비(婢)와 매(寐)의 반절이다. 사교는 방(房)과 미(彌)의 반절, 곽박 은 방(方)과 매(寐)의 반절이라 하였다. 식(飾)은 신(申)과 직(職)의 반절이다. 연(緣)은 열(悅)과 면(面)의 반절이다.

"謂緣飾, 見『詩』"者,「鄘風」「干旄」云 : "素絲紕之." 是也.

"위연식, 현『시』(謂緣飾, 見『詩』)"라 한 것은 「용풍(鄘風)」「간모(干旄)」에
"흰 실로 꾸민다"고 한 것이 이것이다.

 淩, 慄也.

릉(淩)은 률(慄 : 두려워하다)이다.

 淩懅戰慄.

두려워 떠는 것이다.

 慄, 感也.

률(慄)은 척(感 : 근심하다)이다.

 戰慄者, 憂感.

전율(戰慄)은 근심함이다

爾雅音義 淩, 力升反, 案郭注意當作悷, 『埤蒼』云 : “悷, 慄也.” 樊注作淩,
冰溧[70]也, 力膺反. 慄, 音栗. 懅, 舊音遽, 其據反, 亦謂戰慄也.
慼, 字又作戚, 七歷反.

　릉(淩)은 력(力)과 승(升)의 반절이다. 살피건대, 곽박의 주(注)는 당연히
릉(悷)이 되어야 한다. 『비창(埤蒼)』에 “릉(悷)은 율(慄)이다”고 하였다. 번광
의 주(注)에는 릉(淩)으로 되어 있으니, 빙름(冰溧 : 떨다)으로 력(力)과 응(膺)
의 반절이다. 율(慄)은 음이 율(栗)이다. 거(懅)는 구음(舊音)이 거(遽)인데, 기
(其)와 거(據)의 반절이며, 역시 전율(戰慄)을 말한다. 척(慼)은 글자를 또 척
(戚)으로도 쓰는데 칠(七)과 력(歷)의 반절이다.

爾雅疏 轉相解也. 『埤蒼』云 : “悷, 慄也.” 郭云“淩悷戰慄”, 則淩·悷, 音
義同. 慄又爲慼. 郭云 : “戰慄者, 憂慼.” 「秦風」「黃鳥」云 : “惴惴
其慄.”

　돌아가면서 서로 풀이하였다. 『비창』에 “릉(悷)은 율(慄)이다”고 하였다.
곽박은 “두려워 떠는 것이다”고 했으니, 릉(淩)과 릉(悷)은 음의가 같다. 율
(慄)은 또 척(慼 : 근심하다)이다. 곽박은 “전율(戰慄)은 근심함이다”고 하였다.
「진풍」「황조(黃鳥)」에 “벌벌 떤다”고 하였다.

 蠲, 明也.

---

70) 溧 : 『爾雅詁林』 「黃輯古義」 「樊注」에는 ‘凓’으로 되어 있다.

견(钃)은 명(明 : 맑고 깨끗한 모양)이다.

 钃, 淸明貌.

견(钃)은 맑고 깨끗한 모양이다.

 茅, 明也.

모(茅)는 명(明 : 밝다)이다.

 『左傳』曰 : “前茅慮無.”

『좌전』에 “선발대는 우려가 없는지 밝혀낸다”[71]고 하였다.

---

71) 선발대는 …… 밝혀낸다 : 杜注 및 孔穎達 疏의 “在前者明爲思慮所無之事, ……”를
따랐다. 그러나 이 구절은 異說이 많은 것으로 楊伯峻의 『春秋左傳注』에는 王引之의
“茅爲草名, 旌則旗章之屬. 二者不相涉, 何得稱茅以旌乎? 茅當讀爲旄. 蓋旌之飾. 或
以羽, 或以旄. 旄, 牛尾. 其用旄者, 則謂之旄旌矣”를 인용하여 王說을 옳다고 하였다.
즉 ‘선발 부대가 먼저가 앞을 살피는데 기를 들고 신호하여 적병의 유무를 헤아린다’
는 뜻이다. 孔穎達 疏에는 이를 보충 설명하여 『禮記』「曲禮上」의 “前有水, 則載靑
旌. 前有塵埃, 則載鳴鳶. 前有車騎, 則載飛鴻. 前有士師, 則載虎皮. 前有摯獸, 則載
貔貅”를 들고 있다.

 明, 朗也.

명(明)은 랑(朗 : 밝다)이다.

 蠲, 古玄反, 又音圭.

견(蠲)은 고(古)와 현(玄)의 반절, 또는 음이 규(圭)이다.

郭云 : "蠲, 淸明貌." 樊光云 : "蠲除垢穢, 使令淸明." 茅亦明也.
舍人曰 : "茅, 昧之明也." "『左傳』云·前茅慮無"者, 宣十二年傳
文也. 杜注 : "慮無, 如今軍行, 前有斥候蹻[72]伏, 皆持以絳及白爲幡, 見
騎賊擧絳幡, 見步賊擧白幡, 備慮有無也. 茅, 明也. 或曰 : 時楚以茅爲旌
幟." 明卽融朗也.

곽박은 "견(蠲)은 맑고 깨끗한 모양이다"고 하였다. 번광은 "견(蠲)은 더
러운 때를 씻어내어 맑고 깨끗하게 한다"고 하였다. 모(茅)도 역시 명(明)
의 뜻이다. 사인(舍人)은 "모(茅)는 어두움이 밝음으로 가는 것이다"고 하였
다. 주에서 인용한 『좌전』의 "전모려무(前茅慮無)"는 선공(宣公) 12년의 글
이다. 두예(杜預)의 주에 "여무(慮無)는 지금 군대가 행진할 때 전방에 척후
병이나 복병을 두어 모두 진홍색과 흰색의 깃발을 가지고서 말을 탄 적
을 보면 진홍색 깃발을 들고, 보병 적군을 보면 흰색 깃발을 들어서 미리
그 유무를 헤아려 대비하게 하는 것과 같다. 모(茅)는 명(明)이다. 혹자는
당시 초(楚)나라에서 띠로써 깃발을 만들었다"고 하였다. 명(明)은 곧 투명

---

72) 蹻 : 『좌전』에는 '蹻'으로 되어 있다.

하고 밝은 것이다.

 猷, 圖也.

유(猷)는 도(圖: 그리다)이다.

 『周官』曰 : "以猷鬼神祇", 謂圖畫.

『주관』에 "인귀(人鬼)·천신(天神)·지기(地祇)를 그리다"고 하였으니, 그림 그리는 것을 말한다.

 猷, 若也.

유(猷)는 약(若: 같다)이다.

 『詩』曰 : "寔命不猷."

『시경』에 "진실로 명(命)이 같지 않도다"라고 하였다.

 猷謂圖畫, 又爲若, 若, 如也. 『周禮』73)曰"以猷鬼神祇"者, 「春官」 "凡以神仕者, 掌三辰之法, 以猷鬼神示之居, 辨其名物." 是也. "『詩』曰 : 寔命不猷"者, 「召南」「小星」文也.

유(猷)는 그림 그리는 것을 말하기도 하고 또 약(若 : 같다)도 되는데, 약(若)은 여(如)이다. 주에서 인용한 『주례』의 "이유귀신기(以猷鬼神祇)"는 「춘관」 「가종인(家宗人)」에 "무릇 신(神)을 다스리는 자가 일(日) · 월(月) · 성(星)의 법을 관장하여 인귀(人鬼) · 천신(天神) · 지기(地祇)의 위치를 그리고, 그 제물의 귀천(貴賤)과 수량을 판단한다"고 한 것이 이것이다. 『시경』의 "식명불유(寔命不猷)"는 「소남」 「소성(小星)」의 글이다.

 偁, 舉也.

칭(偁)은 거(舉 : 들다)이다.

 『書』曰 : "偁爾戈."

『서경』에 "너의 창을 들어라"고 하였다.

 偁, 尺證反.

73) 『周禮』 : 注에 『周官』이라 하고 여기서는 『周禮』라고 하였으나 『주관』도 『주례』의 別稱이다.

칭(偁)은 척(尺)과 증(證)의 반절이다.

 謂興擧也. 注"偁爾戈"者, 「周書」「牧誓」文也.

들어올림을 말한다. 주에서 인용한 "칭이과(偁爾戈)"는 「주서(周書)」「목서(牧誓)」의 글이다.

 稱, 好也.

칭(稱)은 호(好 : 아름답다)이다.

 物稱人意亦爲好.

사물이 사람들의 뜻에 들어맞으면 또한 호(好)이다.

 好, 呼報反, 又如字, 注同.

호(好)는 호(呼)와 보(報)의 반절, 또는 여자(如字)이다. 주(注)에서도 같다.

 謂美好. 郭云 : "物稱人意亦爲好."

아름답고 어여쁨을 말한다. 곽박은 "사물이 사람들의 뜻에 들어맞으면 또한 호(好)이다"고 하였다.

 坎·律, 銓也.

감(坎)과 율(律)은 전(銓 : 무게를 달다)이다.

 『易』「坎卦」主法, 法律皆所以銓量輕重.

『주역』「감괘(坎卦)」는 법(法)을 주관하는데, 법률은 모두 죄(罪)의 경중(輕重)을 재는 것이다.

 坎, 字又作欿, 苦感反. 銓, 七全反, 銓卽稱.

감(坎)은 글자를 또 감(欿)으로 쓰는데, 고(苦)와 감(感)의 반절이다. 전(銓)은 칠(七)과 전(全)의 반절이다. 전(銓)은 곧 칭(稱 : 무게를 달다)이다.

謂銓量也. 樊光曰 : "坎卦, 水也." 水性平, 律亦平, 銓亦平. 郭云 : 『易』「坎卦」主法"者, 『說卦』云 : "坎爲水." 水平, 故主法. 云 "法律皆所以銓量輕重"者, 『白虎通』云 : "水之爲言準也."[74] 「律歷志」云 :

---

74) 水之爲言準也 : 『白虎通』「五行」에는 "水之爲言濡也. 木之爲言觸也. 火之爲言化也. 金之爲言禁也. 土之爲言吐也"로 되어 있다. 邢昺이 본 板本과는 차이가 있는 듯하다.

"繩直生準, 準正則平衡而鈞權矣." 又曰 : "權衡者, 衡, 平也; 權, 重也. 衡所以任權而鈞物平輕重也, 本起於黃鍾之重. 一龠容千二百黍, 重十二銖, 兩之爲兩. 兩者, 兩黃鍾律之重." 是"法律皆所以銓量輕重"也.

재는 것을 말한다. 번광은 "감괘(坎卦)는 물이다"고 하였다. 물은 성질이 고르고, 법률 또한 고르고, 저울도 고르다. 곽박은 "『역』「감괘」주법(『易』「坎卦」主法)"이라 하였는데 「설괘」에 "감(坎)은 수(水)가 된다"[75]고 하였다. 물은 평평하기 때문에 법을 주관한다고 한 것이다. 주에서 말한 "법률개소이전량경중(法律皆所以銓量輕重)"은 『백호통』에 "수(水)라는 말은 준(準: 수평 기계)이다"고 하였다. 『한서』「율력지」에 "먹줄이 곧아야 수준기가 고르게 된다.[76] 수준기가 바르게 되면 저울대가 공평해지고 저울추도 공평하게 된다"고 하였다. 또 "권형(權衡)이라 하였는데 형(衡)은 저울대이고, 권(權)은 저울추이다. 저울대는 저울추에 의지하여 물건을 고르게 하여 경중을 공평히 하는 것이다. 본래 황종(黃鍾)[77]의 무게에서 시작되었다. 일약(一龠)은 천 이백 개의 기장 알의 분량이고, 무게는 십이 수(十二銖)이다. 십이 수를 배로 한 것이 양(兩: 24수)이다. 양(兩)은 황종률(黃鍾律)을 배로 한 무게이다"고 하였다. 이것이 "법률개소이전량경중(法律皆所以銓量輕重)"이다.

---

75) 坎은 水가 된다 : 坎卦는 '☵'인데, 水가 가로로 누운 모양으로 水자의 기원이라 한다. 益의 윗부분은 ☵의 변형이다.

76) 먹줄이 …… 된다 : 이 구절에 대해 韋昭는 "立準以望繩, 以水爲平"이라 하였다.

77) 黃鍾 : 音律 이름. 직경 3分 남짓에 길이 9寸인 대롱을 불어서 나는 소리. 12律의 하나로, 가장 낮은 소리이다. 이 대롱 안에서 黍(기장)가 1200개 들어가는데, 그 부피를 '龠'이라 하고, 그 무게를 '12銖'라 하여, 각각 도량형의 기본 단위로 삼는다. 이리하여 黃鍾은 '만사의 근본이 되는 것[黃鍾所以爲萬事根本]'이라 한다(『書經』「舜典」「同律度量衡 集傳」).

 矢, 誓也.

시(矢)는 서(誓 : 맹서하다)이다.

 相約誓.

서로 맹서함이다.

 相約誓也.「鄘」「柏舟」云 : "之死矢靡它."

서로 맹서함이다.「용풍(鄘風)」「백주(柏舟)」에 "죽음에 이르러도 다른
데로 시집가지 않기로 맹서한다"고 하였다.

 舫, 舟也.

방(舫)은 주(舟 : 배)이다.

 竝兩船.

배 두 척을 나란히 한 것이다.

舫, 方訪反, 又音方. 並, 字又作併, 步頂反.

방(舫)은 방(方)과 방(訪)의 반절, 또는 음이 방(方)이다. 병(並)은 글자를
또 병(併)으로도 쓰는데 보(步)와 정(頂)의 반절이다.

 謂並兩船.「釋水」曰 : "大夫方舟."

배 두 척을 나란히 한 것이다. 「석수(釋水)」에 "대부(大夫)가 배를 나란히
한다"고 하였다.

 泳, 游也.

영(泳)은 유(游 : 헤엄치다)이다.

 潛行游水底.

물밑으로 잠수하여 헤엄치는 것이다.

 泳, 音詠. 底, 丁禮反.

영(泳)은 음이 영(詠)이다. 저(底)는 정(丁)과 례(禮)의 반절이다.

 潛行游水底也.「邶」「谷風」云 : "泳之游之."

물밑으로 잠수하여 헤엄치는 것이다.「패풍(邶風)」「곡풍(谷風)」에 "물밑
으로 헤엄쳐 간다"고 하였다.

 迨, 及也.

태(迨)는 급(及 : 미치다)이다.

 東齊曰迨.

동제(東齊)에서는 태(迨)라 한다.[78]

 迨, 音待.

태(迨)는 음이 대(待)이다.

---

78) 東齊에서는 迨라 한다 : 『방언』 권3-3에 나온다.

謂相及也. 注"東齊曰迨"者,『方言』文也.

서로 미치는 것을 말한다. 주의 "동제왈태(東齊曰迨)"는 『방언』의 글이다.

 冥, 幼也.

명(冥)은 유(幼:어리다)이다.

 幼稚者, 冥昧.

어린이는 사리에 어둡다.

 冥, 覓經反,『字林』亡經亡定二反.

명(冥)은 멱(覓)과 경(經)의 반절인데,『자림』에서는 "망(亡)과 경(經), 망(亡)과 정(定) 두 가지의 반절이다"고 하였다.

 謂幼少也. 郭云:"幼稚者, 冥昧."『小雅』「斯干」云:"噦噦其冥."

어린이를 말한다. 곽박은 "어린이는 사리에 어둡다"고 하였다. 「소아」

「사간(斯干)」에 "그 어린 사람들이 익힌다"고 하였다.

 降, 下也.

강(降)은 하(下 : 내리다)이다.

 降, 古巷反. 下, 音如字. 一讀降, 音戶江反. 下, 音戶嫁反.

강(降)은 고(古)와 항(巷)의 반절이다. 하(下)는 음이 여자(如字)이다. 일독
(一讀) 강(降)은 항(降)으로 음은 호(戶)와 강(江)의 반절이고, 하(下)는 음이 호
(戶)와 가(嫁)의 반절이다.

 「召南」「草蟲」云 : "我心則降."

「소남」「초충(草蟲)」에 "내 마음은 가라앉는다"고 하였다.

 傭, 均也.

용(傭)은 균(均 : 공평하다)이다.

 齊等.

가지런하다는 뜻이다.

 傭, 粉恭反. 均, 音鈞.

용(傭)은 래(粉)와 공(恭)의 반절이다. 균(均)은 음이 균(鈞)이다.

 謂齊等也.「小雅」「節南山」云 : "昊天不傭."

가지런함을 말한다.「소아」「절남산(節南山)」에 "하늘은 공평하지 못하다"고 하였다.

 彊, 暴也.

강(彊)은 포(暴 : 포악하다)이다.

 彊梁淩暴.

힘이 세고 포악하게 구는 것이다.

暴, 字又作虣, 同, 蒲報反.

포(暴)는 글자를 또 포(虣)로도 쓰나 음의가 같으며 포(蒲)와 보(報)의 반절이다.

 彊梁者, 好淩暴於物.『詩』序云 : "彊暴之男."

힘이 센 자는 다른 사람을 능멸하고 포악하게 굴기를 좋아한다.『시경』「소남」「행로(行露)」의 서(序)에 "힘이 세고 포악한 남자"라 하였다.

 庀, 肆也.

조(庀)는 사(肆 : 방자하다)이다.

 輕庀者, 好放肆.

경박한 자는 제 멋대로 하기를 좋아한다.

 肆, 力也.

사(肆)는 력(力 : 힘쓰다)이다.

 肆, 極力.

사(肆)는 힘을 다함이다.

 咷, 吐彫反. 好, 呼報反.

조(咷)는 토(吐)와 조(彫)의 반절이다. 호(好)는 호(呼)와 보(報)의 반절이다.

 咷, 輕也. 肆, 放也. 輕咷者, 好放肆. 肆又爲極力.

조(咷)는 경(輕 : 경박하다)이다. 사(肆)는 방(放 : 방자하다)이다. 경박한 자는 제멋대로 하기를 좋아한다. 사(肆) 또한 힘을 다함이다.

 俅, 戴也.

구(俅)는 대(戴 : 머리에 쓰다)이다.

 『詩』曰 : "載弁俅俅."

『시경』에 "재변구구(載弁俅俅 : 갓을 쓰니 의젓하다)"[79]라 하였다.

 俅, 音求. 弁, 音卞.

구(俅)는 음이 구(求)이다. 변(弁)은 음이 변(卞)이다.

 謂頭戴也. ○ 注 "『詩』曰 : 載弁俅俅" 者, 「周頌」「絲衣」文也.

머리에 올림을 말한다. ○ 주에서 인용한 『시경』의 "재변구구(載弁俅俅)"
는 「주송」 「사의(絲衣)」의 글이다.

 瘞, 幽也.

예(瘞)는 유(幽 : 묻다)이다.

 幽亦薶也.

유(幽) 또한 매(薶 : 묻다)이다.

---

79) 갓을 …… 의젓하다 : 모전의 "俅俅, 恭順貌"를 따랐다.

瘞, 於例反, 又於計反, 或作瘞, 同. 薶, 莫皆反.

예(瘞)는 어(於)와 례(例), 또는 어(於)와 계(計)의 반절이며, 혹은 매(瘞)로도
쓰는데 음의가 같다. 매(薶)는 막(莫)과 개(皆)의 반절이다.

 皆謂薶藏.

모두 묻어 숨김을 말한다.

 氀, 罽也.

리(氀)는 계(罽 : 담요 모직물)이다.

 毛氀所以爲罽.

털 직물이 계(罽)가 된다.

 氀, 力知反, 又力才反, 李本作毷, 呂銳反. 罽, 居例反.

리(氀)는 력(力)과 지(知)의 반절, 또는 력(力)과 재(才)의 반절이다. 이순(李

巡) 본에는 취(毳)로 썼는데, 려(呂)와 예(銳)의 반절이다. 계(罽)는 거(居)와
례(例)의 반절이다.

 毛毳所以爲罽. 舍人曰：“毳所謂毛罽也. 胡人績羊毛而作衣.” 然
則罽者, 織毛爲之, 若今之毛氍毹, 以衣馬之帶鞅也.

　털 직물이 계(罽)가 된다. 사인(舍人)은 “리(毳)는 이른바 모계(毛罽 : 모직물)
이다. 호인(胡人)이 양의 털을 이어서 옷을 만든 것이다”고 하였다. 그렇다
면 계(罽)는 털을 짜서 만든 것이다. 오늘날의 모구유(毛氍毹 : 모직물. 양탄자)
와 같은 것인데, 이것으로 말(馬)에 두르는 띠와 가슴걸이로 씌운다.

 烘, 燎也.

홍(烘)은 료(燎 : 불때다)이다.

 謂燒燎.

불때는 것을 말한다.

 煁, 烓也.

심(燖)은 계(炷 : 삼각형 화로)이다.

 今之三隅竈,80) 見『詩』.

지금의 삼각형 화덕을 말하는데,『시경』에 보인다.

烘, 沈顧火公反, 郭巨凶反, 孫音恭,『字林』巨凶甘凶二反. 燎,
力皎反, 又力召力弔二反. 燖, 市針反. 炷, 郭音恚,『字林』口穎
反,『說文』云 : “行竈也.” 顧口井烏攜二反. 隅, 音虞. 竈, 則到反.

홍(烘)에 대하여 심선과 고야왕은 화(火)와 공(公), 곽박은 거(巨)와 흉(凶)
의 반절이라 하였으며, 손염은 음을 공(恭)이라 하였다.『자림』에는 “거(巨)
와 흉(凶), 감(甘)과 흉(凶) 두 가지의 반절이다”고 하였다. 료(燎)는 력(力)과
교(皎)의 반절, 또는 력(力)과 소(召), 력(力)과 조(弔) 두 가지의 반절이다. 심
(燖)은 시(市)와 침(針)의 반절이다. 계(炷)에 대하여 곽박은 음을 에(恚)라 하
였다.『자림』에는 구(口)와 영(穎)의 반절이라 하였다.『설문』에는 “행조(行
竈 : 이동식 화로)이다”고 하였다. 고야왕은 구(口)와 정(井), 오(烏)와 휴(攜) 두
가지의 반절이라 하였다. 우(隅)는 음이 우(虞)이다. 조(竈)는 즉(則)과 도(到)
의 반절이다.

舍人曰 : “烘, 以火燎也. 燖, 炷竈也.” 郭云 : 烘謂燒燎; 燖, 今之
三隅竈也. 然則炷者, 無釜之竈, 其上然火謂之烘, 本爲此竈上
以然火照物, 若今之火鑪也. 注云“見『詩』”者,「小雅」「白華」云 : “樵彼桑

---

80) 三隅竈 :『爾雅詁林』「義疏」에 “郭云三隅竈者, 蓋如今之風爐, 形如筆筩, 缺其上口
爲三角以受風, 謂之風竈”라 하여, 풍로의 윗부분이 삼각형으로 트여 있음을 설명하
였다.

薪, 卬烘于煁." 是也.

사인(舍人)은 "홍(烘)은 불을 때는 것이다. 심(煁)은 계조(姓竈 : 화로)이다"
고 하였다. 곽박은 "홍(烘)은 불을 때는 것이다, 심(煁)은 지금의 삼각형 화
덕이다"고 하였다. 그렇다면 계(姓)는 뚜껑 없는 화로를 말하며 그 위에
불을 피우는 것을 홍(烘)이라 한다. 본래 이 화로 위에서 불을 붙여 사물
을 비추는 것이니, 지금의 화로와 같다. 주에서 인용한 "현『시』(見『詩』)"는
「소아」 「백화(白華)」에 "저 땔나무감 뽕나무를 베어, 내가 화로에서 불을
피운다"고 한 것이 이것이다.

 陪, 朝也.

배(陪)는 조(朝 : 신하들의 자리)이다.

 陪[81]位爲朝.

배신(陪臣 : 임금을 陪從하는 신하)들의 자리가 조(朝)이다.

 陪, 蒲回反. 朝, 直遙反, 注同.

---

81) 陪 : 邵晋涵은 『爾雅詁林』 「正義」에서 "『說文』云 : 陪, 重土也. 通作陛", "『玉篇』云
: 陛, 天子階也", "賈誼書云 : 陛九級者, 堂高大幾六尺矣. 陛者, 朝之列位也"라고 하
여, 陪를 陛로 보았다. 즉 천자가 있는 곳의 계단이 陛로 9등급이 있는데, 신하가 자기
의 신분에 따라 자기에 맞는 위치에 선다고 하였다.

배(陪)는 포(蒲)와 회(回)의 반절이다. 조(朝)는 직(直)과 요(遙)의 반절이며
주(注)에서도 같다.

臣見君曰朝, 朝之列位必陪重. 是"陪位爲朝"也.

신하가 임금을 뵙는 것을 조(朝)라 한다. 조회의 순서와 위치는 반드시
배종(陪從)이 중요하다. 이것이 "배위위조(陪位爲朝)"이다.

 康, 苛也.

강(康)은 가(苛 : 가혹하다)이다.

 謂苛刻.

가혹하고 각박함을 말한다.

 苛, 音何.

가(苛)는 음이 하(何)이다.

 注"謂苛刻", 案苛者毒草名, 爲政刻急者取譬焉.『禮記』孔子曰: "苛政猛於虎." 苛名康者, 以康安也. 苛刻者心安之.『左傳』曰: "州吁阻兵而安忍", 其類也.

주의 "위가각(謂苛刻)"은 살피건대, 가(苛)는 독초(毒草)의 이름[82]으로 정치를 함에 있어 각박하게 하는 자를 이것에 비유한 것이다.『예기』「단궁하(檀弓下)」에 공자가 "가혹한 정치는 호랑이 보다 사납다"고 하였다. 가(苛)를 강(康)이라 부르는 것은 가혹한 짓을 편안히 여기기 때문이다. 가혹하고 각박하게 구는 자는 마음으로 그런 짓을 편안히 여긴다.『좌전』은 공 4년에 "주우(州吁)가 무력을 믿고 잔인한 짓을 편안히 여긴다"고 한 것이 이러한 따위이다.

 樊, 藩也.

번(樊)은 번(藩 : 울타리)이다.

爾雅
注 謂藩籬.

울타리를 말한다.

---

82) 가(苛)는 …… 이름 :『설문』에 "苛, 小艸也. 从艸可聲"이라 하여, 풀 이름으로 풀이하였다.

樊, 音煩. 藩, 方元反. 籬, 力支反.

번(樊)은 음이 번(煩)이다. 번(藩)은 방(方)과 원(元)의 반절이다. 리(籬)는 력
(力)과 지(支)의 반절이다.

 孫炎曰 : “樊, 圃之藩也.” 郭曰 : “謂藩籬.” 藩以細木爲之.「齊風」
「東方未明」云 : “折柳樊圃.”「小雅」「靑蠅」云 : “營營靑蠅, 止於
榛.” 毛傳云 : “棘[83]榛所以爲藩.” 是也.

손염은 “번(樊)은 밭의 울타리이다”고 하였다. 곽박은 “울타리를 말한
다”고 하였다. 울타리는 가는 나무로 만든다.「제풍」「동방미명(東方未明)」
에 “버들 꺾어 채소밭에 울타리를 만든다”고 하였다.「소아」「청승(靑蠅)」
에 “잉잉대는 파리 떼가 개암나무에 앉았다”고 하였다. 모전(毛傳)에 “가
시나무와 개암나무는 울타리가 될 수 있다”고 한 것이 이것이다.

 賦, 量也.

부(賦)는 량(量 : 세금을 매기다)이다.

 賦稅所以評量.

---

83) 棘 :『十三經注疏本』의 毛傳에는 ‘棘’이 없다.

부세(賦稅)는 세금을 매기는 것이다.

 量, 音良, 一音亮. 評, 音病.

량(量)은 음이 량(良)인데 일음은 량(亮)이다. 평(評)은 음이 병(病)이다.

 謂賦稅也. 郭云 : "賦稅所以評量." 『方言』云 : "平均, 賦也. 燕之北鄙, 東齊北郊, 凡相賦斂謂之平均." 是評量也.

세금을 매기는 것을 말한다. 곽박은 "부세(賦稅)는 세금을 매기는 것이다"고 히였다. 『반언』에 "평규(平均)은 세금을 매김이다. 연(燕)의 북비(北鄙)와 동제(東齊)의 북교(北郊)에는 모두 세금을 매겨 거두는 것을 평균(平均)이라 한다"[84]고 하였는데, 이것이 평량(評量)이다.

 粻, 糧也.

장(粻)은 량(糧 : 양식)이다.

 今江東通言粻.

지금 강동(江東)에는 통상 장(粻)이라 한다.

---

84) 平均은 …… 한다 : 『방언』 권7-6에 나온다.

粻, 音張, 『字林』又丈庚反. 糧, 音良.

　장(粻)은 음이 장(張)인데, 『자림』에는 또 장(丈)과 경(庚)의 반절이라 하
였다. 량(糧)은 음이 량(良)이다.

 謂粻食也. 郭云 : "今江東通言粻." 「王制」云 : "五十異粻."

　양식을 말한다. 곽박은 "지금 강동(江東)에는 통상 장(粻)이라 한다"고
하였다. 『예기』 「왕제」에 "나이 오십 된 자는 양식을 달리한다"고 하였다.

 庶, 侈也.

　서(庶)는 치(侈 : 사치하다)이다.

 庶者衆多, 爲奢侈.

　서(庶)는 많은 것이므로 사치(奢侈)의 뜻이 된다.

 庶, 幸也.

서(庶)는 행(幸 : 요행. 바라다)이다.

庶幾儌倖.

서기(庶幾)는 요행(儌倖)이다.

侈, 昌氏反, 又尸氏反. 幾, 音機. 儌, 古堯反. 倖, 朝耿反, 與幸
通用.

치(侈)는 창(昌)과 씨(氏)의 반절, 또는 시(尸)와 씨(氏)의 반절이다. 기(幾)는
음이 기(機)이다. 요(儌)는 고(古)와 요(堯)의 반절이다. 행(倖)은 조(朝)와 경
(耿)의 반절이며, 행(幸)과 통용(通用)된다.

富庶者多奢侈. 郭云 : "庶者衆多, 爲奢侈." 『書』曰 : "祿不期侈."
庶又爲幸望. 郭云 : "庶幾儌倖." 儌者, 求見親御也. 幸與倖通用之.

부유하고 많이 가진 자는 대부분 사치하게 된다. 곽박은 "서(庶)는 많은
것이므로 사치(奢侈)가 된다"고 하였다. 『서경』「주관(周官)」에 "녹(祿)은 기
약하지 않고 사치해진다"고 하였다. 서(庶)는 또 행여 바란다는 뜻이다. 곽
박은 "서기(庶幾)는 요행(儌倖)이다"고 하였다. 요(儌)는 임금이 친히 거동할
때 만나기를 요구하는 것이다. 행(幸)은 행(倖)과 통용된다.

筑, 拾也.

축(筑)은 습(拾 : 줍다)이다.

 謂拾掇.

줍는 것을 말한다.

 筑, 音竹. 掇, 丁活反, 『說文』云 : "拾, 取."

축(筑)은 음이 죽(竹)이다. 철(掇)은 정(丁)과 활(活)의 반절이다. 『설문』에 "습(拾)은 취(取)이다"고 하였다.

 拾謂拾掇.「金縢」云 : "凡大木所偃, 盡起而築之." 馬融云 : "起其 木, 拾其禾."

습(拾)은 줍는 것을 말한다.「주서(周書)」「금등(金縢)」에 "쓰러진 큰 나무 를 모두 일으키고 벼를 줍는다"고 하였는데, 마융(馬融)은 "나무를 일으키 고, 벼를 줍는 것이다"고 하였다.

 奘, 駔也.

장(奘)은 장(駔 : 크다)이다.

今江東呼大爲駔, 駔猶麤也.

지금 강동에서는 대(大)를 장(駔)이라 한다. 장(駔)은 추(麤 : 크다)와 같다.

 奘, 徂朗反, 秦·晉謂大爲奘. 駔, 在魯反, 又子郎反, 沈集注本
作駔, 音同, 孫樊二本並作將且, 而無奘駔, 沈集衆本合爲一字.
諕, 火乎反, 或作呼, 同.

장(奘)은 조(徂)와 랑(朗)의 반절이다. 진(秦)·진(晉)에서는 큰 것을 장(奘)
이라 한다. 장(駔)은 재(在)와 로(魯)의 반절, 또는 자(子)와 랑(郎)의 반절이
다. 심선(沈旋)은 집주본(集注本)에서 장(駔)으로 썼으며 음은 같다. 손염(孫
炎)과 번광(樊光)의 두 본도 모두 장차(將且)로 되어 있지 장장(奘駔)은 없다.
심선은 여러 본을 모아 합하여 한 글자로 하였다. 호(諕)는 화(火)와 호(乎)
의 반절, 혹은 호(呼)로도 쓰나 음의가 같다.

 皆謂大也. 秦·晉謂大爲奘. 郭云 : "今江東呼大爲駔, 駔猶麤也."

모두 대(大)를 말한다. 진(秦)·진(晉)에서는 대(大)를 장(奘)이라 한다. 곽
박은 "지금 강동에서는 대(大)를 장(駔)이라 하는데, 장(駔)은 추(麤)와 같다"
고 하였다.

 集, 會也.

집(集)은 회(會 : 모이다)이다.

 『說文』云 : 集若"群鳥在林木之上", 故曰集, 指事也.[85] 故經典通謂聚會爲集.

『설문』에서는 집(集)은 "여러 마리의 새가 나무 위에 있는 것"과 같기 때문에 집(集)이라고 하는데, 지사(指事)이다. 그러므로 경전(經典)에서는 통틀어 모여 있음을 집(集)이라 한다.

 舫, 泭也.

방(舫)은 부(泭 : 뗏목)이다.

爾雅注 水中箄筏.

수중의 뗏목이다.

爾雅音義 舫, 謝音方, 『詩』亦作方, 施甫訪反, 樊本作坊, 符方反, 又音方. 泭, 郭音孚, 字或作柎, 同, 樊本作柎, 沈音附. 箄, 皮佳反, 本又作簿, 同. 筏, 音伐. 『方言』云 : "泭謂之箄, 箄謂之筏, 秦·晉通語."

---

85) 集若群 …… 指事也 : 段注本 『설문』에는 '集'에 대해 "群鳥在木上也, 从雥木"으로 되어 있다. 이에 의하면 集은 雥(무리새 잡)·木이 결합된 會意字이다.

방(舫)에 대하여 사교(謝嶠)는 음을 방(方)이라 하였으며 『시경』에도 역시 방(方)으로 되어 있다. 시건(施乾)은 보(甫)와 방(訪)의 반절이라 하였다. 번광(樊光) 본에는 방(坊)으로 되어 있는데 부(符)와 방(方)의 반절, 또는 음이 방(方)이라고 하였다. 부(泭)에 대하여 곽박은 음이 부(孚)라 하였으며, 글자를 혹 부(㮍)로도 쓰며 음의가 같다고 하였다. 번광(樊光) 본에는 부(柎)로 되어 있으며, 심선(沈旋)은 음을 부(附)라 하였다. 패(䰕)는 피(皮)와 가(佳)의 반절인데, 본에 따라 패(簰)로 되어 있으며 음의가 같다. 벌(筏)은 음이 벌(伐)이다. 『방언』에 "부(泭)를 패(䰕)라 하고, 패(䰕)를 벌(筏)이라 하는데, 진(秦)·진(晉)에서 통용되는 말이다"[86]고 하였다.

孫炎曰 : "舫, 水中爲泭筏也." 郭云 : "水中箄筏." 『方言』云 : "泭謂之箄, 箄謂之筏. 筏, 秦·晉之通語也." 「周南」「漢廣」云 : "不可方思." 『論語』曰 : "乘桴浮于海." 注云 "桴, 編竹木, 大曰栰, 小曰桴." 是也. 舫·方, 泭·桴, 音義同.

손염은 "방(舫)은 수중의 부벌(泭筏)이다"고 하였다. 곽박은 "수중의 뗏목이다"고 하였다. 『방언』에는 "부(泭)를 패(䰕)라 하고, 패(䰕)를 벌(筏)이라 하는데, 벌(筏)은 진(秦)·진(晉)에서 통용되는 말이다"고 하였다. 「주남」「한광(漢廣)」에 "뗏목으로도 갈 수 없다"고 하였으며, 『논어』「공야장(公冶長)」에 "뗏목을 타고 바다로 떠가겠다"고 하였다. 마융(馬融)의 주에 "부(桴)는 대나무를 엮은 것으로 큰 것을 벌(栰), 작은 것을 부(桴)라 한다"고 한 것이 이것이다. 방(舫)·방(方), 부(泭)·부(桴)는 음의(音義)가 같다.

---

86) 泭를 …… 말이다 : 『방언』 권9-9에 나온다.

 洵, 均也.

순(洵)은 균(均 : 고르다)이다.

 謂調均.

고르다는 것을 말한다.

 洵, 龕也.

순(洵)은 감(龕)이다.

 未詳.

미상이다.

洵, 郭音巡, 注同, 謝音荀, 下句做此. 龕, 苦南反, 字或作㽽, 今本作龕.

순(洵)에 대하여 곽박은 음을 순(巡)이라 하였는데, 주도 같다. 사교는 음을 순(荀)이라고 하였으며 아래 구절도 이와 같다. 감(龕)은 고(苦)와 남(南)

의 반절인데 글자를 혹 함(숨)으로 쓰기도 하며, 지금의 책에는 감(龕)으로
되어 있다.

李巡曰 : "洵, 徧之均也." 郭云 : "謂調均." 「大雅」「桑柔」云 : "菀
彼桑柔, 其下侯旬." 毛傳云 : "旬言陰均也." 然則洵·旬音義同.
洵又爲龕, 未詳.

　이순은 "순(洵)은 두루 고른 것이다"고 하였다. 곽박은 "조균(調均 : 고르
다)을 말한다"고 하였다. 「대아」「상유(桑柔)」에 "울피상유, 기하후순(菀彼桑
柔, 其下侯旬 : 무성한 저 뽕나무 부드러워, 그 아래 그늘이 고루 퍼졌다)"이라 하였
다. 모전(毛傳)에 "순(旬)은 그늘이 고른 것을 말한다"고 하였다. 그렇다면
순(洵)·순(旬)은 음의가 같다. 순(洵)은 또 감(龕)으로도 쓰나 미상이다.

逮, 遝也.

　체(逮)는 답(遝 : 미치다)이다.

今荊楚人皆云遝.

　지금의 형(荊)과 초(楚) 사람들은 모두 답(遝)이라고 한다.

逮, 音代, 一音大計反, 下同. 遝, 孫郭徒荅反.

체(逮)는 음이 대(代)이며, 일음은 대(大)와 계(計)의 반절이고, 아래서도 같다. 답(遝)에 대하여 손염과 곽박은 도(徒)와 답(答)의 반절이라 하였다.

 亦謂相及, 方俗語異爾. 郭云 : "今荊楚人皆云遝."

또한 서로 다다르는 것을 말하는데, 방속어(方俗語)이기 때문에 다를 뿐이다. 곽박은 "지금의 형(荊)과 초(楚) 사람들은 모두 답(遝)이라고 한다"고 하였다.

 是, 則也.

시(是)는 칙(則 : 본받다)이다.

 是事可法則

옳은 일은 본받을 수 있다.

 是, 不非也. 則, 法效也. 郭云"是事可法則", 言不非之事, 乃可爲人法則.

시(是)는 그르지 않음이다. 칙(則)은 본받음이다. 곽박은 "옳은 일은 본받을 수 있다"고 하였으니, 그르지 않는 일이라야 사람들에게 법칙이 될

수 있음을 말한 것이다.

 畵, 形也.

화(畵)는 형(形: 나타내다)이다.

 畫者爲形象.

화(畵)는 형상(形象: 모습을 나타내다)이다.

 畫, 胡卦反.

화(畵)는 호(胡)와 괘(卦)의 반절이다.

 郭云 : “畫者爲形象.” 「考工記」云 : “畫繢之事, …… 土以黃, 其象方, 天時變, 火以圜, 山以章 水以龍, 鳥獸蛇.” 是畫者爲形象也.

곽박은 “화(畵)는 형상(形象)이다”고 하였다. 『주례』 「고공기(考工記)」에 “화회(畵繢)의 일은 옷에 수놓는 것이 토(土)는 황색으로 나타내는데, 그 모양은 모났다. 천(天)은 사철로 변한다.[87] 화(火)는 둥근 것으로, 산(山)은 장(章 : 노루)으로,[88] 수(水)는 용(龍)으로 나타내고, 조수사(鳥獸蛇 : 꿩)이다”[89]고

———————————
87) 사철로 변한다 : 鄭玄 注의 “天時變, 謂畫天隨四時色”을 따랐다.

하였으니, 곧 화(畫)는 모습을 나타내는 것이다.

 賑, 富也.

진(賑)은 부(富 : 재물이 넉넉하다)이다.

 謂隱90)賑富有.

풍부하게 많이 소유함을 말한다.

 賑, 之忍反, 又之人之刃二反, 『字林』云 : “富也, 刃引反.”

진(賑)은 지(之)와 인(忍)의 반절, 또는 지(之)와 인(人), 지(之)와 인(刃) 두 가지의 반절이다. 『자림』에는 “부(富)이다. 인(刃)과 인(引)의 반절이다”고 하였다.

---

88) 山은 章으로 : 鄭玄 注의 “章, 讀爲獐”과 賈公彦疏의 “馬氏以爲獐, 山獸, 畫山者並 畫獐”을 따랐다.
89) 鳥獸蛇이다 : 鄭玄 注의 “(鳥獸蛇), 所謂華蟲也”를 따랐다. 가공언 소에는 이를 부연 하여 “言鳥, 以其有翼, 言獸, 以其有毛, 言蛇, 以其有鱗”이라 하였다. 즉 꿩에 대하여 鳥라고 한 것은 날개가 있기 때문이고, 수(獸)라고 한 것은 털이 있기 때문이고, 蛇라 고 한 것은 비늘이 있기 때문이라는 것이다.
90) 隱 : 殷으로, '盛하다'는 뜻이다.

皆豊財也. 郭云 : "謂隱賑富有."

모두 재물이 넉넉하다는 뜻이다. 곽박은 "풍부하게 많이 소유함을 말한다"고 하였다.

 局, 分也.

국(局)은 분(分)이다.

 謂分部.

분부(分部)[91]를 말한다.

 局, 彊六反. 分, 符問反, 注同.

국(局)은 강(彊)과 육(六)의 반절이다. 분(分)은 부(符)와 문(問)의 반절로, 주에서도 같다.

 成十六年『左傳』云 : "離局, 姦也." 杜注云 : "遠其部曲爲離局."

---

91) 分部 : 오늘날의 部署와 같은 뜻으로 이해된다.

『좌전』성공(成公) 16년에 "맡은 부서를 떠나는 것은 나쁜 일이다"고 하였는데, 두예(杜預)의 주에 "맡은 부서를 멀리하는 것이 이국(離局)이다"고 하였다.

 懠, 怒也.

제(懠)는 노(怒 : 노하다, 성내다)이다.

 『詩』曰 : "天之方懠."

『시경』에 "하늘이 바야흐로 노하였다"고 하였다.

 懠, 才計反.

제(懠)는 재(才)와 계(計)의 반절이다.

 舍人曰 : "懠, 怒聲也." 郭云『詩』曰 : 天之方懠"者,「大雅」「板」篇文也.

사인은 "제(懠)는 노성(怒聲 : 노하는 소리)이다"고 하였다. 곽박이 주에서 인용한 『시경』의 "천지방제(天之方懠)"는「대아」「판(板)」편의 글이다.

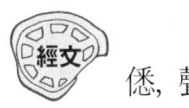 偰, 聲也.

설(偰)은 성(聲 : 소리)이다.

 謂聲音.

성음(聲音)을 말한다.

 偰, 音屑, 動皋聲也. 郭音與稷契同. 施私秩反, 字又作屑.

설(偰)은 음이 설(屑)이며, 풀이 움직이는 소리이다. 곽박은 "음은 직설 (稷契[92])과 같다"고 하였다. 시건(施乾)은 "사(私)와 질(秩)의 반절이며, 글자 를 또 설(屑)로도 쓴다"고 하였다.

 郭云 : "謂聲音." 言聲音偰偰然也.

곽박은 "성음(聲音)을 말한다"고 하였으니, 성음(聲音)이 설설(偰偰 : 소리가 나는 모양)한 것을 말한다.

---

92) 稷契 : 堯舜 시대의 두 명의 名臣인 稷과 契.

 葵, 揆也.

규(葵)는 규(揆: 헤아리다)이다.

 『詩』曰 : "天子葵之."

『시경』에 "천자(天子)가 헤아린다"고 하였다.

 揆, 度也.

규(揆)는 탁(度 : 헤아리다)이다.

 商度.

상탁(商度 : 헤아리다)이다.

 葵, 求維反. 揆, 其水反. 度, 徒各反, 注同.

규(葵)는 구(求)와 유(維)의 반절이다. 규(揆)는 기(其)와 수(水)의 반절이다. 탁(度)은 도(徒)와 각(各)의 반절인데 주에서도 같다.

轉相解也. 皆謂商度. 『詩』曰 : 天子葵之"者, 「小雅」「采菽」文也.「鄘風」「定之方中」云 : "揆之以日."

돌아가면서 서로 풀이하였다. 모두 헤아림을 말한다. 주에서 인용한 『시경』의 "천자규지(天子葵之)"는 「소아」「채숙(蔡叔)」의 글이다. 「용풍(鄘風)」「정지방중(定之方中)」에는 "해로 방향을 헤아린다"고 하였다.

 逮, 及也.

체(逮)는 급(及 : 미치다)이다.

 亦謂相及也. 「大雅」「桑柔」云 : "莊云不逮."

역시 미치는 것을 말한다. 「대아」「상유(桑柔)」에 "문에 미치지 못하게 한다"고 하였다.

 怒, 飢也.

녁(怒)은 기(飢 : 배고프다)이다.

 怒然, 飢意.

녁연(怒然)은 배고프다는 뜻이다.

 怒, 本又作惄, 同, 奴歷反.

녁(怒)은 본에 따라 또 녁(惄)으로 되어 있는데 음의가 같으며, 노(奴)와 력(歷)의 반절이다.

 李巡云: "怒, 宿不食之飢也." 郭云: "怒然飢意." 「周南」「汝墳」云: "怒如調飢." 毛傳云: "怒, 飢意也." 鄭箋釋云: "怒, 思也." 然則怒之爲訓本爲思耳. 但飢之思食, 意又怒然, 故又以爲飢. 怒是飢之意, 非飢之狀. 故郭及毛傳, 皆言"飢意." 鄭箋以爲思, 義相接成也.

이순은 "녁(怒)은 오래 동안 먹지 못해 배고픔이다"고 하였다. 곽박은 "녁연(怒然)은 배고프다는 뜻이다"고 하였다. 「주남(周南)」「여분(汝墳)」에 "배고픔이 아침을 굶은 듯하다"93)고 하였는데, 모전(毛傳)에 "녁(怒)은 배고프다는 뜻이다"고 하였고, 정전은 "녁(怒)은 사(思)이다"고 풀이하였다. 그렇다면 녁(怒)의 뜻은 본래 사(思)일 뿐이다. 단지 배가 고파 밥을 생각하여 뜻이 또 녁연(怒然 : 배고픈 듯함)하므로 또 기(飢)라고 하였다. 녁(怒)은 배가 고프다는 뜻이지 배가 고픈 모습이 아니다. 그러므로 곽박과 모전 모두 "배고프다는 뜻이다"고 하였다. 정전(鄭箋)에서 사(思)라고 하였는데 뜻이 서로 연결된다.

---

93) 怒如調飢 : 調의 해석이 여러 가지이다. 毛傳과 鄭箋은 '朝', 集傳은 '重'으로 보았는데 여기서는 모전을 따랐다.

 畛, 重也.

진(畛)은 중(重 : 중후하다)이다.

 謂厚重, 見『左傳』.

중후함을 말하는데, 『좌전』에 보인다.

 畛, 之忍反.

진(畛)은 지(之)와 인(忍)의 반절이다.

"謂厚重, 見『左傳』"者, 隱三年衛大夫石碏曰 : "夫寵而不驕, 驕
而能降, 降而不憾, 憾而能畛者, 鮮矣." 杜注云 : "如此者少也.
降其身則必恨, 恨則思亂, 不能自安自重." 是也.

주에서 "위중후, 현『좌전』(謂厚重, 見『左傳』)"이라고 하였는데, 은공(隱公)
3년에 위(衛)나라 대부인 석작(石碏)이 말하기를 "총애를 받으면서 교만하
지 아니하고, 교만하면서 자신을 굽힐 수 있으며, 자신을 굽히면서 원망
하지 아니하며, 원망하면서 중후할 수 있는 자는 드물다"고 하였는데, 두
예의 주에 "이러한 자는 드물다. 그 자신을 굽히면 반드시 원한을 갖게
되고, 원한을 갖게 되면 반란을 생각하여 스스로 편안히 하고 중후할 수
없다"고 한 것이 이것이다.

 獵, 虐也.

렵(獵)은 학(虐 : 포학하다)이다.

 淩獵, 暴虐.

능렵(淩獵)은 포학(暴虐)함이다.

 獵謂從禽也. 必暴害於物, 故云虐. 郭云 : "淩獵暴虐."

렵(獵)은 새를 쫓아감을 말한다. 반드시 사물에 해(害)를 입히므로 학(虐)
이라고 하였다. 곽박은 "능렵(淩獵)은 포학(暴虐)함이다"고 하였다.

 土, 田也.

토(土)는 전(田 : 땅)이다.

 別二名.

두 가지의 명칭을 구별하였다.

別, 彼列反.

별(別)은 피(彼)와 렬(列)의 반절이다.

 別地之二名也.『白虎通』云 : "中央者土, 土主吐含萬物, 土之爲言吐也."『釋名』云 : "土, 已耕者曰田, 田者塡也, 五穀塡滿其中也."

　땅을 구별하는 두 가지 명칭이다.『백호통』「오행(五行)」에 "중앙(中央)은 토(土)이다. 토(土)는 만물을 토하고 머금는 것을 주관한다. 토(土)라는 말은 토(吐 : 토해내다)이다"고 하였다. 유희(劉熙)의『석명(釋名)』「석지(釋地)」에 "토(土)는 토(吐)로 만물을 토하여 생성함이다.[94] 이미 땅을 간 것을 전(田)이라 하는데, 전(田)은 전(塡 : 채우다)이다. 오곡이 그 가운데 가득 채워진 것이다"고 하였다.

 戍, 遏也.

수(戍)는 알(遏 : 막다. 지키다)이다.

 戍守所以止寇賊.

---

94) 土는 …… 생성함이다 : 대본대로 하면 의미가 잘 통하지 않는다.『釋名』「釋地」에 따라 "土, 吐也. 吐生萬物也"를 보충하여 해석하였다.

수수(戍守 : 수비하다)는 구적(寇賊 : 도적)을 막는 것이다.

 戍, 式喩反. 寇, 苦侯反.

수(戍)는 식(式)과 유(喩)의 반절이다. 구(寇)는 고(苦)와 후(侯)의 반절이다.

 遏, 止也. 郭云 : "戍守所以止寇賊." 『春秋』: "公子買戍衛."

알(遏)은 막는다는 뜻이다. 곽박은 "수수(戍守)는 구적(寇賊)을 막는 것이다"고 하였다. 『좌전』 희공 28년에 "공자(公子)인 매(買)가 위(衛)나라를 지켰다"고 하였다.

 師, 人也.

사(師)는 인(人 : 사람)이다.

 謂人衆.

사람 무리를 말한다.

師, 衆也.「周禮」「大司馬」:"二十五百人爲師." 故郭云:"謂人衆."

사(師)는 중(衆:무리)이다. 『주례』「대사마(大司馬)」에 "2천 5백 사람을 사(師)라 한다"고 하였기 때문에 곽박이 "사람 무리를 말한다"고 하였다.

 硈, 鞏也.

할(硈)은 공(鞏:견고하다)이다.

 硈然堅固.

돌처럼 견고(堅固)하다는 뜻이다.

 硈, 苦角反. 鞏, 九勇反.

할(硈)은 고(苦)와 각(角)의 반절이다. 공(鞏)은 구(九)와 용(勇)의 반절이다.

 謂牢固. 『易』「文言」云:"確乎其不可拔." 又「革卦」「初九」云:"鞏用黃牛之革." 若如此說, 硈(苦學切)當從告. 『說文』別有硞, 苦八切, 石堅也. 字雖小異, 其義則同.

견고함을 말한다. 『주역』「문언(文言)」에 "확고하여 뽑을 수 없다"고 하였으며,「혁괘(革卦)」「초구(初九)」에는 "견고히 함에 황소의 가죽을 사용한다"고 하였다. 만약 이 설과 같다면 할(硈 : 고(苦)와 학(學)의 반절)은 당연히 고(告)를 따라야 한다.[95] 『설문』에는 별도로 할(硈)이 있는데 "고(苦)와 팔(八)의 반절이며 돌이 굳은 것이다"고 하였다. 글자가 비록 조금 다르지만 그 뜻은 같다.

 棄, 忘也.

기(棄)는 망(忘 : 잊다)이다.

 棄, 丘異反. 忘音亡.

기(棄)는 구(丘)와 이(異)의 반절이다. 망(忘)는 음이 망(亡)이다.

 心遺忘.「小雅」「谷風」云 : "棄我如遺."

마음에 잊어버리는 것이다.「소아」「곡풍(谷風)」에 "나를 잊기를 버린 듯이 한다"고 하였다.

---

95) 苦學切이며 …… 따라야 한다 : 음은 '각'이며, 글자는 硈이라야 한다는 주장이다.

 嚻, 閑也.

효(嚻)는 "한(閑 : 한가하다)이다.

 嚻然, 閑暇貌.

효연(嚻然)은 한가한 모양이다.

 嚻, 丘刀反, 又許嬌反.

효(嚻)는 구(丘)와 도(刀)의 반절, 또는 허(許)와 교(嬌)의 반절이다.

 謀, 心也.

모(謀)는 심(心 : 마음으로 생각하다)이다.

 謀慮以心.

마음으로 생각한다.

 獻, 聖也.

헌(獻)은 성(聖 : 총명하고 지혜롭다)이다.

 「諡法」曰 : “聰明睿智曰獻.”

「시법(諡法)」에 “총명하고 지혜로움을 헌(獻)이라 한다”고 하였다.

 郭云 : “「諡法」曰 : 聰明睿智曰獻.” 「諡法」者, 『周書』篇名也.

곽박이 「시법(諡法)」에 “총명하고 예지(睿智)한 것을 헌(獻)이라 한다”고
하였는데, 「시법」은 『일주서(逸周書)』의 편명이다.

 里, 邑也.

리(里)는 읍(邑 : 마을)이다.

 謂邑居.

마을 거처를 말한다.

謂邑居也. 『論語』云 : "里仁爲美." 「王制」云 : "凡居民, 量地以制邑."

마을 거처를 말한다. 『논어』「이인(里仁)」에 "마을이 어진 데에 거주함이 아름다움이 된다"고 하였다. 『예기』「왕제(王制)」에 "백성들을 거주시킬 때에는 땅을 헤아려 마을을 정한다"고 하였다.

 襄, 除也.

양(襄)은 제(除 : 제거하다)이다.

 『詩』曰 : "不可襄也."

『시경』에 "제거할 수 없다"고 하였다.

 襄, 四羊反, 或而羊反.

양(襄)은 사(四)와 양(羊)의 반절, 혹은 이(而)와 양(羊)의 반절이다.

 謂除去也. ○注"『詩』曰 : 不可襄也"者, 「鄘風」「牆有茨」文也.

제거(除去)함을 말한다. ○ 주에서 인용한 『시경』의 "불가양야(不可襄也)"
는 「용풍(鄘風)」 「장유자(牆有茨)」의 글이다.

 振, 古也.

진(振)은 고(古 : 오래되다)이다.

 『詩』曰 : "振古如兹." 猶云久若此.

『시경』에 "오래되기가 이와 같다"고 하였는데, 오래 됨이 이와 같다고
하는 것과 같다.

言久故也. ○ 注"『詩』曰 : 振古如兹, 猶云久若此"者, 案「周頌」
「載芟」云 : "匪今斯今, 振古如兹." 毛傳云 : "振, 自也." 鄭箋云 :
"振亦古也. 言修德行禮, 莫不獲報, 乃古[96]古而如此, 所由來者久, 非適
今時." 是也.

오래됨을 말한다. ○ 주에서 인용한 『시경』의 "진고여자, 유운구약차(振
古如兹, 猶云久若此)"는 살피건대, 「주송(周頌)」 「재삼(載芟)」에 "경사로움이
마음에 지금이 아닐 것이라 하되 지금에 있으니,[97] 예로부터 이와 같았
다"고 하였는데, 모전에는 "진(振)은 자(自 : 부터)이다"고 하였고, 정전에는

---

96) 古 : 주소본에는 '自'로 되어 있다(臺本注).
97) 지금이 …… 있으니 : 정전의 "心非云今而有此今, 謂嘉慶之事不聞而至也"를 따랐다.

"진(振)도 역시 고(古)이다. 덕을 닦고 예를 행하면 보답을 얻지 않음이 없다. 예로부터 이와 같아서 유래된 것이 오래이니, 다만 지금 때뿐만이 아니다"고 한 것이 이것이다.

 懟, 怨也.

대(懟)는 원(怨 : 원망하다)이다.

 懟, 直類反.

대(懟)는 직(直)과 류(類)의 반절이다.

 謂怨恨.『左傳』曰 : "以死誰懟."

원한(怨恨)함을 말한다.『좌전』희공(僖公) 24년에 "죽는다 한들 누구를 원망할 것인가?"라 하였다.

 縭, 介也.

이(縭)는 개(介 : 매다. 묶다)이다.

縭者, 繫. 介猶閡.

이(縭)는 계(繫:묶다)이다. 개(介)는 애(閡:막히다)와 같다.

 縭, 力知反. 介音界, 李孫顧舍人本並云: "補, 羅也. 介, 別也."
閡, 五代反.

리(縭)는 력(力)과 지(知)의 반절이다. 개(介)는 음이 계(界)이다. 이순·손
염·고야왕·사인 본에는 모두 "포(補)는 라(羅:늘어놓다)이다. 개(介)는 별
(別:가르다)이다"고 하였다. 애(閡)는 오(五)와 대(代)의 반절이다.

 郭云: "縭者, 繫. 介猶閡." 以「釋水」云: "縭, 綟也." 綟繫著則介
閡也.

곽박은 "리(縭)는 계(繫)이다. 개(介)는 애(閡)와 같다"고 하였다. 「석수(釋
水)」에 "리(縭)는 유(綟:끈)이다"고 하였다. 끈으로 묶으면 개애(介閡:막히다.
정체되다)된다.

號, 謼也.

호(號)는 호(謼:부르짖다)이다.

今江東皆言譹.

지금 강동에서는 모두 호(譹)라고 한다.

 號, 戶羔反, 又胡到反. 譹, 火故反, 又如字, 又作呼.

호(號)는 호(戶)와 고(羔)의 반절, 또는 호(胡)와 도(到)의 반절이다. 호(譹)는
화(火)와 고(故)의 반절, 또는 여자(如字), 또는 호(呼)로도 쓴다.

 謂叫譹也.「小雅」「賓之初筵」云 : "載號載呶." 郭云 : "今江東皆
言譹."

부르짖음을 말한다.「소아」「빈지초연(賓之初筵)」에 "고함을 치며 떠든
다"고 하였다. 곽박은 "지금 강동에서는 모두 호(譹)라고 한다"고 하였다.

 凶, 咎也.

흉(凶)은 구(咎 : 허물, 악행)이다.

 咎, 求九反.

구(씀)는 구(求)와 구(九)의 반절이다.

 謂咎惡也. 通見『詩』·『書』.

구악(咎惡)을 말한다. 모두 『시경』·『서경』에 보인다.

 苞, 稹也.

포(苞)는 진(稹 : 물건이 촘촘히 모이다)이다.

 今人呼物叢緻者爲稹.

지금 사람들은 물건이 촘촘하게 모여 있는 것을 진(稹)이라고 한다.

 苞, 補茅反. 稹, 謝之忍反, 郭振眞二音. 緻, 直吏反.

포(苞)는 보(補)와 모(茅)의 반절이다. 진(稹)에 대하여 사교(謝嶠)는 지(之)와 인(忍)의 반절, 곽박은 진(振)과 진(眞) 두 가지의 음이라고 하였다. 치(緻)는 직(直)과 리(吏)의 반절이다.

 郭云 : "今人呼物叢緻者爲稹." 孫炎曰 : "物叢生曰苞. 齊人名曰稹." 「唐風」「鴇羽」云 : "集于苞栩." 毛傳云 : "苞, 稹也." 鄭箋云 : "稹者, 根相迫迮梱緻." 亦謂叢生也.

곽박은 "지금 사람들은 물건이 촘촘하게 모여 있는 것을 진(稹)이라고 한다"고 하였다. 손염은 "물건이 무더기로 나는 것을 진(稹)이라 한다. 제나라 사람은 진(稹)이라 한다"고 하였다. 「당풍(唐風)」「보우(鴇羽)」에 "무더기로 있는 상수리나무에 모였다"고 하였다. 모전(毛傳)에는 "포(苞)는 진(稹)이다"고 하였다. 정전에는 "진(稹)은 뿌리가 서로 바싹 붙어서 가지런히 촘촘한 것이다"고 하였으니, 역시 무더기로 남을 말한다.

 逜, 寤也.

오(逜)는 오(寤 : 잠에서 깨다)이다.

 相干寤.

건드려 깨우는 것이다.

逜, 五故反. 孫本吾字作午, 吾補反. 寤, 五故反.

오(逜)는 오(五)와 고(故)의 반절이다. 손염 본에는 오(吾)는 글자를 오(午)

로 썼으며, 오(啎)와 보(補)의 반절이다. 오(寤)는 오(五)와 고(故)의 반절이다.

 迕謂相干也. 寐而覺之曰寤. 郭云：“相干寤.”

오(迕)는 건드리는 것을 말한다. 잠을 자다가 깨어나는 것을 오(寤)라 한다. 곽박은 “건드려 깨우는 것이다”고 하였다.

 頟, 題也.

정(頟)은 제(題：이마)이다.

 題, 額也. 『詩』曰：“麟之定.”

제(題)는 액(額：이마)이다. 『시경』에 “기린의 이마여!”라 하였다.

 頟, 丁佞反, 字又作定, 注同. 題, 徒兮反. 麟, 力仁反.

정(頟)은 정(丁)과 영(佞)의 반절이며 글자를 또 정(定)으로도 쓰는데 주(注)에서도 같다. 제(題)는 도(徒)와 혜(兮)의 반절이다. 린(麟)은 력(力)과 인(仁)의 반절이다.

皆謂額也. ○注『詩』曰: 麟之定"者,「周南」「麟之趾」文也.

모두 이마를 말한다. ○주에서 인용한 『시경』의 "인지정(麟之定)"은 「주남」「인지지(麟之趾)」의 글이다.

 猷・肯, 可也.

유(猷)・긍(肯)은 가(可: 기꺼이 하다)이다.

 『詩』曰: "猷來無棄." 肯, 今通言.

『시경』에 "기꺼이 오도록 하여 버려짐이 없게 하라"고 하였다. 긍(肯)은 지금의 통상어이다.

 肯, 苦等反, 或作古胃字, 『字林』作胃, 並同.

긍(肯)은 고(苦)와 등(等)의 반절이며, 혹 고자(古字)인 긍(胃)으로도 쓴다. 『자림』에도 긍(胃)으로 되어 있으나, 모두 음의가 같다.

 皆肯可也. ○注『詩』曰: 猷來無棄"者,「魏風」「陟岵」文也. "肯, 今通言"者,「邶風」「終風」云: "惠然肯來." 是也.

모두 '기꺼이 한다'는 뜻이다. ○ 주에서 인용한 『시경』의 "유래무기(猷來無棄)"는 「위풍」「척호(陟岵)」의 글이다. "긍, 금통언(肯, 今通言)"이라 한 것은 「패풍」「종풍(終風)」에 "순하게 하여 기꺼이 온다"고 한 것이 이것이다.

 務, 侮也.

모(務)는 모(侮：모욕하다)이다.

 『詩』曰："外禦其侮."

『시경』에 "밖으로 모욕을 막는다"고 하였다.

 侮, 亡甫反.

모(侮)는 망(亡)과 보(甫)의 반절이다.

 謂輕侮也. ○注"『詩』曰：外禦其侮", 「小雅」「常棣」文也.

경멸함을 말한다. ○ 주에서 말한 『시경』의 "외어기모(外禦其侮)"는 「소아」「상체(常棣)」의 글이다.

 貽, 遺也.

이(貽)는 유(遺 : 주다)이다.

 相歸遺.

되돌려줌이다.

 貽, 以之反. 遺, 唯李反, 注同. 歸, 巨位反.

이(貽)는 이(以)와 지(之)의 반절이다. 유(遺)는 유(唯)와 이(李)의 반절이며 주(注)에서도 같다. 귀(歸)는 거(巨)와 위(位)의 반절이다.

 謂相歸遺. 『詩』云 : "貽我握椒."

되돌려줌을 말한다. 『시경』「진풍(陳風)」「동문지분(東門之枌)」에 "나에게 산초 한줌 쥐어 준다"고 하였다.

 貿, 買也.

무(貿)는 매(買 : 팔다)이다.

 廣二名.

두 가지 명칭을 넓게 쓴다.

 貿, 音茂.

무(貿)는 음이 무(茂)이다.

 貿, 市也. 又爲買. 郭云 : "廣二名." 『詩』云 : "抱布貿絲."

무(貿)는 시(市 : 팔다)이며, 또 매(買 : 사다)도 된다. 곽박은 "두 가지 명칭을 넓게 쓴다"고 하였다. 『시경』「위풍(衛風)」「맹(氓)」에 "베를 안고 가서 실을 산다"고 하였다.

 賄, 財也.

회(賄)는 재(財 : 재물)이다.

賄, 火罪反.

회(賄)는 화(火)와 죄(罪)의 반절이다.

 財帛總名賄.『周禮』「冢宰職」云 : "商賈阜通貨賄." 鄭注云 : "布帛
曰賄."

재물과 비단의 총체적인 명칭이 회(賄)이다.『주례』「총재직(冢宰職)」에
"상인들은 금옥(金玉)과 포백(布帛)을 성대히 하여 유통시킨다"[98]고 하였는
데, 정현 주에는 "포백(布帛)을 회(賄)라 한다"고 하였다.

 甲, 狎也.

압(甲)은 압(狎 : 가깝게 지내다)이다.

 謂習狎.

가깝게 지냄을 말한다.

---

98) 상인들은 …… 유통시킨다 : 鄭玄 注의 "行曰商, 處曰賈, 阜, 盛也. 金玉曰貨"를 따
랐다.

狎, 乎甲反.

압(狎)은 호(乎)와 갑(甲)의 반절이다.

 謂狎習也.「衛風」「芄蘭」云 : "能不我甲." 『左傳』曰 : "水懦弱, 民
狎而翫之."

가깝게 지냄을 말한다. 「위풍(衛風)」「환란(芄蘭)」에 "재능이 우리의 가
깝게 지냄만 못하다"[99]이라 하였다. 『좌전』소공 20년에 "물은 나약(懦弱)
하므로, 백성이 가까이 하여 즐긴다"고 하였다.

 菼, 騅也.

담(菼)은 추(騅 : 어린 갈대)이다.

 菼, 薍也.

담(菼)은 완(薍 : 자란 갈대)이다.

---

99) 재능이 …… 못하다 : 모전의 "甲, 狎也"와 정전의 "與其才能, 實不如我衆臣之所習
狎"을 따랐다. 『集傳』은 "甲, 長也. 言其才能不足以長於我也"라 하여, '재능이 나보
다 낫지 못하다'로 번역된다.

『詩』曰 : "毳衣如菼." 菼草色如騅, 在靑白之間.

　『시경』에 "대부(大夫)의 관복은 갈대와 같다"고 하였다. 갈대의 색이 오추마(烏騅馬) 같으므로, 푸른색과 흰색의 중간에 있는 것이다.

菼, 字又作剡, 他敢反, 或待感反. 騅, 章誰反, 如騅馬色也. 薍, 五患反. 毳, 昌銳反.

　담(菼)은 글자를 또 담(剡)으로 쓰는데, 타(他)와 감(敢)의 반절, 혹은 대(待)와 감(感)의 반절이다. 추(騅)는 장(章)과 수(誰)의 반절인데, 오추마의 색과 같다. 안(薍)은 오(五)와 환(患)의 반절이다. 취(毳)는 창(昌)과 예(銳)의 반절이다.

廣異言也. ○注"『詩』曰 : 毳衣如菼"者,「王風」「大車」文也. 毛傳云 : "菼, 騅也, 薍之初生者也." 鄭箋云 : "菼, 薍也." 以傳解菼色, 未辨草名, 故定之也. 郭云 : "菼草色如騅, 在靑白之間"者, 以「釋畜」云 "蒼白雜毛騅"故也.

　다른 말을 널리 하였다. ○주에서 인용한 『시경』의 "취의여담(毳衣如菼)"은 「왕풍(王風)」「대거(大車)」의 글이다. 모전(毛傳)에는 "담(菼)은 추(騅)의 뜻으로, 갈대가 처음 생겨나는 것이다"고 하였다. 정전(鄭箋)에는 "담(菼)은 완(薍)이다"고 하였다. 모전이 담(菼)의 색을 풀이했지만, 풀의 이름을 분별하지 않았기 때문에 정의한 것이다. 곽박이 "담초색여추, 재청백지간(菼草色如騅, 在靑白之間)"이라 한 것은 「석축(釋畜)」에 "푸른색과 흰색의 털이 섞여 있는 것이 추(騅)이다"고 하였기 때문이다.

 粲, 餐也.

찬(粲)은 찬(餐 : 음식)이다.

 今河北人呼食爲粲.

지금 하북 사람들은 음식을 찬(粲)이라 한다.

 粲, 七旦反. 飡, 謝素昆反.『說文』云: "餔也."『字林』云: "水澆飯也." 本又作餐, 施七丹反.『字林』: 作飡, 云: "吞食."

찬(粲)은 칠(七)과 단(旦)의 반절이다. 찬(飡)에 대하여 사교는 소(素)와 곤(昆)의 반절이라 하였다.『설문』에는 "포(餔 : 밥)이다"고 하였고,『자림』에는 "물에 말은 밥이다"고 하였다. 본에 따라 찬(餐)으로 되어 있는데, 시건은 칠(七)과 단(丹)의 반절이라 하였다.『자림』에 손(飡)으로 되어 있으며, "음식을 삼키다"고 하였다.

 謂餐食也. 郭云: "今河北人呼食爲粲."「鄭風」「緇衣」云: "還予授子之粲兮." 鄭箋云: "自館還, 在采地之都, 我則設餐以授之. 愛之, 欲飮食之."

음식을 말한다. 곽박이 "지금 하북 사람들은 음식을 찬(粲)이라 한다"고 하였다.「정풍(鄭風)」「치의(緇衣)」에 "돌아오면 내가 그대에게 음식 드린다"고 하였다. 정전(鄭箋)에는 "관소(館所)에서 돌아와 채지(采地)의 도성에

있으면 나는 음식을 차려서 그에게 준다. 사랑하므로 음식을 먹여주고 싶
은 것이다"고 하였다.

 渝, 變也.

유(渝)는 변(變 : 변하다)이다.

 謂變易.

변역(變易)함을 말한다.

 渝, 音楡, 舍人作㺄, 同.

유(渝)는 음이 유(楡)이다. 사인은 유(㺄)로 썼는데, 음의가 같다.

 謂變易也. 『詩』曰 : "舍命不渝."

변역(變易)함을 말한다. 『시경』 「정풍(鄭風)」 「고구(羔裘)」에 "명(命)에 처
하여 변하지 않는다"고 하였다.

 宜, 肴也.

의(宜)는 효(肴 : 안주)이다.

 『詩』曰 : "與子宜之."

『시경』에 "그대와 안주 만들리라"고 하였다.

 肴, 音爻.

효(肴)는 음이 효(爻)이다.

 謂肴饌也. 李巡曰 : "飮酒之肴也." ○注 『詩』曰 : 與子宜之"者, 「鄭風」「女曰鷄鳴」文也.

안주를 말한다. 이순이 "술을 마시는 안주이다"고 하였다. ○주에서 인용한 『시경』의 "여자의지(與子宜之)"는 「정풍(鄭風)」 「여왈계명(女曰鷄鳴)」의 글이다.

 夷, 悅也.

이(夷)는 열(悅 : 기쁘다)이다.

 『詩』曰 : "我心則夷."

『시경』에 "나의 마음은 기쁘다"고 하였다.

 謂喜悅也. ○注"『詩』曰 : 我心則夷"者,「召南」「草蟲」文.

희열(喜悅)을 말한다. ○주에서 인용한 『시경』의 "아심즉이(我心則夷)"는 「소남(召南)」「초충(草蟲)」의 글이다.

 顚, 頂也.

전(顚)은 정(頂 : 정수리)이다.

 頭上.

머리 위이다.

 顚, 丁田反.

전(顚)은 정(丁)과 전(田)의 반절이다.

 謂頭上也. 『詩』曰 : "有馬白顚."

머리 위를 말한다. 『시경』「진풍(秦風)」「거린(車鄰)」에 "정수리가 하얀 말이 있다"고 하였다.

 耊, 老也.

질(耊)은 로(老 : 늙은이)이다.

 八十爲耊.

팔십을 질(耊)이라고 한다.

 耊, 田結反, 孫他結反, 云 : "老人面如鐵色."

질(耊)은 전(田)과 결(結)의 반절인데, 손염은 타(他)와 결(結)의 반절로, "노인의 얼굴빛은 철색(鐵色 : 흑적색)과 같다"고 하였다.

耊, 鐵也. 孫炎曰：“老人面如鐵色.” 郭云：“八十爲耊.”『詩』「秦風」「車鄰」云：“逝者其耊.” 毛傳云：“八十曰耊.”『易』「離卦」云：“大耊之嗟.” 鄭注云：“年踰七十.” 僖九年『左傳』曰：“伯舅耊老.” 服虔曰：“七十曰耊.” 此及『詩』傳言八十曰耊者, 耊有七十・八十, 無正文也.『詩』以仕者七十致事. 仕者慮己之耊, 欲得早致事, 故以爲八十. 此用『詩』傳爲說, 故與之同.

질(耊)은 철(鐵：쇠빛)이다. 손염은 “노인의 얼굴빛이 철색과 같다”고 하였다. 곽박은 “팔십이 질(耊)이다”고 하였다.『시경』「진풍(秦風)」「거린(車鄰)」에 “다른 나라로 가는 자는 늙게 되리라”[100]고 하였는데, 모전(毛傳)에는 “팔십이 질(耊)이다”고 하였다.『주역』「리괘(離卦)」에 “늙게 되면 탄식한다”고 하였는데, 정현의 주에 “나이 일흔이 넘는 것이다”고 하였다.『좌전』희공(僖公) 9년에 “백구(伯舅)[101]는 노인이다”고 하였는데, 복건(服虔)은 “칠십이 질(耊)이다”고 하였다. 여기와『시경』전(傳)에는 80을 질(耊)이라 하였으니, 질(耊)이 70이고 80이 되는 것은 정확한 글이 없어서이다.『시경』에서 벼슬하는 자는 칠십에 벼슬을 반납한다. 벼슬하는 자는 자기의 늙음을 걱정하여 빨리 벼슬을 그만두기를 바라므로 80이라 하였다.[102] 여기서는 모전을 인용하여 설(說)을 만들었으므로 이와 같아졌다.

輊, 輕也.

유(輶)는 경(輕 : 가볍다)이다.

 『詩』曰 : "德輶如毛."

『시경』에 "덕(德)의 가벼움이 털과 같다"고 하였다.

 輶, 由久反, 又餘周反.

유(輶)는 유(由)와 구(久), 또는 여(餘)와 주(周)의 반절이다.

 謂輕微也. ○注 "『詩』曰 : 德輶如毛"者, 「大雅」「烝民」文.

경미(輕微)함을 말한다. ○주(注)에서 인용한 『시경』의 "덕유여모(德輶如毛)"는 「대아(大雅)」「증민(烝民)」의 글이다.

 俴, 淺也.

천(俴)은 천(淺 : 낮다)이다.

 『詩』曰 : "小戎俴收."

『시경』에 "싸움용 수레는 수레 뒤턱이 낮다"고 하였다.

 俴, 慈睊反.

천(俴)은 자(慈)와 순(睊)의 반절이다.

 謂淺近. ○注"『詩』曰 : 小戎俴收"者,「秦風」「小戎」文也.

천근(淺近)함을 말한다. ○주에서 인용한『시경』의 "소융천수(小戎俴收)"
는「진풍(秦風)」「소융(小戎)」의 글이다.

 綯, 絞也.

도(綯)는 교(絞 : 새끼 꼬다)이다.

 糾絞繩索.

새끼를 꼬는 것이다.

 綯, 徒刀反. 絞, 古卯反. 糾, 吉黝反. 索, 悉各反.

도(綯)는 도(徒)와 도(刀)의 반절이다. 교(絞)는 고(古)와 묘(卯)의 반절이다. 규(糾)는 길(吉)과 유(黝)의 반절이다. 삭(索)은 실(悉)과 각(各)의 반절이다.

 謂糾絞繩索也. 李巡曰 : "綯, 繩之絞也." 「豳」「七月」云 : "宵爾索綯."

새끼를 꼬는 것을 말한다. 이순은 "도(綯)는 새끼를 꼬는 것이다"고 하였다. 「빈풍(豳風)」 「칠월(七月)」에 "밤에 너는 새끼를 꼬아라"고 하였다.

 訛, 化也.

와(訛)는 화(化 : 교화)이다.

 『詩』曰 : "四國是訛."

『시경』에 "사방의 나라를 교화하다"고 하였다.

 匡正之化也. ○注"『詩』曰 : 四國是訛"者, 「豳風」「破斧」文.

바로잡는 교화이다. ○ 주에서 인용한 『시경』의 "사국시와(四國是訛)"는 「빈풍」 「파부(破斧)」의 글이다.

 跋, 躐也.

발(跋)은 럽(躐 : 밟다)이다.

 『詩』曰 : "狼跋其胡."

『시경』에 "이리가 그 턱살을 밟는다"고 하였다.

 疐, 跆也.

치(疐)는 겹(跆 : 밟다)이다.

 『詩』曰 : "載疐其尾."

『시경』에 "이리가 그 꼬리를 밟는다"고 하였다.

跋, 蒲末反, 郭音貝, 又補葛反. 躐, 力輒反. 狼, 音郎. 疐, 竹利反, 又得異反, 又竹季反.『說文』云 : "礙足不行", 與躓同. 跆, 其業反, 又居業反, 郭又音甲,『廣雅』云 : "跆我也."

발(跋)은 포(蒲)와 말(末)의 반절이다. 곽박은 음을 패(貝), 또는 보(補)와

갈(葛)의 반절이라 하였다. 렵(躐)은 력(力)과 첩(輒)의 반절이다. 랑(狼)은 음
이 랑(郞)이다. 치(疐)는 죽(竹)과 리(利)의 반절, 또는 득(得)과 이(異)의 반절,
또는 죽(竹)과 계(季)의 반절이다. 『설문』에 "발이 걸려 가지 못함이다"고
하였는데 지(躓)와 음의가 같다. 겁(跲)은 기(其)와 업(業)의 반절, 또는 거(居)
와 업(業)의 반절이다. 곽박은 또 음을 갑(甲)이라 하였다. 『광아』에 "나를
밟음이다"고 하였다.

李巡曰: "跋前行曰躐跲, 卻頓曰疐." ○ 注 『詩』曰: 狼跋其胡,
載疐其尾"者, 「豳風」 「狼跋」文也. 『說文』云: "跋, 躓, 丁千切.
跲, 躓, 竹二切, 躓卽疐也." 然則跋與疐, 皆是顚倒之類. 以跋爲躐者, 謂
跋其胡而倒躓耳. 毛傳云: "老狼有胡", 謂頷下垂胡; "進則躐其胡", 謂躐
胡而前倒也; "退則跲其尾", 謂卻頓而倒於尾上也.

　이순은 "앞을 밟으면서 나아가는 것을 엽급(躐跲)이라 하고, 물러서며
밟는 것을 치(疐)라 한다"고 하였다. ○ 주에서 인용한 『시경』의 "낭발기호,
재치기미(狼跋其胡, 載疐其尾)"는 「빈풍(豳風)」 「낭발(狼跋)」의 글이다. 『설문』
에 "발(跋)은 전(躓: 밟다)의 뜻으로 정(丁)과 천(千)의 반절이다. 겁(跲)은 지
(躓)의 뜻으로 죽(竹)과 이(二)의 반절이다. 지(躓)는 곧 치(疐)이다"고 하였다.
그렇다면 발(跋)과 치(疐)는 모두 넘어진다는 종류이다. 발(跋)을 렵(躐)이라
고 하는 것은 턱살을 밟고 넘어짐을 말한다. 모전(毛傳)에 "늙은 이리는 턱
살이 있다"고 한 것은 턱 아래에 턱살이 늘어진 것을 말하고, "앞으로 가
면 그 턱살을 밟는다"고 한 것은 턱살을 밟고 앞으로 넘어지는 것을 말하
고, "뒤로 갈 때는 그 꼬리를 밟는다"고 한 것은 뒤로 갈 때 꼬리 위에 넘
어짐을 말한다.

 烝, 塵也.

증(烝)은 진(塵 : 때)[103]이다.

 人衆所以生塵埃.

사람들이 많아 때가 생기는 것이다.

 烝, 之仍反. 埃, 音哀.

증(烝)은 지(之)와 잉(仍)의 반절이다. 애(埃)는 음이 애(哀)이다.

 孫炎曰 : "烝, 物久之塵." 「小雅」「南有嘉魚」云 : "烝然罩罩." 郭
云 : "人衆所以生塵埃."

손염은 "증(烝)은 물건이 오래되어 생기는 때이다"고 하였다. 「소아」「남
유가어(南有嘉魚)」에 "오래도록 가리질하고 가리질한다"[104]고 하였다. 곽박

---

103) 때 : 『爾雅詁林』「鄭樵注」에 "塵垢"라 하였고, 『爾雅詁林』「述聞」에 "古者, 塵陳同
也. 故陳爲久之意"라 하였다. 이에 의하여 오래 되어 생기는 '때'로 인식된다.

104) 오래도록 …… 가리질한다 : 烝을 '塵'으로 해석하면 의미가 명확히 통하지 않는다. 「豳
風」「東山」에 "烝在桑野"에서 毛傳은 "烝, 寘也"라 하였고, 鄭箋은 "古者聲寘塡塵同
也"라 하였다. 淸의 郝懿行은 『爾雅義疏』에서 이에 대해 寘, 塡은 塵의 假借로 보아
'그물을 친다'로 풀이하였다. 『爾雅詁林』「說詩」에서는 "竊謂此詩烝字宜從烝衆之訓,
不宜以烝塵爲釋"이라 하여, 인용된 시의 '烝'은 '많은'으로 풀이하고 '塵'으로 풀이함은
적절치 않다고 하였다. 집전은 "烝然, 發語辭也"라 하여, 虛辭로 처리하였다.

은 "사람들이 많아 때가 생기는 것이다"고 하였다.

戎, 相也.

융(戎)은 상(相 : 돕다)이다.

相佐助.

서로 돕는다는 뜻이다.

戎, 如字, 本或作拨, 顧如勇反, 沈如升反. 相, 如字, 又息亮反.

융(戎)은 여자(如字)이며, 본에 따라 융(拨)으로도 되어 있는데, 고야왕(顧野王)은 여(如)와 용(勇)의 반절이라 하였고, 심선(沈旋)은 여(如)와 승(升)의 반절이라 하였다. 상(相)은 여자(如字), 또는 식(息)과 량(亮)의 반절이다.

相, 如字, 注同. 一云相助也, 息亮切, 故注云"相佐助"也.

상(相)은 여자(如字)이며 주에서도 같다. 한편으로 상조(相助)의 뜻이며 식(息)과 량(亮)의 반절이라 하였다. 그러므로 주에서 "서로 돕는다는 뜻이다"고 하였다.

 飫, 私也.

어(飫)는 사(私 : 사사로운 연회)이다.

 宴飫之私.

사적인 연회이다.

 飫, 於庶反.

어(飫)는 어(於)와 서(庶)의 반절이다.

孫炎曰 : “飫, 非公朝, 私飮酒也.” 郭云 : “宴飫之私.” 「小雅」「常
棣」云 : “飮酒之飫.” 毛傳云 : “飫, 私也. 不脫屨升堂謂之飫.” 鄭
箋云 : “私者, 圖非常之事. 若議大疑於堂, 則有飫禮焉. 聽朝爲公.” 「周
語」曰 : “王公立飫.”

손염은 “어(飫)는 대궐이 아니라 사사로이 술을 마시는 것이다”고 하였
다. 곽박은 “사적인 연회이다”고 하였다. 「소아」「상체(常棣)」에 “술을 마
시는 잔치”라 하였다. 모전에 “어(飫)는 사(私)이다. 신발을 벗지 않고 마루
에 오르는 것을 어(飫)라 한다”고 하였다. 정전(鄭箋)에는 “사(私)는 일상적
이 아닌 일을 도모하는 것이다. 만약 당(堂)에서 크게 의심스러운 일을 논
의하면 어례(飫禮)가 있다. 조정에서 정사를 듣는 것은 공(公)이다”고 하였

다. 『국어』「주어중(周語中)」에 "왕(王)과 공(公)이 서서 연회한다"고 하였다.

 孺, 屬也.

유(孺)는 속(屬 : 친속)이다.

 謂親屬.

친속(親屬)을 말한다.

 孺, 如戌反. 屬, 雛欲反.

유(孺)는 여(如)와 수(戌)의 반절이다. 속(屬)은 추(雛)와 욕(欲)의 반절이다.

李巡云 : "孺, 骨肉相親屬也." 「常棣」云 : "和樂且孺." 毛傳云 : "九族會曰和. 孺, 屬也." 鄭箋云 : "屬者, 昭穆相次序."

이순(李巡)은 "유(孺)는 골육이 서로 친한 부치이다"고 하였다. 「소아」「상체(常棣)」에는 "화락하고 또 친하다"고 하였는데, 모전(毛傳)에는 "구족(九族)[105]이 모이는 것을 화(和)라 한다. 유(孺)는 속(屬)이다"고 하였다. 정전(鄭

---

[105] 九族 : 自己에서 위로는 父·祖·曾祖·高祖이고, 아래로는 子·孫·曾孫·玄孫까지 9代에 걸친 친속이다.

箋)에는 "속(屬)은 소목(昭穆 : 좌우 신주)으로 차례를 짓는 것이다"고 하였다.

 幕, 暮也.

막(幕)은 모(暮 : 밤)이다.

 幕然暮夜.

어둑어둑 서무는 밤이다.

 幕, 音莫.

막(幕)은 음이 막(莫)이다.

 幕然暮夜也.

어둑어둑 저무는 밤이다.

 煽, 熾也. 熾, 盛也.

선(煽)은 치(熾 : 성하다)이다. 치(熾)는 성(盛 : 성하다)이다.

互相訓. 煽義見『詩』.

서로 돌아가면서 풀이하였다. 선(煽)의 뜻은 『시경』에 보인다.

煽, 音扇. 熾, 昌至反.

선(煽)은 음이 선(扇)이다. 치(熾)는 창(昌)과 지(至)의 반절이다.

轉相解也. 皆嬖寵熾盛也. ○注"煽義見『詩』"者,「小雅」「十月之交」云 : "艶妻煽方處."

서로 돌아가면서 풀이하였다. 모두 사랑과 총애가 성대하다는 것이다. ○ 주에서 말한 "선의현『시』(煽義見『詩』)"는 「소아」「시월지교(十月之交)」에 "아름다운 아내(艶妻)106)가 총애가 성대하여 한창 그 처족(妻族)들이 자리를 차지하고 있다"107)고 한 것이다.

柢, 本也.

---

106) 艶妻 : 毛傳은 周 幽王의 寵姬인 褒姒라고 하였다.
107) 아름다운 …… 차지하고 있다 : 孔穎達 疏의 "此七人于艶妻有寵熾盛方甚之時, 幷處于位"를 따랐다. 집전은 "方處, 方居其所, 未變徙也"라 하여, '예쁜 아내 성대하세 바야흐로 자리 지킨다'로 번역된다.

저(柢)는 본(本: 근본)이다.

 謂根本.

근본을 말한다.

 柢, 謝音帝.

저(柢)에 대하여 사교(謝嶠)는 음을 제(帝)라고 하였다.

謂根本也.『周禮』「典瑞」云: "四圭有邸." 鄭司農云: "於中央爲璧, 圭著其四面, 一玉俱成." 卽引此文云: "邸, 本也. 圭本著於璧, 故四圭有邸, 圭末四出故也." 又曰: "兩圭有邸." 後鄭云: "儷而同邸." 皆謂本也. 柢·邸音義同.

근본(根本)을 말한다.『주례(周禮)』「전서(典瑞)」에 "네 개의 규(圭)에 근본이 있다"고 하였는데, 정사농(鄭司農)은 "중앙을 벽(璧)으로 만들고 규(圭)를 그 네 면에 부착하여 하나의 옥(玉)이 완성된다"고 하고, 곧 이 글[108]을 인용하여 "저(邸)는 본(本)이다. 규(圭)는 근본을 벽(璧)에 부착하는 것이다. 그러므로 네 개의 규(圭)에 근본이 있다. 규의 끝은 네 군데로 돌출하기 때문이다"고 하였다. 또『주례(周禮)』「전서(典瑞)」에 "두 개의 규(圭)에 근본이 있다"고 하였다. 정현(鄭玄)은 "마주하여 근본이 같다"고 하였으니, 모두 근본을 말한다. 저(柢)와 저(邸)는 음의(音義)가 같다.

---

108) 이 글:『이아』의 "柢, 本也"를 말한다.

 窕, 閒也.

조(窕)는 한(閒 : 한가하다)이다.

 窈窕閒隙.

조용하고 한가하다는 뜻이다.

 窕, 郭徒了反, 舍人本作跳, 云 : "跳者, 躍之閒." 閒, 音閑, 或如字. 窈, 音杳. 隙, 去逆反.

조(窕)에 대하여 곽박은 도(徒)와 료(了)의 반절이라 하였다. 사인(舍人) 본(本)에는 도(跳)로 되어 있는데 "도(跳)는 약(躍 : 춤추다)의 한(閒)[109]이다"고 하였다. 한(閒)은 음이 한(閑), 혹은 여자(如字)이다. 요(窈)는 음이 묘(杳)이다. 극(隙)은 거(去)와 역(逆)의 반절이다.

 窈窕閒隙也. 『詩』「周南」「關雎」云 : "窈窕淑女." 毛傳云 : "窈窕幽閒." 鄭箋云 : "幽閒深宮." 皆謂淑女所處之宮, 形狀窈窕然.

조용하고 한가하다는 뜻이다. 『시경』「주남」「관저(關雎)」에 "얌전한 숙녀"라 하였는데, 모전에 "요조(窈窕)는 그윽하고 한가한 것이다"고 하였으며, 정전에는 "그윽하고 조용한 깊은 궁전이다"고 하였다. 모두 숙녀가

---

109) 閒 : 『爾雅詁林』「補注」에 "躍之閒, 按此閒字讀如字"라 하여, '如字'로 독해하라고 하였다.

거처하는 집을 말하는데 모습이 조용한 것이다.

 淪, 率也.

윤(淪)은 솔(率 : 이끌다)이다.

 相率使.

서로 이끄는 것이다.

 謂相牽率. 郭云 : "相率使." 「小雅」「雨無正」云 : "無[110]淪胥以鋪."

서로 이끄는 것을 말한다. 곽박은 "서로 이끄는 것이다"고 하였다. 「소아」「우무정(雨無正)」에 "죄 없는 사람을 이끌어 서로 두루 죄를 얻게 한다"[111]고 하였다.

---

110) 無 : 『시경집전대전』에는 '無'가 없고, "若此無罪, 淪胥以鋪"로 되어 있다. 阮元의 교감기에는 衍文이라 하였다.

111) 죄 없는 …… 얻게 한다 : 정전의 "言王使此無罪者, 見牽率相引, 而徧得罪也"를 따랐다. 집전은 "淪, 陷. …… 此無罪者. 亦相與而陷於死亡"이라 하여, '이와 같이 죄 없는 사람이 함께 사망에 빠진다'로 번역된다.

 罹, 毒也.

리(罹)는 독(毒:근심)이다.

 憂思慘毒.

근심스러운 생각이 참담하고 독하다.

 罹, 力知反. 思, 息吏反. 慘, 七感反.

리(罹)는 력(力)과 지(知)의 반절이다. 사(思)는 식(息)과 리(吏)의 반절이다.
참(慘)은 칠(七)과 감(感)의 반절이다.

 「釋詁」云: "罹, 憂也." 郭云: "憂思慘毒." 「小雅」「小弁」云: "我
獨於罹."

「석고」에 "리(-罹)는 우(憂)이다"고 하였는데, 곽박은 "근심스러운 생각
이 참담하고 독하다"고 하였다. 「소아」「소반(小弁)」에 "나만이 홀로 근심
한다"고 하였다.

 檢, 同也.

검(檢)은 동(同 : 모범)이다.112)

 模範同等.

모범(模範)은 동등(同等)이다.

 檢, 李郭居儉反. 模, 亡胡反.

검(檢)에 대하여 이순과 곽박은 거(居)와 검(儉)의 반절이라 하였다. 모(模)는 망(亡)과 호(胡)의 반절이다.

 檢, 模範也. 郭云 : "模範同等." 『說文』云 : "書署也."

검(檢)은 모범이다. 곽박은 "모범(模範)은 동등(同等)이다"고 하였다. 『설문』에는 "서류함에 봉인(封印)함이다"113)고 하였다.

 郵, 過也.

---

112) 檢은 同이다 : 『爾雅詁林』「說詩」에 "檢爲斂之假借. 釋詁云, 斂, 皆也. 皆卽同也"라 하여, '斂, 同也(斂은 合同함이다)'로 설명되었다. 또 『爾雅詁林』「匡名」에 "檢當爲斂, 堯典斂曰, 傳云同辭而對, 是斂爲同也. 郭本譌爲檢, 因以模範同等說之, 淺陋之甚"이라 하여, 檢은 斂의 잘못으로 보고, 곽박이 模範 同等으로 설명한 것은 매우 淺陋하다고 하였다.
113) 서류함에 封印함이다 : 『설문해자』「段注」의 "書署, 謂表署書函也"를 따랐다.

우(郵)는 과(過 : 지나다)이다.

 道路所經過.

도로를 거쳐가는 곳이다.

 郵, 音尤. 過, 古臥反.

우(郵)는 음이 우(尤)이다. 과(過)는 고(古)와 와(臥)의 반절이다.

 郵謂郵亭. 過, 經過也. 郭云 : "道路所經過." 「郊特牲」云 : "郵表畷."

우(郵)는 우정(郵亭 : 권농관 출장소)을 말하며, 과(過)는 경과(經過)함이다. 곽박은 "도로를 거쳐가는 곳이다"고 하였다. 『예기』「교특생(郊特牲)」에 "우표철(郵表畷)"114)이라 하였다.

 遜, 遯也.

손(遜)은 둔(遯 : 달아나다)이다.

---

114) 郵表畷 : 勸農官이 마을에서 백성을 독려하기 위해 거처하는 출장소. 鄭玄은 "田畯所以督約百姓於井間之處也"라 하였다.

謂逃去.

도망가는 것을 말한다.

 遯, 字又作遁, 又作逯, 同, 徒頓反.

둔(遯)은 글자를 또 둔(遁), 또는 둔(逯)으로도 쓰는데 음의가 같으며 도
(徒)와 돈(頓)의 반절이다.

 謂逃去也. 『春秋』莊元年 : "夫人姜氏孫于齊." 『公羊傳』曰 : "孫
者何? 孫, 猶孫也. 內諱奔, 謂之孫." 『穀梁傳』曰 : "孫之爲言猶
孫, 諱奔也."

도망가는 것을 말한다. 『춘추』 장공(莊公) 원년에 "부인인 강씨(姜氏)가
제(齊)나라로 도망갔다"고 하였다. 『공양전』에는 "손(孫)이란 무엇인가? 손
(孫)이란 손(孫 : 달아나다)과 같다. 내(內 : 魯나라)에서 달아났다는 말인 분(奔)
자를 피하고자 손(孫)이라 하였다"고 하였다. 『곡량전』에는 "손(孫)이라는
말은 손(孫)과 같다. 달아났다는 분(奔)자를 피해서이다"고 하였다.

經文 斃, 踣也.

폐(斃)는 북(踣 : 앞으로 넘어지다)이다.

 前覆.

앞으로 넘어지는 것이다.

 僨, 僵也.

분(僨)은 강(僵 : 뒤로 자빠지다)이다.

 卻偃.

뒤로 자빠지는 것이다.

斃, 字亦作獘, 又作獎, 婢世反, 又婢設反, 郭步計反. 踣, 蒲北反, 又音赴, 或孚豆蒲侯二反. 覆, 芳服反. 僨, 甫問反. 僵, 居良反.

폐(斃)는 글자를 역시 폐(獘), 또는 폐(獎)로도 쓰는데 비(婢)와 세(世)의 반절, 또는 비(婢)와 설(設)의 반절이다. 곽박은 보(步)와 계(計)의 반절이라 하였다. 북(踣)은 포(蒲)와 북(北)의 반절, 또는 음이 부(赴) 혹은 부(孚)와 두(豆), 포(蒲)와 후(侯) 두 가지의 반절이다. 복(覆)은 방(芳)과 복(服)의 반절이다. 분(僨)은 보(甫)와 문(問)의 반절이다. 강(僵)은 거(居)와 량(良)의 반절이다.

 前卻·顚倒之名也. 斃又謂之踣, 皆前覆也. 「檀弓」云 : "射之斃."
鄭注云 : "斃, 仆也." 然則又爲仆. 僨謂之僵, 皆仰偃也." 『左傳』
曰 : "鄭伯之車僨於濟."

앞뒤로 넘어지거나 뒤로 자빠지는 것에 대한 명칭이다. 폐(斃)는 또 북
(踣)이라고도 하는데 모두 앞으로 넘어짐이다. 『예기』 「단궁(檀弓)」에 "겨
냥하여 넘어뜨렸다"고 하였는데, 정전(鄭注)에는 "폐(斃)는 부(仆)이다"고 하
였다. 그렇다면 또 부(仆)의 뜻도 된다. 분(僨)은 강(僵)의 뜻인데, 모두 쳐다
보고 눕는 것이다. 『좌전』 은공 3년에 "정(鄭)나라 임금의 수레가 제수(濟
水)에서 자빠졌다"고 하였다.

 畛, 殄也.

진(畛)은 진(殄 : 다하다)이다.

 謂殄絶.

다하여 끊어짐을 말한다.

爾雅
音義 畛, 之引反, 又之人反. 殄, 大典反.

진(畛)은 지(之)와 인(引)의 반절, 또는 지(之)와 인(人)의 반절이다. 진(殄)은

대(大)와 전(典)의 반절이다.

 謂殄絶也.「周頌」「載芟」云 : "徂隰徂畛." 毛傳曰 : "畛, 場也."
「地官」「遂人」云 : "十夫有溝, 溝上有畛." 則畛謂地畔之徑路也.
至此而易之, 故以畛爲場. 易則地絶, 故得爲殄.

다하여 없어짐을 말한다. 「주송(周頌)」 「재삼(載芟)」에 "밭에 가고 밭두둑
에 간다"고 하였는데, 모전에 "진(畛)은 역(場)이다"고 하였다. 『주례』「지관
(地官)」「수인(遂人)」에 "열 명의 장정에게 구(溝)115)가 있고 구(溝) 위에 진
(畛)이 있다"고 하였으니, 진(畛)은 논두둑의 곧은 길을 말한다. 논두둑에 난
길에 이르면 논이 바뀌므로 진(畛)을 역(場)이라 한다. 논두둑이 바뀌면 땅
의 경계가 끊어지므로 진(殄)이 된다.

 曷, 盍也.

갈(曷)은 합(盍 : 어찌 …… 하지 않는가?)이다.

 盍, 何不.

합(盍)은 하불(何不 : 어찌 …… 하지 않는가?)이다.

---

115) 溝 : 밭도랑. 전답에 쓸 물을 끄는 물길. 『周禮』「考工記」「匠人」에 "井間廣四尺・
深四尺, 謂之溝"라 하였다.

盍, 戶臘反.

합(盍)은 호(戶)와 랍(臘)의 반절이다.

 郭云 : "盍, 何不也." 『論語』曰 : "盍各言爾志."

곽박은 "합(盍)은 하불(何不)이다"고 하였다. 『논어』「공야장(公冶長)」에
"어찌 각자 너희들의 뜻을 말하지 않는가?"라 하였다.

 虹, 潰也.

홍(虹)은 궤(潰 : 무너뜨리다. 어지럽히다)이다.

 謂潰敗.

무너뜨림을 말한다.

 虹, 音洪. 顧作訌, 音同. 李本作降, 下江反. 潰, 乎內反.

홍(虹)은 음이 홍(洪)이다. 고야왕은 홍(訌)이라 하였으나 음이 같다. 이순

(李巡) 본(本)에는 항(降)으로 되어 있는데 하(下)와 강(江)의 반절이다. 궤(潰)는 호(乎)와 내(內)의 반절이다.

 潰敗, 亂也.「大雅」「抑」篇云 : "實虹小子."「召旻」云 : "蟊賊內訌."

궤패(潰敗)는 란(亂)이다.「대아」「억(抑)」편에 "참으로 임금[小子]116)을 어지럽힌다"고 하였다.「대아」「소민(召旻)」에 "간악한 사람들이 안으로 나라를 어지럽힌다"고 하였다.

 隂, 闇也.

암(隂)은 암(闇 : 어둡다)이다.

 隂然, 冥貌.

암연(隂然)은 어두운 모습이다.

 隂,『字林』或作晻, 同, 烏感反. 闇, 音暗. 冥, 莫定反.

암(隂)자에 대하여『자림(字林)』에는 혹 엄(晻)으로 되어 있는데 음의가

---

116) 小子 : 脫喪하지 않은 천자를 小子라고 한다.

같으며, 오(烏)와 감(感)의 반절이다. 암(闇)은 음이 암(暗)이다. 명(冥)은 막(莫)과 정(定)의 반절이다.

 謂冥昧也. 郭云: "𤲃然, 冥貌."

어두움을 말한다. 곽박은 "암연(𤲃然)은 어두운 모습이다"고 하였다.

 紉, 膠也.

일(紉)은 교(膠: 찰지다. 붙다)이다.

 膠, 黏紉也.

교(膠)는 찰지다는 뜻이다.

 紉, 字又作𦂣, 同, 女乙反, 郭音馹. 膠, 音交. 黏, 女廉反. 『字林』云: "相著也." 字書云: "糊也."

일(紉)은 글자를 또 여(𦂣)로도 쓰는데 음의가 같으며, 녀(女)와 을(乙)의 반절이다. 곽박은 음을 일(馹)이라 하였다. 교(膠)는 음이 교(交)이다. 점(黏)은 녀(女)와 렴(廉)의 반절이다. 『자림』에 "서로 붙는 것이다"고 하였으며, 『자서(字書)』에는 "풀이다"고 하였다.

膠, 黏軔也.『方言』云: "軔·敕, 黏也. 齊魯青徐·自關而東, 或曰軔, 或曰敕.

교(膠)는 찰지다는 뜻이다.『방언』에 "일(軔)·여(敕)는 점(黏)이다. 제(齊)·노(魯)·청주(靑州)·서주(徐州)와 함곡관 동쪽에서는 혹 일(軔)이라고도 하며, 혹은 여(敕)라고도 한다"고 하였다.

 孔, 甚也.

공(孔)은 심(甚 : 심하다)이다.

 厥, 其也.

궐(厥)은 기(其 : 그)이다.

 夏, 禮也.

알(夏)은 예(禮 : 일상적인 예절)이다.

 謂常禮.

일상적인 예(禮)를 말한다.

 戞, 居八反.

알(戞)은 거(居)와 팔(八)의 반절이다.

 孔, 甚. 厥, 其. 通見『詩』·『書』.「釋訓」云 : "戞, 常也." 故郭云 : "謂常禮."

공(孔)은 심(甚)이며, 궐(厥)은 기(其)라는 뜻은 『시경』과 『서경』에 두루 보인다. 「석훈(釋訓)」에 "알(戞)은 상(常)이다"고 하였다. 그러므로 곽박은 "일상적인 예(禮)를 말한다"고 하였다.

 闍, 臺也.

도(闍)는 대(臺 : 성문 위에서 멀리 바라볼 수 있는 대)이다.

 城門臺.

성문(城門)의 대(臺)이다.

 闍, 丁胡反.

도(闍)는 정(丁)과 호(胡)의 반절이다.

 謂城門臺也.「鄭風」云 : "出其闉闍." 毛傳云 : "闉, 曲城也. 闍, 城
臺也."

성문(城門)의 대(臺)를 말한다.「정풍(鄭風)」「출기동문(出其東門)」에 "그
구불구불한 성(城)과 대(臺)를 나선다"고 하였는데, 모전(毛傳)에 "인(闉)은
곡성(曲城)이며, 도(闍)는 성대(城臺)이다"고 하였다.

 囚, 拘也.

수(囚)는 구(拘 : 구속되다. 죄수)이다.

 謂拘執.

구속함을 말한다.

拘, 音俱.

구(拘)는 음이 구(俱)이다.

 謂拘執也.「月令」云 : "挺重囚."『左傳』曰 : "南冠而縶者, 楚囚
也."117) 縶則拘執也.

구속됨을 말한다.『예기』「월령(月令)」에 "중대한 죄수를 너그럽게 다스
린다"고 하였다.『좌전』성공(成公) 9년에는 "남관(南冠)118)을 쓰고 잡혀 있
는 사람은 초(楚)나라의 죄수이다"고 하였으니, 집(縶)은 구속당한 것이다.

 攸, 所也. 展, 適也.

유(攸)는 소(所 : …… 하는 것, …… 하는 바)이다. 전(展)은 적(適 : 가다)이다.

 得自申展, 皆適意.

스스로 뜻을 펼칠 수 있어 모두 뜻에 맞는 것이다.

---

117) 楚囚也 :『좌전』의 원문은 "晉侯觀于軍府, 見鍾儀問之曰, 南冠而縶者, 誰也. 有司
　　對曰, 鄭人所獻楚囚也"로 되어 있다.
118) 南冠 : 南方 楚나라 사람들이 쓰는 관.

『易』曰 : "利有攸往." 郭云 : "得自申展者, 皆適意."

『주역』에 "갈 바를 둠이 이롭다"고 하였다. 곽박은 "스스로 뜻을 펼칠 수 있는 것은 모두 뜻에 맞는 것이다"고 하였다.

 鬱, 氣也.

울(鬱)은 기(氣 : 기운)이다.

 鬱然, 氣出.

울연(鬱然)은 기운이 나오는 것이다.

 鬱然, 氣出也. 謂鬱蒸之氣也.

울연(鬱然)은 기운이 나오는 것이다. 찌는 듯한 기운을 말한다.

 宅, 居也.

택(宅)은 거(居 : 거처하다)이다.

 謂居處也.「大雅」「文王有聲」云 : "宅是鎬京."

거처함을 말한다.「대아」「문왕유성(文王有聲)」에 "호경(鎬京)으로 거처를 정하다"고 하였다.

 休, 慶也.

휴(休)는 경(慶 : 경사, 복)이다.

 休, 虛虯反.

휴(休)는 허(虛)와 규(虯)의 반절이다.

 謂嘉慶也.『商頌』曰 : "何天之休."

아름다운 경사를 말한다.「상송(商頌)」「장발(長髮)」에 "하늘의 복을 받다"고 하였다.

 祈, 叫也.

기(祈)는 규(叫 : 기도하다, 외치다)이다.

 祈, 祭者叫呼而請事.

기(祈)는 제사지내는 자가 외치면서 간청하는 일이다.

 叫, 古弔反. 呼, 火故反.

규(叫)는 고(古)와 조(弔)의 반절이다. 호(呼)는 화(火)와 고(故)의 반절이다.

祈猶禱也, 求也.『春官』「大祝」: "掌六祝之辭, 以祈福祥, 求永
貞."119) 郭云 : "祈, 祭者叫呼而請事."

기(祈)는 도(禱)와 같은 뜻으로 구(求)하는 것이다.『주례』「춘관(春官)」「대
축(大祝)」에 "〈대축(大祝)은〉 여섯 가지 축원하는 말을 담당하여 복을 기원
하고 영원한 올바름을 구한다"고 하였다. 곽박은 "기(祈)는 제사지내는 자
가 외치면서 간청하는 일이다"고 하였다.

---

119) 求永貞 : 원문의 일부가 빠져 보충한다.『周禮』「春官」「大祝」에 "大祝, 掌六祝之辭,
以事鬼神示, 祈福祥, 求永貞. 一曰順祝. 二曰年祝. 三曰吉祝. 四曰化祝. 五曰瑞祝.
六曰筴祝"이라 하였다. 六祝은 여섯 가지의 祝願文인데 鄭司農은 "順祝, 順豊年也.
年祝, 求永貞也. 吉祝, 祈福祥也. 化祝, 弭災病也. 瑞祝, 逆時雨, 寧風旱也. 筴祝, 遠
罪疾"이라 하였다.

 濬·幽, 深也.

준(濬)과 유(幽)는 심(深 : 깊다)이다.

 濬亦深也.

준(濬)도 심(深)이다.

 哲, 智也.

철(哲)은 지(智 : 지혜)이다.

 濬, 音峻.

준(濬)은 음이 준(峻)이다.

 舍人曰: "濬, 下之深也. 哲, 大智也." 郭云: "濬亦深也." 「虞書」
「舜典」云: "濬哲文明." 孔安國云: "舜有深智." 言其智之深, 所
知不淺近也.

사인(舍人)은 "준(濬)은 아래로 깊은 것이며, 철(哲)은 위대한 지혜이다"고 하였다. 곽박은 "준(濬)도 심(深)이다"고 하였다. 『서경』「우서(虞書)」「순전(舜典)」에 "심오한 지혜와 빛나는 통찰력"[120]이라 하였는데, 공안국은 "순(舜) 임금이 심오한 지혜가 있다"고 하였다. 그 지혜가 깊어서, 지식이 천근(淺近)하지 않음을 말한다.

 弄, 玩也.

롱(弄)은 완(玩 : 만지작거리다)이다.

 謂玩好也.「小雅」「斯干」云 : "載弄之璋." 鄭箋云 : "玩以璋者, 欲
其比德焉."

완상하며 좋아함을 말한다. 「소아」「사간(斯干)」에 "장(璋)을 가지고 논다"[121]고 하였는데, 정전에는 "장(璋)을 가지고 노는 것은 그가 장(璋)의 덕과 견주기를 바라는 것이다"고 하였다.

 尹, 正也.

---

120) 심오한 …… 통찰력 : 孔傳의 "舜有深智文明溫恭之德" 및 孔穎達 疏의 "此舜性有
深沈智慧, 文章明鑒"을 따랐다.
121) 장을 …… 논다 : 璋을 가지고 논다. 璋은 일명 半圭라고 하는데 圭의 반쪽을 깎아서
만든 것이다. 옛적 남자인 어린 아이가 璋을 가지고 놀았으므로 남자 아이가 태어나면
'弄璋之喜'라는 말로 축하를 한다.

윤(尹)은 정(正 : 우두머리)이다.

 謂官正也.

벼슬의 우두머리를 말한다.

 皇·匡, 正也.

황(皇)·광(匡)은 정(正 . 비로잡다)이다

 『詩』曰 : "四國是皇."

『시경』에 "사방의 나라가 이에 바로 잡혔다"고 하였다.

爾雅
疏   正, 長也. 郭云 : "謂官正也." 言爲一官之長也.「周書」「君陳」曰 :
　　 "尹玆東郊." 皇, 君威之正. 匡, 救諫之正. 『孝經』云 : "匡救其
惡." ○注"『詩』曰 : 四國是皇"者,「豳風」「破斧」文也.

　정(正)은 장(長)이다. 곽박은 "벼슬의 우두머리를 말한다"고 하였으니,
한 관청의 우두머리를 말한다. 『서경』「주서(周書)」「군진(君陳)」에 "이 동
쪽 교외의 우두머리가 되어라"고 하였다. 황(皇)은 임금으로서 갖는 위엄
의 올바름이다. 광(匡)은 구제하고 간하는 올바름이다. 『효경』에 "그 악(惡)

을 바로잡아 구제한다"고 하였다. ○ 주에서 인용한 『시경』의 "사국시황
(四國是皇)"은 「빈풍(豳風)」「파부(破斧)」의 글이다.

 服, 整也.

복(服)은 정(整 : 정돈하다)이다.

 服御[122]之令齊整.

의복(衣服)이나 거마(車馬)를 가지런히 하게 한다는 뜻이다.

 整, 之領反. 令, 力呈反.

정(整)은 지(之)와 령(領)의 반절이다. 령(令)은 력(力)과 정(呈)이 반절이다.

 謂整治也. 郭云 : "服御之令齊整." 「周南」「葛覃」云 : "服之無斁."

가지런히 정돈함을 말한다. 곽박은 "의복(衣服)이나 거마(車馬)를 가지런
히 하게 하는 것이다"고 하였다. 「주남」「갈담(葛覃)」에 "옷을 입음에 싫
증이 없다"고 하였다.

---

122) 服御 · 의복 · 수레 등의 기물을 발함. 服馭와 같다.

 聘, 問也.

빙(聘)은 문(問 : 안부를 묻다)이다.

 見『穀梁傳』.

『곡량전』에 보인다.

問謂存省之. 對而言之, 則"聘, 問"異. 『周禮』「大行人」云 : "時聘以結諸侯之好, 間問以諭諸侯之德.[123]" 又曰 : "凡諸侯之邦交, 歲相問也, 殷相聘也." 「聘禮」云 : "小聘曰問." 是異也. 散而言之皆謂相存省, 故此云"聘, 問也." ○注"見『穀梁傳』"者, 案隱九年 : "春, 天王使南季來聘", 『穀梁傳』曰 : "南, 氏姓也. 季, 字也. 聘, 問也." 是其事.

문(問)은 존성(存省 : 천자 또는 제후가 서로 안부를 묻는 예)함이다. 상대적으로 말하면 빙(聘)과 문(問)은 다르다. 『주례』 「추관(秋官)」 「대행인(大行人)」에 "시빙(時聘)[124]하여 제후와의 우호를 다지고, 간문(間問)[125]하여 제후의 덕을 밝혀준다"고 하였다. 또 "제후의 나라가 교유함에 해마다 서로 문(問)하며, 삼 년마다 빙(聘)한다"고 하였다. 『의례』 「빙례(聘禮)」에 "소빙(小聘)[126]을 문(問)이라 한다"고 하였으니, 이것이 다르다는 것이다. 통틀어

___

123) 德 : 『周禮』에는 '志'로 되어 있다.
124) 時聘 : 천자가 일이 있으면 제후가 대부를 사신으로 보내어 문안 올리는 예. 鄭玄은 "時聘者, 亦無常期, 天子有事, 諸侯使大夫來聘, 親以禮見之, 禮而遣之"라 하였다.
125) 間問 : 한 해 걸러서 천자가 제후들에게 사신을 보내어 안부를 묻는 禮. 鄭玄은 "王使臣于諸侯之禮也. 間問者, 間歲一問諸侯, 謂存省之屬"이라 하였다.
126) 小聘 : 제후가 해마다 대부를 천자에게 보내어서 안부를 묻는 禮. 『禮記』 「王制」에

말하면 모두 존성(存省)하는 것을 이르기 때문에 여기서 "빙(聘)은 문(問)이다"고 하였다. ○ 주에서 인용한 "현『곡량전』(見『穀梁傳』)"은 살피건대, 『춘추』은공(隱公) 9년에 "봄에 천왕(天王)이 상대부(上大夫)인 남계(南季)를 사신으로 보내어 제후들을 내빙(來聘)하도록 시켰다"고 하였는데, 『곡량전』에 "남(南)은 씨성(氏姓)[127]이다. 계(季)는 자(字)이다. 빙(聘)은 문(問)이다"고 한 것이 그 일이다.

 愧, 慙也.

괴(愧)는 참(慙 : 부끄럽다)이다.

 愧, 九位反, 本亦作媿.

괴(愧)는 구(九)와 위(位)의 반절인데, 본에 따라 괴(媿)로도 되어 있다.

謂慙恥也. 『小爾雅』云 : "不直失節謂之慙. 慙, 愧也. 面慙曰䩉, 心慙曰恧, 體慙曰逡." 『方言』云 : "梅‧惃(音匯)‧㤗, 慙也. 晉曰悔, 或曰惃, 秦晉之間, 凡愧而見上謂之㤗. 梁‧宋曰 : "惃." 又云 : "恧(音朒)‧恧(音女六切), 慙也. 荊揚靑徐之間曰恧, 若梁益秦晉之間, 言心內慙

"諸侯之於天子也, 比年一小聘, 三年一大聘, 五年一朝"라 하였다. 小聘 때는 大夫를, 大聘 때는 卿을 사신으로 보낸다.

127) 氏姓 : 范寧은 "氏以爲姓也. 所以別姓者, 經有'王季子‧來聘', '祭伯來', 王‧祭皆非姓也. 嫌與同, 故別之也"라 하여, 南이 王‧祭처럼 비성으로 이해될 것을 우려하여 "南, 氏姓"이라 밝혔음을 지적하였다.

矣. 山之東西自愧曰恧, 趙魏之間謂之恥(音密, 亦音秘)."

　　부끄러움을 말한다. 『소이아(小爾雅)』에 "정직하지 못하여 절도를 잃는 것을 참(慙)이라 한다. 참(慙)은 괴(愧)이다. 얼굴이 부끄러운 것을 난(戁), 마음이 부끄러운 것을 뉵(恧), 몸이 부끄러운 것을 준(逡)이라 한다"고 하였다. 『방언』에 "매(㿲)·닉(慝 : 음은 匿이다)·란(㥄)은 참(慙)이다. 진(晉)에서는 매(㿲), 혹은 닉(慝)이라 한다. 진(秦)·진(晉) 지역에서는 무릇 부끄러워하면서 윗사람을 알현하는 것을 란(㥄)이라 하며, 양(梁)·송(宋)에서는 닉(慝)이라 한다"고 하였다. 또 "전(恔 : 음은 腆이다)·뉵(恧 : 음은 女와 六의 반절이다)은 참(慙)이다. 형(荊)·양(揚)·청(靑)·서(徐)에서는 전(恔)이라 하고, 양(梁)·익(益)·진(秦)·진(晉)에서는 마음속으로 부끄러운 것을 말한다. 태산의 동서에서는 스스로 부끄러워하는 것을 뉵(恧)이라 하고, 조(趙)·위(魏)에서는 비(恥 : 음이 密, 또는 秘이다)라 한다"[128]고 하였다.[129]

 殛, 誅也.

　　극(殛)은 주(誅 : 목베다)이다.

 『書』曰 : "鯀則殛死."

　　『서경』에 "곤(鯀)은 목베어 죽였다"고 하였다.

---

128) 㿲 …… 恥라 한다 : 『방언』 권 6-2에 나온다.
129) 『小爾雅』…… 秘라 한다 : 邢昺의 疏로 되어 있으나 실상은 陸德明의 『經典釋文』을 그대로 옮긴 것이다. 중복을 피하기 위하여 音義는 이 부분을 삭제하였다.

殛, 紀力反. 鯀, 古本反.

극(殛)은 기(紀)와 력(力)의 반절이다. 곤(鯀)은 고(古)와 본(本)의 반절이다.

 謂誅責. ○注“『書』曰 : 鯀則殛死”者, 「周書」「洪範」文.

주책(誅責 : 목베어 죄주다)을 말한다. ○ 주에서 인용한 『서경』의 “곤즉극
사(鯀則殛死)”는 「주서(周書)」「홍범(洪範)」의 글이다.

 克, 能也.

극(克)은 능(能 : 능히)이다.

 翌, 明也.

익(翌)은 명(明 : 내일)이다.

 『書』曰 : “翌日乃瘳.”

『서경』에 "다음날에 바로 나았다"고 하였다.

 瘳, 勑留反.

추(瘳)는 칙(勑)과 류(留)의 반절이다.

 克, 能. 通見『書』傳. ○注"『書』曰 : 翌日乃瘳", 「周書」「金縢」文.

극(克)은 능(能)이다. 『서경』전130)에 두루 보인다. ○ 주에서 인용한 『서경』의 "익일내추(翌日乃瘳)"는 「주서(周書)」「금등(金縢)」의 글이다.

 訩, 訟也.

흉(訩)은 송(訟 : 소송하다. 떠들썩하다)이다.

 言訩譊.

말이 떠들썩한 것이다.

---

130) 『서경』전 : 蔡沈의 『書經集傳』뿐만 아니라 孔安國 등이 지은 『서경』의 경문을 傳述한 모둔 해석을 말한다.

訩, 音凶, 許容反. 『說文』作詾, 同. 譊卽謹字.

흉(訩)은 음이 흉(凶)으로 허(許)와 용(容)의 반절이다. 『설문』에는 흉(詾)으로 되어 있으며 음의가 같다. 뇨(譊)는 즉 환(謹)자의 뜻이다.

 多爭訟. 郭云 : "言訩譊." 譊卽謹譊. 「小雅」 「節南山」云 : "降此鞠訩."

많이 시비하는 것이다. 곽박은 "말이 떠들썩한 것이다"고 하였다. 뇨(譊)는 떠들썩함이다. 「소아」 「절남산(節南山)」에 "이 많은 시비거리를 내리다"고 하였다.

 晦, 冥也. 奔, 走也. 逡, 退也.

회(晦)는 명(冥 : 어둡다)이다 분(奔)은 주(走 : 달아나다)이다. 준(逡)은 퇴(退 : 물러나다)이다.

 『外傳』曰 : "已復於事而逡."

『외전』에는 "일을 마치고 물러난다"[131]고 하였다.

---

131) 일을 …… 물러난다 : 대본의 주에 "有司已于事而逡"과 "有司已事而逡"을 들어 '復'과 '于'가 생략된 예를 제시하고 있어서 이를 따랐다. 한편 『외전』 즉 『國語』에는 「齊語」를 비롯한 여러 곳에 나오는데 "有司已於事而竣"으로 되어 있다.

爾雅音義 冥, 亡定反. 逡, 七旬反. 傳, 直戀反. 下『左傳』皆同. 已復, 韋昭
云 : "已, 畢也. 復, 芳福反."

명(冥)은 망(亡)과 정(定)의 반절이다. 준(逡)은 칠(七)과 순(旬)의 반절이다.
전(傳)은 직(直)과 련(戀)의 반절이다. 다음에 나오는 『좌전(左傳)』도 모두 같
다. 이복(已復)에 대하여 위소는 "이(已)는 필(畢)이다"고 하였다. 복(復)은 방
(芳)과 복(福)의 반절이다.

爾雅疏 冥謂闇冥, 見『公羊傳』. 奔, 大走也.『左傳』曰 : "車馳卒奔." 逡,
却退也. ○注 "『外傳』曰 : 已復於事而逡"者, 『齊語』管仲對桓公
辭也. 韋昭曰 : "已, 畢也. 逡, 伏退也." 此『國語』也, 而謂之『外傳』者, 韋
昭曰 : "左丘明采錄前世穆王以來, 下訖魯悼智伯之誅, 邦國成敗, 嘉言善
語, 陰陽律呂, 天時人事逆順之數, 以爲『國語』. 其文不主於經, 故號曰
『外傳』也."

명(冥)은 어두움을 말한다.『공양전』에 보인다. 분(奔)은 큰 걸음으로 빨
리 달리는 것이다.『좌전』선공(宣公) 12년에 "전차는 달리고 병졸들은 빨
리 뛴다"고 하였다. 준(逡)은 물러나는 것이다. ○ 주에서 인용한 『외전』의
"이복어사이준(已復於事而逡)"은 「제어(齊語)」에 관중(管仲)이 환공(桓公)에게
답한 말이다. 위소(韋昭)는 "이(已)는 필(畢)의 뜻이며, 준(逡)은 물러나는 것
이다"고 하였다. 이것은 『국어』인데 『외전』이라 부르는 것은 위소(韋昭)가
말하기를, "좌구명(左丘明)이 전세(前世)의 목왕(穆王) 이후부터 아래로 노
(魯)의 도공(悼公) 때에 지백(智伯)이 죽은 것에 이르기까지,132) 여러 나라의
성패와 가언(嘉言)・선어(善語)와 음양(陰陽)・율려(律呂)와 천시(天時)・인사

---

132) 魯의 悼公 …… 이르기까지 : 『國語』「晉語九」에 나오는 "晉陽之圍"의 위소 주에
"魯悼四年"이라 하였다. 智伯은 晉나라의 대신으로 韓氏・魏氏・趙氏에게 땅을 요
구했다가, 그들에게 죽임을 당하였다.

(人事)와 반역(叛逆)·순종(順從)의 운수(運數)를 모아서 기록하여 『국어』라 하였다. 그 문장이 경(經)을 위주로 하지 않았기 때문에 이름하여 『외전(外傳)』이라 한다"고 하였다.

 寷, 仆也.

치(寷)는 부(仆 : 넘어지다)이다.

 頓躓倒仆.

걸려서 넘어지는 것이다.

 寷, 都麗反, 一音致. 仆, 音赴. 躓, 音致.

치(寷)는 도(都)와 려(麗)의 반절인데, 일음(一音)은 치(致)이다. 부(仆)는 음이 부(赴)이다. 지(躓)는 음이 치(致)이다.

 卽前文跲與踣也. 郭云 : "頓躓倒仆."

이는 곧 앞 문장의 겁(跲)과 복(踣)이다. 곽박은 "걸려서 넘어지는 것이다"고 하였다.

 亞, 次也. 諗, 念也.

아(亞)는 차(次: 다음. 두 번째)이다. 심(諗)은 염(念: 생각하다)이다.

 相思念.

서로 생각함이다.

 諗, 音審, 相思念也. 『說文』式荏反

심(諗)은 음이 심(審)으로, 서로 생각함이다. 『설문』에는 식(式)과 임(荏)의 반절이라 하였다.

亞, 下次也. 通見『書』傳. 諗者, 相思念也. 「小雅」「四牡」云: "將母來諗."

아는 다음 차례라는 뜻이다. 두루 『서경』 전에 보인다. 심(諗)은 서로 생각함이다. 「소아」 「사모(四牡)」에 "어머님 봉양하기를 생각한다"[133]고 하였다.

---

133) 어머님 …… 생각한다: 모전에 "諗, 念也"라 하고, 정전에 "諗, 告也. …… 以養父母 之志, 來告於君也"라 한 것을 종합하여 번역하였다.

 屆, 極也.

계(屆)는 극(極 : 끝. 한계)이다.

 有所限極.

한계가 있음이다.

 屆, 音戒.

계(屆)는 음이 계(戒)이다.

 有所限極也. 「大雅」「瞻卬」云 : "靡有夷屆."

한계가 있음이다. 「대아」「첨앙(瞻卬)」에 "일정치도 않고 끝도 없다"고
하였다.

 弇, 同也.

엄(弇)은 동(同 : 함께)이다.

『詩』曰 : "奄有龜蒙."

『시경』에 "구산(龜山)과 몽산(蒙山)을 함께 가지고 있다"고 하였다.

 弇, 蓋也.

엄(弇)은 개(蓋 : 덮다)이다.

 謂覆蓋.

덮음을 말한다.

 弇, 於簡反, 音揜. 覆, 敷救反.

엄(弇)은 어(於)와 간(簡)의 반절이며, 음은 엄(揜)이다. 부(覆)는 부(敷)와 구(救)의 반절이다.

廣異言也. ○注"『詩』曰 : 奄有龜蒙", 「魯頌」「閟宮」文. 言弇覆同爲已有. 弇, 又爲蓋, 謂覆蓋也. 『易』曰 : "惡積而不可弇." 奄・揜音義同.

다른 말을 넓게 하였다. ○ 주에서 인용한 『시경』의 "엄유구몽(奄有龜蒙)"
은 「노송(魯頌)」 「비궁(閟宮)」의 글이다. 엄부(弇覆)는 똑같이 자기 소유가 된
다는 것을 말한다. 엄(弇)은 또 개(蓋)인데 덮음을 말한다. 『주역』 「계사전하
(繫辭傳下)」에 "악한 행적은 덮어두어서는 안 된다"고 하였다. 엄(奄)·엄(弇)
은 음의(音義)가 같다.

 恫, 痛也.

통(恫)은 통(痛 : 원통하다)이다.

 『詩』曰 : "神罔時恫."

『시경』에 "신령은 원통하게 여김이 없다"고 하였다.

 恫, 音通.

통(恫)은 음이 통(通)이다.

謂痛傷. ○注 "『詩』曰 : 神罔時恫", 「大雅」 「思齊」文. 王肅云 :
"文王之德, 能上順祖宗, 安寧百神, 無失其道, 無所怨痛."

원통함을 말한다. ○ 주에서 인용한 『시경』의 "신망시통(神罔時恫)"은 「대

아」「사제(思齊)」의 글이다. 왕숙(王肅)은 "문왕의 덕이 위로는 조종(祖宗)을 잘 따르고 백신(百神)을 편안하게 하여, 그 법도를 잃지 않아 원통해 하는 바가 없다"고 하였다.

 握, 具也.

악(握)은 구(具 : 구비하다, 도구)이다.

 謂備具.

구비함을 말한다.

爾雅音義 握, 李本作幄, 云 : "居位處之具也." 郭云 : "謂備具."

악(握)에 대해서 이순(李巡) 본(本)에는 악(幄)으로 되어 있는데 "거처하는 곳의 세간이다"고 하였다. 곽박은 "구비함을 말한다"고 하였다.

爾雅疏 主持辦具也. 郭云 : "謂備具." 李本作幄, 釋云 : "居位處之具也." 「秦風」「權輿」云 : "夏屋渠渠." 鄭箋云 : "屋, 具也." 義其同乎.

주장하여 지녀서 갖춤이다. 곽박은 "구비함을 말한다"고 하였다. 이순 본에는 악(幄)으로 되어 있는데 "거처하는 곳의 세간이다"고 하였다. 「진풍

(秦風)」「권여(權輿)」에 "크게 차려주는 뜻이 정성되다"[134]고 하였다. 정전(鄭箋)에는 "옥(屋)은 구(具)이다"고 하였으니, 뜻이 같을 것이다.

 振, 訊也.

진(振)은 신(訊 : 털다)이다.

 振者, 奮迅.

진(振)은 털어 버리는 것이다.

 訊, 音信.

신(訊)은 음이 신(信)이다.

 謂振訊去塵也. 郭云 : "振者, 奮迅也." 「曲禮」曰 : "振書端書."

털어서 먼지를 제거함을 말한다. 곽박은 "진은 털어 버리는 것이다"고 하였다. 『예기』「곡례하(曲禮下)」에 "임금 앞에서 책 먼지를 털거나 책을 정돈한다"고 하였다.

---

134) 크게 …… 정성되나 : 정선의 "設禮食大其, 以食我, 其意勤勤然"을 따랐다.

 鬩, 恨也.

혁(鬩)은 한(恨: 한스러워하다. 싸우다)이다.

 相怨恨.

서로 원망함이다.

 鬩, 呼歷反. 恨也, 孫炎作很, 云 : "相很戾也." 很, 音戶墾反.

혁(鬩)은 호(呼)와 력(歷)의 반절이다. 한(恨)에 대하여 손염은 한(很)으로
하였으며 "서로 사납게 구는 것이다"고 하였다. 한(很)은 음이 호(戶)와 간
(墾)의 반절이다.

 郭云 : "相怨恨." 孫炎本作很, 解云 : "相很戾." 『小雅』「常棣」云 :
"兄弟鬩于墙." 毛傳云 : "鬩, 很也." 很者, 忿爭之名. 『曲禮』曰 :
"很毋求勝." 以字形異濫, 故釋者致殊於義, 兩解得之.

곽박은 "서로 원망함이다"고 하였다. 손염(孫炎) 본(本)에는 한(很)으로 되
어 있는데 해석하기를 "서로 사납게 구는 것이다"고 하였다. 「소아」 「상체
(常棣)」에 "형제가 담장 안에서 다툰다"고 하였는데, 모전(毛傳)에는 "혁(鬩)
은 한(很)이다"고 하였다. 한(很)은 성내어 싸운다는 명칭이다. 『예기』 「곡례
상」에 "싸울 때는 이길 것을 구하지 말라"고 하였다. 글자의 형태가 〈恨과

很으로〉 달라지기 때문에 주석가들이 의미에 다름을 추구하여 두 가지 뜻으로 해석하게 되었다.

 越, 揚也.

월(越)은 양(揚: 널리 드날리다)이다.

 謂發揚.

펴 드날림을 말한다.

 對, 遂也.

대(對)는 수(遂: 드디어. 마침내)이다.

 『詩』曰: "對揚王休."

『시경』에 "왕의 아름다운 덕을 마침내 드날리다"[135]고 하였다.

---

135) 왕의 …… 드날리다: '對'사를 毛傳은 '遂'라 하였으나, 鄭箋은 '答'이라 하였다.

 揚謂稱美. 郭云 : "謂發揚." 遂者因事之辭. ○注"『詩』曰 : 對揚
王休"者,「大雅」「江漢」文.

양(揚)은 아름다움을 칭송함을 말한다. 곽박은 "펴 드날림을 말한다"고
하였다. 수(遂)는 일에 따른다는 말이다.136) ○ 주에서 인용한 『시경』의
"대양왕휴(對揚王休)"는 「대아」「강한(江漢)」의 글이다.

 燬, 火也.

훼(燬)는 화(火 : 불)이다.

 『詩』曰 : "王室如燬." 燬, 齊人語.

『시경』에 "왕실(王室)이 불타는 듯하다"고 하였다. 훼(燬)는 제(齊)나라
사람의 말이다.

燬, 音毀. 李巡137)云 : "燬, 一音火." 孫炎曰 : "方言有輕重, 故謂
火爲燬." 郭云 : "燬, 齊人語."

훼(燬)은 음이 훼(毀)이다. 이순(李巡)은 "훼(燬)는 일음(一音)이 화(火)이다"
고 하였다. 손염은 "방언에는 경중(輕重)이 있기 때문에 화(火)를 훼(燬)라

136) 遂는 …… 말이다. 『爾雅詁林』「注疏參義」에 "對爲遂者, 因命而遂有所對也"라고
하여, '명령에 따라 ……'로 이해하였다.
137) 李巡 : 대본의 '尋'은 '巡'의 잘못이다.

한다"고 하였다. 곽박은 "훼(燬)는 제(齊)나라 사람의 말이다"고 하였다.

 李巡曰 : "燬, 一名火." 孫炎曰 : "方言有輕重, 故謂火爲燬." 郭云 : "燬, 齊人語."『方言』云 : "煤(呼隗切), 火也. 楚轉語也. 猶齊言燬(音燬), 火也." ○注"『詩』曰 : 王室如燬"者, 「周南」「汝墳」文.

이순은 "훼(燬)는 일명 화(火)이다"고 하였다. 손염은 "방언에는 경중(輕重)이 있기 때문에 화(火)를 훼(燬)라 한다"고 하였다. 곽박은 "훼(燬)는 제(齊)나라 사람의 말이다"고 하였다. 『방언』에 "외(煤 : 呼와 隗의 반절이다)는 화(火)이다. 초(楚)에서 바꿔진 말인데, 제(齊)에서 훼(燬 : 음이 燬이다)를 화(火)라고 하는 것과 같다"고 하였다. ○ 주에서 인용한 『시경』의 "왕실여훼(王室如燬)"는 「주남(周南)」「여분(汝墳)」의 글이다.

 懈, 怠也.

해(懈)는 태(怠 · 게으르다)이다.

 謂怠慢也. 「大雅」「烝民」云 : "夙夜匪懈."

게으름을 말한다. 「대아」「증민(烝民)」에 "아침과 밤으로 게으르지 않다"고 하였다.

 宣, 緩也.

선(宣)은 완(緩 : 관대하다)이다.

 謂寬緩.

관대함을 말한다.

 遇, 偶也.

우(遇)는 우(偶 : 우연히 만나다)이다.

 偶爾相值遇.

우연히 서로 만나는 것이다.

 郭云 : "偶爾相值遇." 『春秋』隱八年 "春, 宋公衛侯遇于垂." 『穀
梁』曰 : "不期而會曰遇."

곽박은 "우연히 서로 만나는 것이다"고 하였다. 『춘추』은공 8년에 "봄
에 송나라 임금과 위나라 임금이 수(垂)에서 만났다"고 하였는데, 『곡량

전』에는 "기약하지 않고 만나는 것을 우(遇)라 한다"고 하였다.

 曩, 嚮也.

낭(曩)은 향(嚮 : 지난번. 접때)이다.

 『國語』曰 : "曩而言戲也."

『국어』에 "지난번 너의 말은 농담인가?"라 하였다.

 曩, 本亦作曏, 乃黨反. 嚮, 許亮反, 音向.

낭(曩)은 본에 따라 낭(曏)으로 되어 있는데, 내(乃)와 당(黨)의 반절이다. 향(嚮)은 허(許)와 량(亮)의 반절이며 음은 향(向)이다.

 在今而道旣往, 或曰曩, 或曰嚮. 『書大傳』云 : "嚮之取於囷中, 勇力之取也." ○注"『國語』曰 : 曩而言戲也"者, 案「晉語」驪姬與優施謀飮里克酒, "乃歌曰 : 暇豫之吾吾, 不如鳥烏. 人皆集於苑,[138] 己獨集於枯. 里克笑曰 : '何謂苑? 何謂枯?' 優施曰 : '其母爲夫人, 其子爲君, 可不謂苑乎? 其母旣死, 其子又有謗, 可不謂枯乎? 枯且有傷.' 優施出, 里克辟奠, 不餐而寢. 夜半, 召優施, 曰 : '曩而言戲乎? 如有所聞之乎?'"

---

138) 苑 :「晉語二」公序本에는 '菀'로 되어 있다.

是也.

　　현재에서 이미 지난 것을 말하여 혹은 낭(曩), 혹은 향(曏)이라 한다.『서대전(書大傳)』에 "지난번 동산에서 잡았을 때에는 용감하고 힘있는 사람이 잡았다"고 하였다. ○ 주에서 인용한『국어』의 "낭이언희야(曩而言戲也)"는 살피건대,「진어이(晉語二)」에 여희(驪姬)와 우시(優施)는 이극(里克)에게 술을 먹이기로 계획하고, "이에 우시가 노래하기를 '임금을 한가히 즐겁게 하려해도 친해지지 않으니, <지혜가> 새나 까마귀만도 못하다. 사람들은 모두 원(苑 : 아름다운 숲)에 머물러 있는데, 나[里克]만 홀로 고목(枯木)에 앉아 있구나!'라고 하였다. 이극(里克)이 웃으면서 '원(苑)이란 것은 무엇이며, 고(枯)란 것은 무엇인가?'라고 하였다. 우시가 이르기를 '그 어머니[驪姬]는 임금의 부인(夫人)이 되었고, 그 아들[奚齊]은 임금이 될 것이니, 원(苑)이라 하지 않겠는가? 그 어머니는 이미 죽었고, 그 아들[申生]은 또 비방을 받고 있으니, 고목(枯木)이라 하지 않겠는가? 고목에 또한 상처가 있구나'라고 하였다. 우시가 나가자 이극은 술상을 물리치고 먹지 않고 잠자리에 들었다. 한밤중에 우시를 불러 말하기를 '지난번 너의 말은 농담인가? 혹은 들은 것이 있어서인가?'"라고 한 것이 이것이다.

 偟, 暇也.

　　황(偟)은 가(暇 : 한가하다)이다.

『詩』曰 : "不遑啓處."

『시경』에 "꿇어앉아 있을 겨를이 없다"고 하였다.

 偟, 音皇. 遑, 音皇, 呼王反, 或作偟, 通作皇.

황(偟)은 음이 황(皇)이다. 황(遑)은 음이 황(皇)이며 호(呼)와 왕(王)의 반절
이다. 혹 황(偟)으로도 쓰며 통하여 황(皇)으로 쓴다.

 謂閒暇. ○注"『詩』曰 : 不遑啓處"者, 「小雅」「四牡」文.

한가(閒暇)함을 말한다. ○ 주에서 인용한 『시경』의 "불황계처(不遑啓處)"
는 「소아」「사모(駟牡)」의 글이다.

 宵, 夜也.

소(宵)는 야(夜 : 밤)이다.

 宵音消, 舍人云 : "陽氣消也."

소(宵)는 음이 소(消)이다. 사인은 "양기(陽氣)가 사라지는 것이다"고 하
였다.

舍人曰："宵, 陽氣消也." 『詩』云 : "肅肅宵征." 『書』曰 : "宵中
星虛."

사인이 "소(宵)는 양기가 사라지는 것이다"고 하였다. 『시경』 「소남」 「소
성(小星)」에 "재빠르게 밤에 간다"고 하였다. 『서경』 「요전」에 "밤낮이 길
이가 똑 같고 별은 허수(虛宿)이다"[139]고 하였다.

 懊, 忨也.

오(懊)는 완(忨 : 탐내다)이다.

 謂愛忨.

아끼며 탐냄을 말한다.

 愒, 貪也.

개(愒)는 탐(貪 : 탐내다)이다.

---

139) 밤낮이 …… 虛宿이다 : 北方七宿인 斗・牛・女・虛・衛・實・壁 중에 가운데 별자
리가 虛宿인데, 허수 및 일곱 별이 추분 때 초저녁[昏]에 보임을 말한다.

 謂貪羨.

탐을 내고 부러워함을 말한다.

 懊, 烏報反. 忨, 五舘反. 愒, 苦蓋反. 杜預注『左傳』云 : "忨·愒,
皆貪也."

오(懊)는 오(烏)와 보(報)의 반절이다. 완(忨)은 오(五)와 관(舘)의 반절이다.
개(愒)는 고(苦)와 개(蓋)의 반절이다. 두예의 『좌전』 주에 "완(忨)과 게(愒)는
모두 탐(貪)이다"고 하였다.

 皆謂愛忨·貪羨也. 昭元年『左傳』云 : "主民翫歲而愒日." 杜注
云 : "忨·愒, 皆貪也."

모두 아끼며 탐내고 부러워함을 말한다. 『좌전』 소공(昭公) 원년(元年)에
"백성을 다스리는 자가 해를 아끼고 날을 아긴다"[140]고 하였다. 두예의
주에 "완(忨)과 개(愒)는 모두 탐(貪)의 뜻이다"고 하였다.

 搘, 拄也.

지(搘)는 주(拄 : 버티다. 지탱하다)이다.

---

140) 백성을 …… 아긴다 : 이 구절은 會箋에 "貪戀一日一歲, 苟取愒適, 不復以經歲爲意,
此儵居苟生也"라고 하여, 하는 일 없이 허송 세월을 하면서 구차스럽게 산다는 의미
로 풀이되었다.

相搘拄.

서로 버티는 것이다.

 搘, 音枝, 『說文』作榰. 拄, 音注, 『說文』作柱, 皆從木旁.

지(搘)는 음이 지(枝)인데, 『설문』에는 지(榰)로 되어 있다. 주(拄)는 음이
주(注)인데, 『설문』에는 주(柱)로 되어 있다. 모두 목(木)을 따랐다.

 郭云 : "相搘拄也." 『說文』云 : "榰, 柱砥.[141] 古用木, 今以石."
『字書』云 : "拄屋之欹."

곽박은 "서로 버티는 것이다"고 하였다. 『설문』에는 "지(榰)는 주지(柱
砥)의 뜻으로 옛날에는 목(木)을 사용했으나 지금은 석(石)을 쓴다"고 하였
다. 『자서』에는 "집의 기우는 쪽을 버티는 것이다"고 하였다.

 裁, 節也. 竝, 幷也.

재(裁)는 절(節 : 재단하다)이다. 병(竝)은 병(幷 : 나란히)이다.

---

141) 柱砥 : 段注本 『說文解字』에는 "柱氐"로 되어 있으며, '砥'로 씀은 잘못이라고 하였다.

『詩』曰:"竝坐鼓瑟."

『시경』에 "나란히 앉아 슬(瑟)을 뜯는다"고 하였다.

 倂, 必頂反.

병(倂)은 필(必)과 정(頂)의 반절이다.

 『易』「泰卦」云:"后以財成天地之道." 裁·財音義同. 竝·倂古
今字. ○注"『詩』曰: 竝坐鼓瑟"者,「秦風」「車鄰」篇文.

『주역』「태괘(泰卦)」에 "후(后)는 천지의 도를 재단하여 이룬다"고 하였
다. 재(裁)와 재(財)는 음의(音義)가 같다. 병(竝)과 병(倂)은 고금자(古今字)이
다. ○주에서 인용한 『시경』의 "병좌고슬(竝坐鼓瑟)"은「진풍(秦風)」「거린
(車鄰)」의 글이다.

 卒, 旣也.

졸(卒)은 기(旣: 마치다)이다.

 旣, 已.

기(旣)는 이(已 : 마치다)이다.

 卒, 子忽反.

졸(卒)은 자(子)와 홀(忽)의 반절이다.

 皆謂盡已也.

모두 마쳤다는 뜻이다.

 㥽, 慮也.

수(㥽)는 려(慮 : 생각하다)이다.

 謂謀慮也.

도모하고 생각함을 말한다.

 㥽, 音囚, 『字書』作"𢘓."

수(慅)는 음이 수(囚)이다. 『자서』에는 "종(悰)"으로 되어 있다.

 郭云 : "謂謀慮也." 『字書』作"悰."

곽박은 "도모하고 생각함을 말한다"고 하였다. 『자서』에는 "종(悰)"으로
되어 있다.

 將, 資也.

장(將)은 자(資 : 노자. 여비)이다.

 謂資裝.

노자(路資)를 말한다.

 行所資也. 郭云 : "謂資裝."

여행할 때의 비용이다. 곽박은 "노자를 말한다"고 하였다.

 黹, 紩也.

치(黹)는 질(紩 : 바느질하다)이다.

 今人呼縫紩衣爲黹.

지금 사람이 옷에 바느질하는 것을 치(黹)라 한다.

 黹, 致恥反. 紩, 音抶. 郭云 : "今人呼縫紩衣爲黹." 縫, 奉容反.

치(黹)는 치(致)와 치(恥)의 반절이다. 질(紩)은 음이 질(抶)이다. 곽박은 "지금 사람은 옷에 바느질하는 것을 치(黹)라 한다"고 하였다. 봉(縫)은 봉(奉)과 용(容)의 반절이다.

 謂縫刺也. 郭云 : "今人呼縫紩衣爲黹." 鄭注『司服』云 : "黼黻希繡. 希讀爲黹."[142] 謂刺繡也.

바느질함을 말한다. 곽박은 "지금 사람이 옷에 바느질하는 것을 치(黹)라 한다"고 하였다. 정현은 『주례』 「사복(司服)」에서 "보(黼)·불(黻)은 치수(希繡 : 수를 놓음) 한다.[143] 치(希)는 치(黹)로 읽어야 한다"고 하였으니, 수놓

---

142) 希讀爲黹 : 『周禮』 「司服」의 賈公彦 疏에는 "希讀爲絺. 或作黹, 字之誤也"라 하여, 希를 黹로 쓰면 잘못이라고 하였다.

143) 黼·黻은 希繡한다 : 天子 十二章服의 무늬에서 두 가지를 제시한 것이다. 『周禮』 「司服」의 鄭玄 注에는 "日·月·星辰·山·龍·華蟲은 그림으로 그리고[繢], 宗

는 것을 말한다.

 遞, 迭也.

체(遞)는 질(迭 : 바꾸다)이다.

 更迭.

바꾸는 것이다.

 遞, 音悌, 他計反, 一音待結反. 迭, 待結反, 音絰, 更, 音庚.

체(遞)는 음이 제(悌)이다. 타(他)와 계(計)의 반절인데 일음(一音)은 대(待)
와 결(結)의 반절이다. 질(迭)은 대(待)와 결(結)의 반절이며, 음은 질(絰)이다.
경(更)은 음이 경(庚)이다.

 李巡曰 : "遞者, 更迭·間厠·相代之義." 『邶』「柏舟」云 : "胡迭
而微."

이순은 "체(遞)는 바뀌고, 뒤섞이고, 대신한다는 뜻이다"고 하였다. 「패
풍(邶風)」「백주(柏舟)」에 "어찌 뒤바뀌어 이지러지는가?"라 하였다.

黼·藻·火·粉米·黼·黻은 수를 놓는다[希繡]"고 하였다.

 矧, 況也.

신(矧)은 황(況 : 비교하다. 비유하다)이다.

 譬況.

비황(譬況 : 비교하다)이다.

 矧, 詩忍反.

신(矧)은 시(詩)와 인(忍)의 반절이다.

 『說文』云 : "矧, 況辭. 從矢. 取辭之所之如矢也." 郭云 : "譬況." 謝氏云 : "志譬況." 是也.

『설문』에 "신(矧)은 비유하는 말로, 시(矢)를 따른다. 말이 가는 것이 화살과 같음을 취한 것이다"고 하였다. 곽박은 "비황(譬況)이다"고 하였다. 사교(謝嶠)는 "뜻을 비교함이다"고 한 것이 이것이다.

 廩, 廯也.

름(廩)은 선(廯 : 창고)이다.

或說云卽倉廩, 所未詳.

혹설에 창름(倉廩)이라고 하지만 미상이다.144)

 廩, 力錦反. 廯, 息淺反. 『廣雅』云 : "廯, 倉也." 孫炎云 : "廯, 藏
穀鮮絜也." 舍人云 : "廩, 少鮮也." 郭云 : "或說云卽倉廩, 所未
詳."

름(廩)은 력(力)과 금(錦)의 반절이다. 선(廯)는 식(息)와 천(淺)의 반절이다.
『광아』에 "선(廯)은 창고이다"고 하였다. 손염은 "선(廯)은 곡식을 저장하
여 신선하고 청결하게 함이다"고 하였다. 사인은 "름(廩)은 적은 것이
다"145)고 하였다. 곽박은 "혹설에 창름(倉廩)이라고 하지만 미상이다"고
하였다.

 『廣雅』云 : "廯, 倉也." 則廩・廯皆困倉之別名. 孫炎云 : "廯,
藏穀鮮潔也." 舍人云 : "廩, 少鮮也." 郭云 : "或說云卽倉廩, 所
未詳."

---

144) 혹설에 …… 미상이다 : 『爾雅詁林』 「義疏」에 "可知古本廯止作鮮, 後人淺俗妄以意
作廯耳. 郭云未詳, 蓋以經典無廯字故也"라 하여, 곽박이 未詳이라 한 것은 經典에
'廯'이 없었기 때문이었던 것으로 설명하였다.

145) 廩은 적은 것이다 : 『爾雅詁林』 「述聞」에 "文十三年公羊傳群公廩何. 注曰, 廩者,
連新於陳上, 財令半相連爾. 疏曰, 廩謂全是故穀, 但在上少有新穀, 財得相連而已,
故謂之廩, 廩者, 稀少之名. 少與鮮同義, 故爾雅訓廩爲鮮也"라 하여, '新穀이 적다'
는 뜻으로 설명하였다.

『광아』에 "선(廯)은 창고이다"고 하였으니, 름(廩)과 선(廯)은 모두 창고의 다른 이름이다. 손염(孫炎)은 "선(廯)은 곡식을 저장하여 신선하고 청결하게 함이다"고 하였다. 사인은 "름(廩)은 적은 것이다"고 하였다. 곽박은 "혹설에 창름(倉廩)이라고 하지만 미상이다"고 하였다.

 逭, 逃也.

환(逭)은 도(逃 : 달아나다)이다.

 亦見『禮記』.

역시 『예기』에 보인다.

 逭, 音換.

환(逭)은 음이 환(換)이다.

謂遯逃. 「商書」「太甲」云: "自作孽, 不可逭." ○注"亦見『禮記』"者, 案「緇衣」云: "子曰: 小人溺於水, 君子溺於口, 大人溺於民, 皆在其所褻也." 下云: "太甲曰: 天作孽, 可違也, 自作孽, 不可以逭."

도망감을 말한다. 「상서(商書)」 「태갑(太甲)」에 "자작얼, 불가환(自作孽, 不

可道 : 스스로 지은 죄는 피할 수 없다"이라 하였다. ○ 주에서 인용한 "역현『예기』(亦見『禮記』)"는 살펴건대, 「치의(緇衣)」에 "공자가 말하기를 소인은 물에 빠지고, 군자는 말에 빠지고, 대인(大人)은 백성에게 빠지는 것은 모두 가깝게 하기 때문이다"고 하였다. 「치의」에서 윗글의 아래 문장에서는 "태갑(太甲)이 말하기를 '하늘이 내린 재앙은 피할 수 있지만, 스스로 지은 죄는 피할 수 없다'"고 하였다.

 訊, 言也.

신(訊)은 언(言 : 묻다)이다.

 相問訊.

물어보는 것이다.

 訊問以言也. 郭云 : "相問訊." 『詩』云 : "執訊獲醜."

질문하여 말하는 것이다. 곽박은 "물어보는 것이다"고 하였다. 「소아」「출거(出車)」에 "물어볼 만한 사람을 붙잡고 무리를 잡았다"고 하였다.

 間, 倪也.

간(間)은 현(倪 : 염탐하다. 간첩)이다.

 『左傳』謂之諜, 今之細作也.

『좌전』에서는 첩(諜 : 간첩)이라 하였으며, 지금의 세작(細作 : 간첩)이다.

間, 音諫. 倪, 胡典反. 諜, 徒協反. 杜預注『左傳』云 : "諜, 伺也."
『說文』云 : "軍中反間也."

간(間)은 음이 간(諫)이다. 현(倪)는 호(胡)와 전(典)의 반절이다. 첩(諜)는 도(徒)와 협(協)의 반절이다. 두예는 『좌전』 주에 "첩(諜)은 사(伺 : 염탐하다)이다"고 하였다. 『설문』은 첩(諜)에 대하여 "군대 안의 간첩이다"고 하였다.

反間一名倪, 今之細作也. ○注"『左傳』謂之諜"者, 案桓十二年云 : "使伯嘉諜之." 杜注云 : "諜, 伺也." 兵書謂之反間也. 案『說文』云 : "諜, 軍中反間也." 謂佯爲敵國之人, 入其軍中, 伺候間隙以反報其主. 又鄭注『周禮』「掌戮」云 : "諜謂姦寇反間者."

반간(反間 : 이간질하다)은 일명 현(倪)이며, 지금의 세작(細作)이다. ○ 주에서 인용한 『좌전』의 "위지첩(謂之諜)"은 살피건대, 환공 12년에 "백가(伯嘉)로 하여금 염탐하게 하였다"고 하였는데, 두예(杜預)의 주에 "첩(諜)은 염탐하는 것이다"고 하였다. 병서(兵書)에는 반간(反間)이라고 하였다. 『설문』에는 "첩(諜)은 군대안의 간첩이다"고 하였다. 거짓으로 적국의 사람이 되어 그 군대 안에 들어가 틈을 염탐하여 돌이켜 자기의 임금에게 알려주는 것을 말한다. 또 정현은 『주례』 「추관」 「장륙(掌戮)」에서 "첩(諜)은 이간질 하는 간교한 도적을 말한다"고 하였다.

 沄, 沆也.

윤(沄)은 항(沆 : 물이 흘러가다)이다.

 水流沄沆.

물이 흘러 거대한 모양이다.

沄, 音云. 沆, 胡黨反. 『說文』云 : "沄, 轉流也." 一曰沆. 沄, 莫廣反, 一音莫郎反, 大水貌.

윤(沄)은 음이 윤(云)이다. 항(沆)은 호(胡)와 당(黨)의 반절이다. 『설문』에 "윤(沄)은 돌아 흐르는 것이다"고 하였다. 다른 한 가지 뜻으로는[146] 항(沆) 이다. 분(沄)은 막(莫)과 광(廣)의 반절이며, 일음(一音)은 막(莫)과 랑(郎)의 반 절로 큰 물의 모양이다.

---

146) 다른 한 가지 뜻으로는 : 『설문』에서 글자의 의미를 해설할 때, 본래 뜻 이외에 다른 뜻을 덧붙여 제시하는 경우 '一曰'이라 하였다.

『說文』云 : "沄, 轉流也." 一曰沆. 郭云 : "水流沄沄." 沄沄, 水大貌.

『설문』에 "운(沄)은 돌아 흐르는 것이다"고 하였다. 다른 한 가지 뜻으로는 항(沆)이다. 곽박은 "물이 흘러 거대한 모양이다"고 하였다. 분항(沄沄)은 물이 거대한 모양이다.

 干, 扞也.

간(干)은 한(扞 : 막아)이다.

 相扞衛.

막고 지키는 것이다.

 扞, 戶旦反.

한(扞)은 호(戶)와 단(旦)의 반절이다.

爾雅疏 郭云 : "相扞衛." 孫炎曰 : "干盾自蔽扞." 「周南」 「兔罝」云 : "公侯干城." 言公侯以武夫自固爲扞蔽如盾, 爲防守如城然.

곽박은 "막고 지키는 것이다"고 하였다. 손염은 '방패로 스스로를 가리고 막는 것이다."고 하였다. 「주남」 「토저(兎罝)」에 "공후(公侯)의 간성(干城)이로다"고 하였다. 공후(公侯)가 무부(武夫)로 자신을 견고히 하여 그들을 방패처럼 여겨 막아 가리고, 그들을 성처럼 여겨 방어함을 말한다.

 趾, 足也.

지(趾)는 족(足 : 다리)이다.

 足, 脚.

족(足)은 각(脚 : 다리)이다.

 跰, 刖也.

비(跰)는 월(刖 : 발을 자르다)이다.

 斷足.

발을 자르는 것이다.

爾雅音義 趾, 音止. 跰, 本亦作荆, 同, 扶味反, 又枝迷反. 刖足曰荆. 刖, 音月, 鄭注『周禮』云 : "斷足也."

지(趾)은 음이 지(止)이다. 비(跰)는 본에 따라 또한 비(荆)로 되어 있는데 음의가 같으며, 부(扶)와 미(味)의 반절, 또는 지(枝)와 미(迷)의 반절이다. 발을 베는 것을 비(荆)라 한다. 월(刖)은 음이 월(月)이다. 정현의 『주례』 주에는 "다리를 자르는 것이다"고 하였다.

爾雅疏 『易』云 : "賁其趾." 趾則足也, 亦謂之脚. 跰一名刖, 斷足刑也. 「呂刑」云 : "荆罰五百." 孔安國云 : "刖足曰荆." 鄭注「司刑」云 : "刖, 斷足也." 周改臏作刖. 跰・荆音義同.

『주역』「비괘(賁卦)」「초구(初九)」에 "그 발을 꾸민다"고 하였으니, 지(趾)는 곧 다리이며, 또한 각(脚)이라고도 한다. 비(跰)는 일명 월(刖)인데 다리를 자르는 형벌이다. 『서경』「주서(周書)」「여형(呂刑)」에 "다리를 자르는 형벌에 대한 속죄금은 500환(鍰)이다"고 하였다. 공안국은 "다리 자르는 것을 비(荆)라 한다"고 하였다. 정현은 『주례』「추관(秋官)」「사형(司刑)」의 주에서 "월(刖)은 다리를 자르는 것이다"고 하였다. 주(周)에서 빈(臏)을 고쳐 월(刖)이라 하였다.[147] 비(跰)와 비(荆)는 음의가 같다.

襄, 駕也.

---

147) 周에서 …… 하였다 : 『주례』「疏」에 "臏, 本亦苗民虐刑, 咎繇改作臏作腓, 至周改腓作刖"이라 하여, 애초 '臏'을 咎繇가 '腓'로 바꾸고, 周나라에서 '刖'로 바꾸었음을 밝혔다.

양(襄)은 가(駕 : 멍에 메우다. 타고 올라가다)이다.

『書』曰 : "懷山襄陵."

『서경』에 "홍수가 나서 물이 산을 싸며 언덕을 넘는다"고 하였다.

謂乘駕也.「鄭風」「大叔于田」云 : "兩服上襄." ○ 注『書』曰 : 懷山襄陵",「堯典」文.

타고 올라감을 말한다.「정풍(鄭風)」「대숙우전(大叔于田)」에 "수레 가운데의 두 말은 최상의 말로 멍에 메웠다"고 하였다. ○ 주에서 인용한『서경』의 "회산양릉(懷山襄陵)"은「요전(堯典)」의 글이다.

 忝, 辱也. 燠, 煖也.

첨(忝)은 욕(辱 : 치욕되다)이다. 욱(燠)은 난(煖 : 따뜻하다)이다.

今江東通言燠.

지금 강동(江東)에서는 일상적으로 욱(燠)이라 한다.

忝, 他簟反. 燠, 於六反.

첨(忝)은 타(他)와 점(簟)의 반절이다. 욱(燠)은 어(於)와 육(六)의 반절이다.

 忝謂恥辱也.『詩』曰 : "無忝爾所生." 燠, 溫也. 「洪範」云 : "晢, 時燠若." 郭云 : "今江東通言燠."

첨(忝)은 치욕(恥辱)됨을 말한다.『시경』「소아」「소완(小宛)」에 "너의 부모님을 욕되게 하지 마라"고 하였다. 난(燠)은 따뜻함이다.『서경』「주서(周書)」「홍범(洪範)」에 "지혜로우면 항상 따뜻함이 따른다"고 하였다. 곽박은 "지금 강동에서는 일상적으로 욱(燠)이라 한다"고 하였다.

 塊, 堛也.

괴(塊)는 벽(堛 : 흙덩이)이다.

 土塊也.『外傳』曰 : "枕凷以堛."

흙덩이이다.『외전(外傳 : 國語)』에 "왕은 흙덩이로 베개 베었다"고 하였다.

 塊, 本作凷.『說文』云 : "塊, 俗凷字也." 凷, 一名堛. 堛, 孚逼反.

괴(塊)는 본에 따라 괴(凷)로 되어 있다. 『설문』에는 "괴(塊)는 괴(凷)의 속자(俗字)이다"고 하였다. 괴(凷)는 일명 벽(墢)이다. 벽(墢)은 부(孚)와 핍(偪)의 반절이다.

塊者, 結土也. 『說文』云: "塊, 俗凷字也." 凷一名墢. 郭云: "土凷也." ○注 『外傳』曰: 枕凷以墢." 案 『吳語』: 吳王夫差旣許越成, 乃大戒師徒, 將以伐齊. 申胥進諫曰: "昔楚靈王不君, 其臣箴諫不入. 乃築臺於章華之上, 闕爲石郭, 陂漢, 以象帝舜. 罷弊楚國, 以間陳·蔡. 不修方城之內, 踰諸夏而圖東國. 三歲於沮·汾以服吳·越. 其民不忍飢勞之殃, 三軍叛王於乾谿. 王親獨行, 屛營傍偟於山林之中, 三日乃見其涓人疇. 王呼之曰: '余不食三日矣.' 疇趨而進, 王枕其股以寢於地. 王寐, 疇枕王以墣而去之. 王覺而無見, 乃匍匐將入於棘闈,148) 棘闈不納也, 乃入芉尹申亥氏焉." 是其事也. 『說文』云: "墣, 匹角切. 亦塊也." 今注云 "枕凷"者, 字之誤也. 凷當作王." 又 『外傳』作墣. 郭云 "以墢"者, 蓋亦理同. 或所見本異也.

괴(塊)는 흙덩이이다 『설문』에 "괴(塊)는 괴(凷)의 속자이다"고 하였다. 괴(凷)는 일명 벽(墢)이다. 곽박은 "흙덩이이다"고 하였다. ○ 주에서 인용한 『외전』의 "침괴이벽(枕凷以墢)"은 살펴건대, 「오어(吳語)」에 오왕(吳王) 부차(夫差)는 월(越)과의 화해(和解)를 허락하고, 곧 대규모로 병사들을 정비하여 제(齊)를 정벌하고자 하자, 신서(申胥)149)가 나아가 간언(諫言)하기를 "옛날 초(楚) 영왕(靈王)은 임금답지 못하여 신하들이 경계하고 간언해도 이를 받아들이지 않았습니다. 이에 〈왕은〉 장화(章華 : 地名)에 대(臺)를 짓고, 땅을 파 관(棺)을 넣을 수 있는 석실(石室)을 만들고, 한수(漢水)를 막고서 순(舜) 임금의 능(陵)을 본떴습니다. 초(楚)나라를 피폐하게 하면서도 진

---

148) 闈 : 대본에는 '圍'로 되어 있으나 『國語』에 따라 고쳤다. 아래도 같다.
149) 申胥 : 吳나라의 大夫 伍員. 字는 子胥. 員은 음이 '운'이다.

(陳)과 채(蔡)를 엿보았습니다. 그리고 방성(方城 : 楚의 북산)을 정비하지 않은 채로 제하(諸夏 : 陳과 蔡를 말함)를 넘어 동국(東國 : 徐·夷·吳·越을 말함)을 도모하였습니다. 3년 동안 저수(沮水)와 분수(汾水)의 사이에 주둔하면서 오(吳)와 월(越)을 정복하려고 하였습니다. 그 백성들은 굶주림과 노동의 괴로움을 참지 못하였고 삼군(三軍)의 병사들은 건계(乾谿 : 地名)에서 왕을 배반하였습니다. 왕은 친히 홀로 도망 가다가 산림(山林) 속에서 두려워하며 방황하게 되었습니다. 3일이 지나 연인(涓人 : 소제원) 주(疇)를 만났습니다. 왕이 그를 향해 외치며 '나는 3일 동안 먹지 못했다'고 하자, 주(疇)가 뛰어갔습니다. 왕이 그의 다리를 베개삼아 땅에서 잠자게 되었습니다. 왕이 잠을 자자 주(疇)는 왕을 흙덩이로 베개삼게 하고 떠났습니다. 왕이 깨어보니 〈주(疇)는〉 보이지 않았습니다. 곧 엉금엉금 기어서 극읍(棘邑)의 문에 들어가려 하는데, 극읍의 문에서 들여주지 않았습니다. 그래서 곧 천(芊) 땅의 장관인 신해씨(申亥氏)에게 갔습니다"고 한 것이 바로 이 일이다. 『설문』에 "박(㙊)은 필(匹)과 각(角)의 반절이며 괴(塊)의 뜻이다"고 하였다. 지금 주에서 "침괴(枕凷)"라 한 것은 오자(誤字)로 괴(凷)는 마땅히 '왕(王)'으로 써야 한다. 또 『외전』에는 박(㙊)으로 되어 있다. 곽박이 '이벽(以壁)'이라 하였는데, 이치는 같다. 혹 본 책이 달라서이다.

 將, 齊也.

장(將)은 제(齊 : 바치다)이다.

 謂分齊也. 『詩』日 : "或肆或將."

나누어 바침을 말한다. 『시경』에 "제물을 진열하기도 하고 골고루 바치기도 한다"고 하였다.

 齊, 才細反. 郭云 : "謂分齊." 王肅云 : "分齊其肉所當用也." 分, 如字.

제(齊)는 재(才)와 세(細)의 반절이다. 곽박은 "나누어 바침을 말한다"고 하였다. 왕숙(王肅)은 "당연히 사용해야 할 곳에 고기를 나누어 바치는 것이다"고 하였다. 분(分)은 여자(如字)이다.

 郭云 : "謂分齊也." "『詩』曰 : 或肆或將"者, 「小雅」「楚茨」文. 毛傳云 : "肆, 陳. 將, 齊也. 或陳于牙, 或齊其肉." 王肅云 : "分齊其肉所當用也."

곽박은 "나누어 바침을 말한다"고 하였다. 주에서 인용한 『시경』의 "혹사혹장(或肆或將)"은 「소아」「초자(楚茨)」의 글이다. 모전(毛傳)에는 "사(肆)는 진(陳)이고, 장(將)은 제(齊)이다. 혹은 시렁에 고기를 진열하고 혹은 고기를 나누어 바친다"고 하였다. 왕숙은 "당연히 사용해야 할 곳에 고기를 나누어 바치는 것이다"고 하였다.

 鰗, 饘也.

호(鰗)는 전(饘 : 죽)이다.

 糜也.

죽이다.

 餬, 戶吳反. 『說文』云 : "寄食也." 饘, 之然反. 糜, 靡爲反, 粥之
稠者曰糜.

호(餬)는 호(戶)와 오(吳)의 반절이다. 『설문』에 〈호(餬)는〉 "기식(寄食 : 다른
사람의 도움으로 먹고 생활함이다)이다"고 하였다. 전(饘)은 지(之)와 연(然)의 반절
이다. 미(糜)는 미(靡)와 위(爲)의 반절이다. 죽(粥)이 진한 것을 미(糜)라 한다.

 郭云 : "糜也." 下云 : "鬻, 糜." 郭云 : "淖糜." 然則餬・饘・鬻・
糜相類之物. 稠者曰糜, 淖者曰鬻, 餬・饘是其別名. 昭七年『左
傳』云 : "饘於是, 鬻於是, 以餬余口."

곽박은 "미(糜)이다"고 하였다. 『이아』「석언」의 이 아래 글에서 "죽(鬻)
은 미(糜)이다"고 하였으며, 곽박은 "요미(淖糜 : 묽은 죽)이다"고 하였다. 그
렇다면 호(餬)・전(饘)・죽(鬻)・미(糜)는 서로 비슷한 물건이다. 진한 죽을
미(糜), 묽은 죽을 죽(鬻)이라 하는데 호(餬)와 전(饘)은 별명(別名)이다. 『좌
전』소공 7년에 "이 솥에 된 죽을 쑤고, 이 솥에 묽은 죽을 쑤어서 내 입
에 풀칠하며 산다"고 하였다.

 啓, 跪也.

계(啓)는 궤(跪 : 꿇어앉다)이다.

小跽.

소기(小跽)[150]이다.

 跪, 求委反. 跽, 渠几反. 『說文』云 : “長跪也.” 『莊子』云 : “擎跽
曲拳, 臣之禮也.”

궤(跪)는 구(求)와 위(委)의 반절이다. 기(跽)는 거(渠)와 궤(几)의 반절이다.
『설문』은 기(跽)에 대하여 “장궤(長跪)[151]이다”고 하였다. 『장자』 「인간세
(人間世)」에 “홀(笏)을 들어 무릎을 꿇고 몸을 굽힌 것은 신하의 예이다”고
하였다.

 謂跪拜也. 「小雅」「四牡」云 : “不遑啓處.” 郭云 : “小跽.” 『說文』
曰 : “跽, 長跪也.” 『莊子』云 : “擎跽曲拳, 臣之禮也.”

무릎 꿇어 절함을 말한다. 「소아」 「사모(四牡)」에 “꿇어앉아 있을 겨를
이 없다”고 하였다. 곽박은 “소기(小跽)이다”고 하였다. 『설문』에 “기(跽)는
장궤(長跪)이다”고 하였다. 『장자』 「인간세」에 “홀을 들어 무릎을 꿇고 몸
을 굽힌 것은 신하의 예이다”고 하였다.

---

150) 小跽 : 한쪽 다리는 무릎 꿇고, 한쪽 다리는 세우고 앉음. 『爾雅詁林』 「義疏」에 “釋
　名云, 起, 啓也. 啓, 一擧體也. 按一擧體, 卽小跽之義”라 하여, ‘一擧體’로 설명하였다.
151) 長跪 : 엉덩이를 발뒤꿈치에 올려놓지 않고 허리를 꼿꼿이 하여 꿇어앉음. 敬意를
　나타내는 자세이다. 段玉裁는 이 구절에 대하여 “人安坐則形弛. 敬則小跽聳體, 若加
　長焉. 故曰長跽”라 하였다. 그리고 跪는 ‘엉덩이를 발꿈치에 올려놓고 앉음’이다.

 瞟, 密也.

면(瞟)은 밀(密 : 치밀하다)이다.

 謂緻密.

치밀함을 말한다.

 瞟, 武延反. 郭云 : "謂緻密." 緻, 之侍反, 一音智, 又音至.

면(瞟)은 무(武)와 연(延)의 반절이다. 곽박은 "치밀(緻密)함을 말한다"고
하였다. 치(緻)는 지(之)와 시(侍)의 반절이며, 일음(一音)은 지(智), 또는 지(至)
이다.

 郭云 : "謂緻密."

곽박은 "치밀함을 말한다"고 하였다.

 開, 闢也.

개(開)는 벽(闢 : 열다)이다.

『書』曰 : "闢四門."

『서경』에 "사방의 문을 연다"고 하였다.

闢, 本亦作辟, 婢亦反, 又甫亦反.

벽(闢)은 본에 따라 벽(辟)으로 되어 있는데, 비(婢)와 역(亦)의 반절, 또는
보(甫)와 역(亦)의 반절이다.

注"『書』曰 : 闢四門", 『虞書』「舜典」文.

주에서 인용한 『서경』의 "벽사문(闢四門)"은 「우서(虞書)」「순전(舜典)」의
글이다.

袍, 襺也.

포(袍)는 견(襺 : 솜옷)이다.

爾雅注 『左傳』曰：“重襺衣裘.”

『좌전』에 “솜옷을 두 겹으로 입고 그 위에 가죽옷을 입었다”고 하였다.

爾雅音義 袍, 包毛反. 襺, 古典反, 本亦作繭, 緜衣也. 『禮』「玉藻」云：“纊爲襺, 縕爲袍.” 鄭注云：“衣有著之別名也.” 重, 直龍反. 衣, 於既反.

포(袍)는 포(包)와 모(毛)의 반절이다. 견(襺)은 고(古)와 전(典)의 반절이며, 본에 따라 견(繭)으로 되어 있는데 솜옷이다. 『예기』「옥조(玉藻)」에 “새 솜으로 만든 옷은 겨(襺), 헌 솜으로 만든 옷은 포(袍)이다”고 하였다. 정현의 주에 “옷에 솜을 둔 것의 별명(別名)이다”고 하였다. 중(重)은 직(直)과 룡(龍)의 반절이다.152) 의(衣)는 어(於)와 기(旣)의 반절이다.153)

爾雅疏 「玉藻」云：“纊爲繭, 縕爲袍.” 鄭玄云：“衣有著之異154)名也. 纊謂今之新綿, 縕謂今之纊及舊絮也.” 然則襺是袍之別名, 謂新綿著袍者也. ○注“『左傳』曰：重襺衣裘”者, 襄二十一年傳云：楚子使薳子馮爲令尹. “遂以疾辭. 方暑, 闕地下冰而牀焉. 重襺衣裘, 鮮食而寢.” 是也.

『예기(禮記)』「옥조(玉條)」에 “새 솜으로 만든 옷은 견(繭), 헌 솜으로 만든 옷은 포(袍)이다”고 하였다. 정현은 “옷에 솜을 둔 것의 다른 명칭이다. 광(纊)은 지금 신면(新綿 : 새 솜)이라 하며, 온(縕)은 지금 광(纊)과 구서(舊絮 :

---

152) 중(重)은 …… 반절이다 : 重이 平聲으로 ‘겹치다’는 뜻으로 된다. 儲用反 등으로 去聲이면 ‘무겁다’라는 뜻이 된다.
153) 衣는 …… 반절이다 : 衣가 去聲으로 ‘입다’라는 뜻으로 된다. 於希反 등으로 平聲이면 ‘옷’이라는 뜻이 된다.
154) 異 : 『釋文』에는 ‘別’로 되어 있는데 본 책이 다른 듯하다.

묵은 솜라 하는 것이다"고 하였다. 그렇다면 견(繭)은 포(袍)의 다른 이름으로, 새 솜으로 만든 솜둔 옷을 말한다. ○ 주에서 인용한 『좌전』의 "중견의구(重繭衣裘)"는 양공(襄公) 21년에 초(楚)나라 임금이 위자빙(遠子馮)을 영윤(令尹)으로 삼았다. "위자빙은 병을 핑계삼아 사양하였다. 한여름에 땅을 파서 얼음을 깔고 그것을 침상으로 삼았다. 솜둔 옷을 두 겹으로 입고 그 위에 가죽옷을 입었으며 음식을 줄이고 누워있었다"고 한 것이 이것이다.

 障, 畛也.

장(障)은 진(畛 : 장애물. 경계)이다.

 謂壅障.

옹장(壅障 : 장애물)을 말한다.

 障, 知亮反, 『說文』云 : "隔也." 又界也, 蔽也, 亦作鄣. 畛, 之忍反, 田間道. 壅, 於勇反.

장(障)은 지(知)와 량(亮)의 반절이며, 『설문』에는 "장(障)은 격(隔)이다"고 하였다. 또 계(界 : 경계)이며, 폐(蔽 : 가리다)인데, 또한 장(鄣)으로도 쓴다. 진(畛)은 지(之)와 인(忍)의 반절로 밭 사이의 길이다. 옹(壅)은 오(於)와 용(勇)의 반절이다.

郭云 : "謂壅障." 一名畛. 『左傳』曰 : "封畛土略."

곽박은 "옹장(壅障)을 말한다"고 하였다. 일명 진(畛)이다. 『좌전』 정공(定
公) 4년에 "봉해준 땅으로 땅의 경계를 삼다"고 하였다.

 靦, 姡也.

전(靦)은 활(姡 : 뻔뻔스럽다. 부끄러워하다. 교활하다)이다.

 面姡然.

얼굴이 뻔뻔스러운 것이다.

靦, 他典反. 舍人云 : "擅也, 一曰面貌也. 謂自專擅之貌." 姡, 戶
刮反, 又戶括反. 孫李云 : "靦, 人面姡然也. 『方言』云 : ‘楚·鄭
或謂狡獪爲姡, 姡猶獪也. 凡小兒多詐謂之姡.’" 郭注言黠也. 獪, 音古外
反, 又音夫.

전(靦)은 타(他)와 전(典)의 반절이다. 사인(舍人)은 "천(擅 : 제멋대로 하다)이
다. 다른 뜻으로는 얼굴 모습이니, 자기 멋대로 하는 모습을 말한다"고
하였다. 활(姡)은 호(戶)와 괄(刮)의 반절, 또는 호(戶)와 괄(括)의 반절이다.
손염과 이순은 "전(靦)은 사람의 얼굴이 교활한 것이다. 『방언』에 ‘초(楚)와

정(鄭) 지역에서는 혹 교회(狡獪 : 교활하다)를 활(姡)이라고 하는데 활(姡)은
회(獪)와 같다. 무릇 어린아이가 꾀가 많은 것을 활(姡)이라 한다'[155]고 하
였다"고 하였다. 곽박은 주에서 활(黠)이라고 하였다. 회(獪)는 음이 고(古)
와 외(外)의 반절, 또는 음이 쾌(夬)도 된다.

 郭云 : "面姡然." 孫炎云 : "靦, 人面姡然." 『說文』曰 : "靦, 面
見人." "姡, 面靦也." 然則靦與姡皆面見人之貌. 『詩』云 : "有
靦面目."

　곽박은 "얼굴이 뻔뻔스런 것이다"고 하였다. 손염은 "전(靦)은 사람의
얼굴이 교활한 모습이다"고 하였다. 『설문』에 "전(靦)은 면견인(面見人)[156]
이다", "활(姡)은 얼굴이 부끄러운 모양이다"고 하였다. 그렇다면 전(靦)과
활(姡)은 모두 면견인(面見人)의 모습이다. 『시경』「소아」「하인사(何人斯)」
에 "부끄러운 면목을 가지고 있다"고 하였다.

 鬻, 糜也.

　죽(鬻)은 미(糜 : 죽)이다.

爾雅
注　　淖糜.

---

155) 楚와 鄭 …… 姡이라 한다 : 『방언』 권2-12에 이 내용이 있으나 내용이 일치하지 않
　　는다. 이순과 손염이 본 판본이 다른 듯하다.
156) 面見人 : 段玉裁는 "面見人, 謂但有面相對自覺可憎也"라 하여, '얼굴로만 상대하
　　여 가증스러움을 자각함'으로 풀이된다.

묽은 죽이다.

 舒, 緩也.

서(舒)는 완(緩 : 더디고 느리다)이다.

 謂遲緩.

더디고 느림을 말한다.

죽(鬻)은 지(之)와 육(六)의 반절이다.『자림』에는 또한 죽(粥)으로 되어
있으며 "요미(淖糜)이다"고 하였다. 또 여(與)와 육(六)의 반절이다. 뇨(淖)는
노(奴)와 효(孝)의 반절, 또는 문(文)과 탁(卓)의 반절이다.『자림』에는 "물기
가 심한 것이다"고 하였다.

 郭云 : "謂遲緩."『詩』云 : "舒而脫脫兮."

곽박은 "더디고 느림을 말한다"고 하였다.『시경』「소남」「야유사균(野
有死麕)」에는 "더디고 천천히 가다"고 하였다.

 翿, 纛也.

우(翿)는 독(纛 : 깃발)이다.

 今之羽葆幢.

지금의 우보당(羽葆幢 : 새의 깃으로 장식한 깃발)이다.

 纛, 翳也.

독(纛)은 예(翳 : 춤추는 자가 쥐고 있는 깃발)이다.

 舞者所以自蔽翳.

춤추는 자가 이것을 가지고서 스스로를 덮고 가리는 것이다.

 翿, 徒刀反, 又徒報反. 纛, 字又作翳, 徒報反. 鄭衆云 : "羽葆幢也." 蔡伯喈云 : "以旄牛尾爲之, 大如斗, 在左騑馬軶上. 所謂黃屋左纛." 葆, 音保. 幢, 丈江反.

도(翿)는 도(徒)와 도(刀)의 반절, 또는 도(徒)와 보(報)의 반절이다. 독(纛)은

글자를 또 예(翳)로도 쓰는데, 도(徒)와 보(報)의 반절이다. 정중(鄭衆)은 "우보당(羽葆幢)이다"고 하였다. 채백개(蔡伯喈 : 蔡邕)는 "모우(旄牛 : 들소)의 꼬리로 만들어 크기가 말[斗]만 하며 좌측 말의 멍에 위에 있다. 이른바 황옥좌독(黃屋左纛)[157]이다"고 하였다. 보(葆)는 음이 보(保)이다. 당(幢)은 장(丈)과 강(江)의 반절이다.

李巡曰 : "翿, 舞者所持纛也." 孫炎曰 : "纛, 舞者所持羽也." 郭云 : "今之羽葆幢." 鄭司農注「鄉師」云 : "翿, 羽葆幢也." 蔡邕『獨斷』云 : "以旄牛尾爲之, 大如斗, 在左驂馬頭上. 所謂黃屋左纛." 纛又謂之翳. 郭云 : "舞者所以自蔽翳." 然則翿一名爲纛, 纛所以爲翳. 故「王風」云 : "左執翿." 毛傳云 : "翿, 纛也, 翳也."

이순은 "도(翿)는 춤추는 자가 쥐고 있는 깃발이다"고 하였다. 손염은 "독(纛)은 춤추는 자가 쥐고 있는 것이다"고 하였다. 곽박은 "지금의 우보당(羽葆幢)이다"고 하였다. 정사농(鄭司農)은 『주례』「지관」「향사(鄉師)」의 주에서 "도(翿)는 우보당(羽葆幢)이다"고 하였다. 채옹은 『독단(獨斷)』에서 "들소 꼬리로 만들어, 크기가 말[斗]만 하며 좌측 말의 멍에 위에 있다. 이른바 황옥좌독이다"고 하였다. 독(纛)은 또 예(翳)라고도 한다. 곽박은 "춤추는 자가 이것을 가지고 스스로를 덮어 가리는 것이다"고 하였다. 그렇다면 도(翿)는 일명 독(纛)이고, 독(纛)은 예(翳)가 되는 것이다. 그러므로 『시경』「왕풍(王風)」「군자양양(君子陽陽)」에 "왼손으로 도를 잡는다"고 하였는데, 모전에는 "도(翿)는 독(纛)이며 예(翳)이다"고 하였다.

---

157) 黃屋左纛 : 黃屋은 임금 전용의 수레에 덮는 누런 비단의 수레 덮개, 左纛은 그 수레의 장식물.

 隍, 壑也.

황(隍)은 학(壑 : 垓字. 성 둘레에 판 빈 구덩이)이다.

 城池空者爲壑.

성지(城池) 중에 빈 곳이 학(壑)이다.

 壑, 火各反.

학(壑)은 화(火)와 각(各)의 반절이다.

 隍, 城池無水者. 郭云 : "城池空者爲壑" 『易』「泰卦」「上六」: "城
復於隍."

황(隍)은 성지(城池)에 물이 없는 곳이다. 곽박은 "성지(城池) 중에 빈 곳
이 학(壑)이다"고 하였다. 『주역』「태괘(泰卦)」「상육(上六)」에 "성(城)이 무
너져 황(隍)으로 되돌아간다"고 하였다.

 芼, 搴也.

모(芼)는 건(搴 : 가려서 뽑다)이다.

 謂拔取菜.

나물을 뽑아 취함을 말한다.

芼, 莫報反. 搴, 九輦反, 取也. 與搴同. 郭又音騫.『音義』云 : "本
又作毛搴." 拔, 步八反.

모(芼)는 모(莫)와 보(報)의 반절이다. 건(搴)은 구(九)와 연(輦)의 반절로 취
한다는 뜻이며, 선(搴)과 음의가 같다 곽박은 또 음을 건(騫)이라 하였다.
『음의(音義)』158)에는 "본에 따라 모건(毛搴)으로 되어 있다"고 하였다. 발
(拔)은 보(步)와 팔(八)의 반절이다.

孫炎曰 : "皆擇159)菜也." 某氏曰 : "搴猶拔也." 郭云 : "謂拔取菜."
以搴是拔之義.『史記』曰 : "斬將搴旗." 謂拔取敵人之旗也. 「周
南」「關雎」云 : "參差荇菜, 左右芼之." 故云 : "謂拔取菜." 毛傳云 : "芼,
擇." 亦謂拔菜而擇之也.

손염은 "모두 나물을 가려서 뽑는 것이다"고 하였다. 모씨(某氏)는 "건
(搴)은 발(拔)과 같다"고 하였다. 곽박은 "나물을 뽑아 취함을 말한다"고 하
여, 건(搴)을 발(拔)의 뜻이라 하였다.『사기』「숙손통전(叔孫通傳)」에 "장수
를 베고 기(旗)를 뽑는다"라고 하였으니, 적의 기를 뽑아서 취함을 뜻한다.
『시경』「주남」「관저(關雎)」에 "삐쭉 삐쭉 난 마름풀을 좌우로 뽑는다"고

---

158)『音義』:『郭音義』를 말함.『爾雅詁林』「郭音義」참조.
159) 擇 : 대본에는 '釋'으로 되어 있으나『이아고림』「邢疏」에 따라 고쳤다.

하였다. 그러므로 "나물을 뽑아 취함을 말한다"고 하였다. 모전에는 "모(芼)는 택(擇)이다"고 하였으니, 또한 나물을 뽑아 택함을 말한다.

 典, 經也. 威, 則也.

전(典)은 경(經 : 법도)이다. 위(威)는 칙(則 : 법칙)이다.

 威儀可法則.

위의(威儀)가 법칙으로 될만한 것이다.

『周禮』: "太宰之職, 掌建邦之六典." 鄭注云: "典, 常也, 經也, 法也. 王謂之禮經, 常所秉以治天下也. 邦國官府謂之禮法, 常所以守爲法式也. 常者其上下通名." 郭云: "威儀可法則." 『詩』曰: "敬愼威儀, 維民之則."

『주례』「천관(天官)」「태재(太宰)」에 "태재(太宰)의 직책은 나라의 육전(六典)을 세우는 일을 관장한다"고 하였다. 정현(鄭玄)의 주에 "전(典)은 상(常)이고, 경(經)이고, 법(法)이다. 왕은 예경(禮經)이라 하여 항상 그것을 가지고 천하를 다스린다. 방국(邦國)과 관부(官府)는 예법(禮法)이라 하여 항상 그것을 지켜서 법식으로 삼는다. 상(常)은 그 아래와 위에 모두 통하는 명칭이다"고 하였다. 곽박은 "위의(威儀)가 법칙으로 될만한 것이다"고 하였다. 『시경』「대아」「억(抑)」편에 "위의(威儀)를 공경하고 삼가야 백성의 모범이

된다"고 하였다.

 苟, 妎也.

가(苟)는 해(妎 : 질투하다)이다.

 煩苛者多嫉妎.

번거롭고 까다로운 사람은 질투함이 많다.

 苟, 胡柯反. 妎, 胡計反, 又胡界反, 又音害. 『說文』云 : “妎, 妬也.”

가(苟)는 호(胡)와 가(柯)의 반절이다. 해(妎)는 호(胡)와 계(計)의 반절, 또는 호(胡)와 계(界)의 반절인데, 또 다른 음은 해(害)이다. 『설문』에 “해(妎)는 투(妬)이다"고 하였다.

 『說文』云 : “妎, 妬也.” 郭云 : “煩苛者多嫉妎", 言煩苛之人多 嫉妬.

『설문』에 “해(妎)는 투(妬)이다"고 하였다. 곽박은 “번거롭고 까다로운 사람은 질투함이 많다"고 하였다. 번거롭고 까다로운 사람은 질투함이 많음을 말한다.

 芾, 小也.

패(芾)는 소(小 : 작은 모양)이다.

 芾者, 小貌.

패(芾)는 작은 모양이다.

 芾, 芳味反, 又方蓋反.

패(芾)는 방(芳)과 미(味)의 반절, 또는 방(方)과 개(蓋)의 반절이다.

芾是木幹及葉之小者也.「召南」云 : "蔽芾甘棠." 此比於大木爲 小也.「我行其野」云 : "蔽芾其樗." 鄭箋云 : "樗之蔽芾始生." 謂 樗葉之始生形亦小也. 郭云 : "芾者 小貌."

패(芾)는 나무 줄기와 잎이 작은 것이다. 『시경』「소남」「감당(甘棠)」에 "작고 작은 팥배나무"160)라고 하였다. 이는 큰 나무에 비교하여 작은 것 이다. 『시경』「소아」「아행기야(我行其夜)」에 "작고 작은 저 가죽나무"라고 하였다. 정전에는 "가죽나무의 조그마한 것이 처음 나오는 것이다"고 하 였다. 가죽나무의 잎이 처음 생길 때 모양이 작은 것을 말한다. 곽박은 "패(芾)는 작은 모양이다"고 하였다.

---

160) 蔽芾 : 毛傳에는 '小貌'라 하였는데, 集傳에는 '盛貌'라 하였다.

 迷, 惑也. 狃, 復也.

미(迷)는 혹(惑：미혹되다)이다. 뉴(狃)는 복(復：익히다)이다.

 狃忕, 復爲.

뉴세(狃忕)는 반복하여 익히는 것이다.

狃, 女九反. 復, 扶又反, 注同. 孫郭云 : "狃忕, 復爲也." 李音服, 云 : "狃能屈申曰復." 忕, 石世反.

뉴(狃)는 녀(女)와 구(九)의 반절이다. 복(復)은 부(扶)와 우(又)의 반절로 주에서도 같다. 손염과 곽박은 "뉴세(狃忕)는 반복하여 익히는 것이다"고 하였다. 이순은 음을 복(服)이라 하고 "익숙하게 굽혔다 폈다 할 수 있는 것을 복(復)이라 한다"고 하였다. 세(忕)는 석(石)과 세(世)의 반절이다.

「小雅」「節南山」云 : "俾民不迷." 謂不惑也. 狃, 復習也. 郭云 : "狃忕, 復爲." 孫炎云 : "狃忕, 前事復爲也." 『說文』云 : "狃, 狎也." "忕, 習也." 『鄭風』云 : "將叔無狃." 毛傳云 : "狃, 習也." 桓十三年 『左傳』云 : "莫敖狃於蒲騷之役." 杜注云 : "狃, 忕也." 然則狃·忕皆貫習之義, 復亦貫習之意也.

『시경』「소아」「절남산(節南山)」에 "백성들을 미혹하지 않게 한다"고 하였는데, 불혹(不惑：미혹되지 않다)을 뜻한다. 뉴(狃)는 복습(復習：반복하여 익히다)이다. 곽박은 "뉴세(狃忕)는 반복하여 익히는 것이다"고 하였다. 손염은 "뉴세(狃忕)는 앞의 일을 반복하여 익히는 것이다"고 하였다. 『설문』에는 "뉴(狃)는 압(狎 : 가까이 하다)이다"고 하였다. 세(忕)는 습(習 : 익히다)이다. 「정풍(鄭風)」 「대숙우전(大叔于田)」에 "청컨대 숙(叔)은 사냥을 익히지 말라"고 하였는데, 모전에는 "뉴(狃)는 습(習)이다"고 하였다. 『좌전』 환공 13년에는 "막오(莫敖)가 포소(蒲騷)의 전쟁에 익숙하다"고 하였다. 두예의 주에 "뉴(狃)는 세(忕)이다"고 하였다. 그렇다면 뉴(狃)와 세(忕)는 모두 익숙하다는 뜻이고, 복(腹)도 익숙하다는 뜻이다.

 經文

逼, 迫也. 般, 還也.

핍(逼)은 박(迫 : 급박하다)이다. 반(般)은 선(還 : 돌아오다)이다.

 爾雅注

『左傳』曰 : "般161)馬之聲."

『좌전』에 "대열에서 떨어진 말의 소리"162)라 하였다.

爾雅音義

逼, 彼力反, 本又作偪. 迫, 音百. 般, 郭音班, 『左傳』云 : "役將般矣." 是也. 一音蒲安反. 『周易』云 : "般桓." 是也. 『說文』云 : "般, 辟也." 還, 音旋, 或音環.

---

161) 般 : 지금의 『左傳』에는 '班'으로 되어 있다.
162) 대열에서 …… 말의 소리 : 杜預의 주에 "夜遁馬不相見, 故鳴. 班, 別也"라 하였다.

핍(逼)은 피(彼)와 력(力)의 반절인데, 본에 따라 핍(偪)으로 되어 있다. 박(迫)은 음이 백(百)이다. 반(般)에 대하여 곽박은 음을 반(班)이라 하였다. 『좌전』애공 24년에 "군대는 되돌아 갈 것이다"고 한 것이 이것이다. 일음(一音)은 포(蒲)와 안(安)의 반절이니, 『주역』「둔괘(屯卦)」「초구(初九)」에 "반환(般桓：머뭇거린다)이다"고 한 것이 이것이다. 『설문』에 "반(般)은 벽(辟：돌아서다)이다"고 하였다. 선(還)은 음이 선(旋), 혹은 음이 환(環)이다.

逼, 相急迫也. 般, 還, 反也. ○注“『左傳』曰：般馬之聲”者, 襄十八年晉大夫邢伯告中行伯之辭也.

핍(逼)은 급박(急迫)한 것이다. 반(般)은 선(還)이니, 돌아오는 것이다. ○ 주에서 인용한 『좌전』의 "반마지성(般馬之聲)"은 양공(襄公) 18년에 진(晉)의 대부(大夫) 형백(邢伯)이 중항백(中行伯)에게 보고한 말이다.

班, 賦也.

반(班)은 부(賦：베풀어주다)이다.

謂布與.

베풀어줌을 말한다.

 郭云 : "謂布與." 桓六年『左傳』云 : "諸侯之大夫戍齊, 齊人饋之
餼, 使魯爲其班." 「聘禮記」云 : "肦肉及廋[163]車." 班・肦音義同.
『左傳』曰 : "屬役賦丈."

　　곽박은 "베풀어줌을 말한다"고 하였다.『좌전』환공 6년에 "제후의 대
부가 제(齊)나라를 지키자 제나라 사람들이 그들에게 음식물을 대접하면
서 노나라 사람으로 하여금 차례대로 나누어주도록 하였다"고 하였다.
『의례(儀禮)』「빙례(聘禮)」에 "제사 고기를 나누어줌에 말을 돌보는 사람과
수레를 돌보는 사람까지 미쳤다"고 하였다. 반(班)과 분(肦)은 음의가 같다.
『좌전』소공 32년에 "나라의 크고 작음에 따라 성 쌓는 일을 맡기는데 길
이[丈 : 10尺]대로 나누어주었다"고 하였다.

 濟, 渡也. 濟, 成也. 濟, 益也.

　　제(濟)는 도(渡 : 건너다)이다. 제(濟)는 성(成 : 이루다)이다. 제(濟)는 익(益 : 더
하다)이다.

爾雅
注 所以廣異訓, 各隨事爲義.

　　다른 풀이를 넓게 다룬 것이므로 각각 사안에 따라 뜻이 이루어진다.

---

163) 廋 : 대본에는 '庳'로 되어 있으나『이아고림』「邢疏」에 따라 고쳤다.『儀禮』에도
　　 '廋'로 되어 있다.

濟, 子細反, 下同. 益, 於亦反.

제(濟)는 자(子)와 세(細)의 반절이며, 아래에서도 같다. 익(益)은 어(於)와
역(亦)의 반절이다.

 郭云 : "所以廣異訓, 各隨事爲義." 『方言』云 : "過渡謂之涉濟."
彼注云 : "猶今云濟渡." 『左傳』曰 : "濟河焚舟." 濟又爲成. 『左
傳』曰 : "以欲從人, 則可 ; 以人從欲, 鮮濟." 濟又爲增益, 『左傳』曰 : "盍
請濟師於王."

곽박은 "다른 풀이를 넓게 다룬 섯이므로 각가 사안에 따라 뜻이 이루
어진다"고 하였다. 『방언』에는 "지나서 건너는 것을 섭제(涉濟)라 한다"고
하였는데, 그 주에 "지금 제도(濟渡)라고 하는 것과 같다"고 하였다. 『좌
전』 문공(文公) 3년에 "황하(黃河)를 건너고 배를 불태웠다"고 하였다. 제
(濟)는 또 성(成)이라는 뜻이 되는데 『좌전』 희공(僖公) 20년에 "자기의 욕
심을 굽혀 남을 따르면 가능하지만, 자기 욕심대로 남을 따라오게 한다면
이루기 어렵다"고 하였다. 제(濟)는 또 증익(增益)의 뜻이 되는데, 『좌전』
환공(桓公) 11년에 "어찌하여 왕에게 군사를 증익(增益)시켜줄 것을 청하지
않습니까?"라 하였다.

 緡, 綸也.

민(緡)은 륜(綸 : 줄)이다.

『詩』曰 : "維絲伊緡." 緡, 繩也. 江東謂之綸.

『시경』「소남」「하피농의(何彼襛矣)」에 "명주실로 낚싯줄을 만들었다"
이라 하였다. 민(緡)은 승(繩 : 줄)이다. 강동(江東)에서는 륜(綸)이라 한다.

 緡, 亡巾反. 綸, 音倫. 繩, 音乘.

민(緡)은 망(亡)과 건(巾)의 반절이다. 륜(綸)은 음이 륜(倫)이다. 승(繩)은 음
이 승(乘)이다.

 孫炎云 : "皆繩名也." 郭云 : "緡, 繩也. 江東謂之綸." ○注『詩』
曰 : 維絲伊緡"者, 「召南」「何彼襛矣」文.

손염은 "모두 승(繩)의 명칭이다"고 하였다. 곽박은 "민(緡)은 승(繩)이다.
강동(江東)에서는 륜(綸)이라 한다"고 하였다. ○주에서 인용한 『시경』의
"유사이민(維絲伊緡)"은 「소남」「하피농의(何彼襛矣)」의 글이다.

 辟, 歷也.

벽(辟)은 력(歷)이다.

 未詳.

미상이다.

 䑛, 盪也.

시(䑛)는 록(盪 : 침이 질질 흐르다)이다.

 漉漉出涎沫.

질질 침이 흘러나오는 것이다.

 辟, 婢亦反, 一音壁. 䑛, 仕其反, 又呂其反, 郭音牛䶗反, 又丑之反, 李云 : "吐沫䑛也." 盪, 音鹿. 漉, 音鹿. 涎, 囚延反, 『字林』云 : "口液." 沫, 音末.

벽(辟)은 비(婢)와 역(亦)의 반절이다. 일음(一音)은 벽(壁)이다. 시(䑛)는 사(仕)와 기(其)의 반절, 또는 여(呂)와 기(其)의 반절이다. 곽박은 음을 우(牛)와 치(䶗)의 반절, 또는 축(丑)과 지(之)의 반절이라 하였다. 이순은 "뱉어낸 침이다"고 하였다. 록(盪)은 음이 녹(鹿)이다. 록(漉)은 음이 록(鹿)이다. 연(涎)은 수(囚)와 연(延)의 반절인데, 『자림』에는 "입에서 나온 침이다"고 하였다. 말(沫)은 음이 말(末)이다.

爾雅疏 李巡云 : "吐沫濮也." 郭云 : "漉漉出涎沫." 『鄭語』云 : 『訓語』有
之曰 : 夏之衰也, 襃人之神化爲二龍, 以同于庭, 而言曰 : '余, 襃
之二君.' 夏后卜殺之, 與去之, 與止之, 莫吉. 卜請其濮而藏之, 吉." 韋昭
云 : "濮, 龍所吐沫, 龍之精氣也."

이순은 "뱉어낸 침이다"고 하였다. 곽박은 "질질 침이 흘러나오는 것이
다"고 하였다. 『국어』 「정어(鄭語)」에 "『훈어(訓語)』[164]에 이런 말이 있다.
하(夏)나라의 국력이 약해지자 포(襃)나라 사람의 신(神)이 두 마리의 용으
로 변하여 정원에 함께 있으면서 말하기를 '우리는 포(襃)나라를 다스렸던
두 임금이다'고 하였다. 하(夏)나라 왕이 죽이는 것, 추방하는 것, 머무르
게 하는 것을 점쳤으나 길한 것이 없었다. 용의 침을 청하여 보관하겠다
고 점치자, 길하였다"고 하였는데, 위소(韋昭)는 "시(濮)는 용이 토해낸 침
으로 용의 정기(精氣)이다"고 하였다.

 寬, 綽也.

관(寬)은 작(綽 : 너그럽다)이다.

 謂寬裕也.

너그러움을 말한다.

---

164) 訓語 : 韋昭는 『周書』라고 하였다.

綽, 昌斫反. 裕, 音喩

작(綽)은 창(昌)과 작(斫)의 반절이다. 유(裕)는 음이 유(喩)이다.

 孫炎云 : "性之裕者." 郭云 : "謂寬裕也." 「皐陶謨」云 : "寬而栗."

손염은 "성격이 너그러운 것이다"고 하였다. 곽박은 "너그러움을 말한
다"고 하였다. 『서경』 「고요모(皐陶謨)」에 "너그러우면서도 엄숙하다"고
하였다.

 袞, 黻也.

곤(袞)은 불(黻 : 두 개의 弓자를 등지게 한 문양)이다.

 袞衣有黻文.

곤의(袞衣)에 불문(黻文)이 있다.

 袞, 古本反, 『說文』云 : "從衣從公也." 公, 羊賏反. 或云 : "從公
衣." 黻, 音弗.

곤(袞)은 고(古)와 본(本)의 반절이다. 『설문』에 "의(衣 : 옷 의)의 뜻을 따르고 연(公 : 패인 진흙 연)의 뜻을 따른다"고 하였다. 연(公)은 양(羊)과 연(兗)의 반절이다. 혹자는 "공(公)과 의(衣)의 뜻을 따른다"고 하였다. 불(黻)은 음이 불(弗)이다.

 郭云 : "袞衣有黻文." 「小雅」「采菽」云 : "玄袞及黼." 袞, 必兼有黼黻, 『詩』但言 "及黼", 嫌於無黻, 故此釋之. 毛傳云 : "玄袞, 卷龍也. 白與黑謂之黼." 鄭箋云 : "玄袞, 玄衣而畫以卷龍也. 黼, 黼黻, 謂絺衣也, 諸公之服, 自袞冕而下."

곽박은 "곤의(袞衣)에 불문(黻文)이 있다"고 하였다. 『시경』 「소아」 「채숙(采菽)」에 "현곤급보(玄袞及黼 : 玄袞과 黼黻이다)"라고 하였다. 곤에는 반드시 보불이 함께 있는데 『시경』에서는 다만 보(黼 : 도끼문양)만 말하였기 때문에 불(黻)이 없는 것으로 의심할까 하여 여기에 해석하였다. 모전에는 "현곤(玄袞)은 권룡(卷龍)165)이다. 백색과 흑색이 있는 것을 보(黼)라 한다166)"고 하였다. 정전에는 "현곤(玄袞)은 검은 옷으로서 권룡을 그린 것이다. 보(黼)는 보불(黼黻)로 치의(絺衣 : 수놓은 옷)를 말한다. 제공(諸公)의 옷은 곤면(袞冕)으로부터 내려간다"고 하였다.

華, 皇也.

황(皇)은 화(華 : 꽃)이다.

---

165) 卷龍 : 임금의 예복에 머리가 굽은 용을 새긴 文樣.
166) 백색과 …… 黼라 한다 : 도끼 날 쪽은 희고, 등 쪽은 검기 때문에 半白半黑의 文樣을 이루고 있다.

『釋草』曰 : "葟, 華榮."

「석초(釋草)」에 "황(葟)은 화영(華榮 : 꽃)이다"고 하였다.

 華, 胡瓜反. 皇, 胡光反.

화(華)는 호(胡)와 과(瓜)의 반절이다. 황(皇)은 호(胡)와 광(光)의 반절이다.

 草木之華, 一名皇. 樊光引『詩』云 : "皇皇者華." 孫炎云 : "皇皇猶煌煌." 郭云 : "『釋草』曰 : 皇, 華榮." 引之以證皇亦華榮之名.

초목(草木)의 꽃을 일명 황(皇)이라 한다. 번광은 『시경』을 인용하여 "빛나고 빛나는 꽃"이라 하였다. 손염은 "황황(皇皇)은 황황(煌煌)과 같다"고 하였다. 곽박은 「석초」의 "황(皇)은 화영(華榮)이다"를 인용하여 황(皇)이 또한 꽃의 명칭임을 증명하였다.

 昆, 後也.

곤(昆)은 후(後 : 뒤)이다.

 謂先後. 方俗語.

선후(先後)를 말한다. 방속어(方俗語)이다.

 郭云 : "謂先後. 方俗語." 『大禹謨』云 : "官占惟先蔽志, 昆命于
元龜."

곽박은 "선후를 말한다. 방속어(方俗語)이다"고 하였다. 『서경』 「대우모
(大禹謨)」에 "점치는 관리는 먼저 뜻을 결정하고, 뒤에 큰 거북(元龜)[167]에
게 명을 내린다"고 하였다.

 彌, 終也.

미(彌)는 종(終 : 끝. 다하다)이다.

 終竟也.

종경(終境 : 마지막)이다.

 彌, 亡移反.

미(彌)는 망(亡)과 이(移)의 반절이다.

---

167) 元龜 : 점을 칠 때 사용하는 큰 거북이. 즉 인간의 의지를 먼저 결정하고 난 다음에
　　서북이 껍질을 가지고 점을 치는 것을 뜻한다.

郭云 : "終竟也." 『大雅』「生民」云 : "誕彌厥月." 言大矣, 后稷之
在其母, 終人道十月而生也.168)

곽박은 "종경(終境 : 마지막)이다"고 하였다. 『시경』「대아」「생민(生民)」에
"크게 그 달을 다 마쳤다"고 하였으니, 위대함을 말한 것이다. 후직(后稷)이
그 어머니의 배속에 있다가 사람이 생성되는 10개월을 끝내고 태어났다.

---

168) 大矣 ······ 也 : 이 구절은 鄭箋의 글을 邢昺이 출처를 밝히지 않고 인용한 것이다.

석훈(釋訓) 제3(第三)

爾雅音義 訓, 休運反. 張揖『雜字』云 : "訓者, 謂字有意義也." 案「釋詁」已
下三篇皆釋古今之語方俗之言. 意義不同, 故立號亦異. 至於訓
釋墳典, 其實一焉.

　훈(訓)은 휴(休)와 운(運)의 반절이다. 장읍은 『잡자』에서 "훈(訓)은 글자
에 뜻이 있음을 말한다"고 하였다. 살피건대, 「석고」 이하 세 편은 모두
고금의 말과 방속어를 풀이한 것이다. 의의(意義)가 같지 않기 때문에 제
목을 세운 것이 또한 다르다. 분전(墳典)1)을 풀이하는데 있어서 그 실질
적인 내용은 동일하다.

---

　1) 墳典 : 고대의 서적인 『三墳五典』을 말함. 여기서는 오래된 옛날 서적의 의미로 이해
　　된다.

案「釋詁」云: “訓, 道也.” 『周禮』 「地官」有土訓·誦訓. 鄭司農注云: “謂以遠方土地所生異物以告道王也.” 後鄭云: “玄謂能訓說土地善惡之勢, 誦訓能訓說四方所誦習, 及人所作爲, 及時事.” 然則此篇以物之事·義·形·貌告道人也, 故曰“釋訓.” 案此所釋, 多釋『詩』文, 故郭氏卽以『詩』義解之.

살피건대, 「석고」에 “훈(訓)은 도(道 : 말하다)이다”고 하였다. 『주례』 「지관(地官)」에 토훈(土訓)[2]·송훈(誦訓) 직(職)이 있다. 정사농(鄭司農)의 주에 “먼 지역의 땅에서 생겨나는 이물(異物 : 살모사와 같은 종류)을 왕에게 고한다”고 하였다. 정현(鄭玄)은 “내가 생각하기로는 토훈(土訓)은 토지의 좋고 나쁜 형세를 설명한 것이고, 송훈(誦訓)은 사방에서 익힌 것과 사람들이 행한 것, 그리고 당시의 일을 설명한 것이다”고 하였다. 그렇다면 이 편은 사물의 사(事 : 일)·의(義 : 뜻)·형(形 : 형체)·모(貌 : 모양)를 가지고 사람에게 고하는 것이기 때문에 「석훈(釋訓)」이라 한 것이다. 살피건대, 이 편의 해석은 『시경』의 글을 많이 해석하였으므로 곽박이 『시경』의 의미로 풀이하였다.

明明·斤斤, 察也.

명명(明明)·근근(斤斤)은 찰(察 : 살피다)이다.

---

2) 土訓 : 토지 해설. 土訓의 ‘道地慝’에 대한 鄭司農과 鄭玄의 해석이 차이가 있으며, 邢昺의 疏와도 조금 다르다. 鄭司農은 地慝을 “地所生惡物害人者, 若虺蝮之屬”이라 하였으며, 鄭玄은 “障蠱”라 하였다. 賈公彦의 疏에는 “障卽障氣, 出於地也. 蠱卽蠱毒, 人所爲也”라 하였다.

皆聰明鑒察.

모두 또렷이 살핌이다.

斤, 樊居覲反. 舍人云 : "明明, 甚明也. 斤斤, 物精詳之察." 孫云 : "斤斤, 重愼之察也." 聰, 七公反.

근(斤)에 대하여 번광은 거(居)와 근(覲)의 반절이라 하였다. 사인은 "명명(明明)은 매우 분명한 것이고, 근근(斤斤)은 사물을 정밀하고 상세히 살피는 것이다"고 하였다. 손염은 "근근은 거듭 신중히 살핌이다"고 하였다. 총(聰)은 칠(七)과 꽁(公)의 반절이다.

舍人曰 : "明明言其明甚." 孫炎曰 : "明明, 性理之察也." 「大雅」 「常武」云 : "赫赫明明." 舍人曰 : "斤斤, 物精詳之察也." 孫炎曰 : "斤斤, 重愼之察也." 「周頌」 「執競」云 : "斤斤其明." 聰明鑒察也.

사인은 "명명(明明)은 매우 분명한 것을 말한다"고 하였다. 손염은 "명명(明明)은 본성의 이치를 살피는 것이다"고 하였다. 『시경』 「대아」 「상무(常武)」에 "빛나고도 밝게 살핀다"고 하였다. 사인은 "근근(斤斤)은 사물을 정밀하고 상세히 살피는 것이다"고 하였고, 손염은 "근근(斤斤)은 신중히 살피는 것이다"고 하였다. 『시경』 「주송(周頌)」 「집경(執競)」에 "분명하게 살핀다"3)고 하였으니, 총명히 살피는 것이다.

---

3) 총명하게 …… 살핀다 : 毛傳에 "斤斤, 明察也"라 하였다.

 條條·秩秩, 智也.

조조(條條)·질질(秩秩)은 지(智 : 지혜롭다)이다.

 皆智思深長.

모두 지혜와 생각이 심원하고 장대함이다.

爾雅音義 條條, 舍人本作攸攸, 沈亦音條. 秩, 直栗反. 思, 息嗣反, 下文幷注同.

조조(條條)에 대하여 사인 본(本)에는 유유(攸攸)로 되어 있으며, 심선 역시 음이 조(條)라 하였다. 질(秩)은 직(直)과 률(栗)의 반절이다. 사(思)는 식(息)과 사(嗣)의 반절이다.[4] 아래의 글과 주에서도 같다.

爾雅疏 皆智思深長也. 「小雅」「賓之初筵」云 : "左右秩秩." 言其威儀審智, 不失禮也.

모두 지혜와 생각이 심원하고 장대함이다. 『시경』 「소아」 「빈지초연(賓之初筵)」에서 "좌우가 지혜롭다"고 하였으니, 그 위의(威儀)가 매우 지혜로와 예를 잃지 않음을 말한 것이다.[5]

---

4) 思는 …… 반절이다 : 思가 거성으로, '생각'·'의사'라는 명사이다. 평성이면 '생각하다'라는 동사로 된다.
5) 그 威儀가 …… 것이다 : 이 글은 邢昺이 鄭玄의 箋을 그대로 옮긴 것이다. 鄭玄은 "左右, 謂折旋揖讓也. 秩秩, 知也. 其趨翔威儀審知, 言不失禮也"라 하였다. 秩秩을

 穆穆·肅肅, 敬也.

목목(穆穆)·숙숙(肅肅)은 경(敬 : 엄숙하다)이다.

 皆容儀謹敬.

모두 용모와 행동이 근엄하고 엄숙함이다.

 「周頌」「雝」篇云 : "有來雝雝, 至止肅肅. 相維辟公, 天子穆穆." 此皆禘祭之時容儀謹敬也.

『시경』「주송」「옹(雝)」편에 "올 때는 온화하고, 도착해서는 엄숙하도 다. 제사를 돕는 제후들, 천자께서 엄숙하도다"고 하였는데, 이는 모두 체 (禘) 제사를 지낼 때 용모와 행동이 근엄하고 엄숙함이다.

 諸諸·便便, 辯也.

제제(諸諸)·변변(便便)은 변(辯 : 말을 잘하다)이다.

 皆言辭辯給.

毛傳은 '肅敬', 集傳은 '有序'라 하였다.

모두 언사가 유창함을 말한다.

 便, 婢緜反.

변(便)은 비(婢)와 면(緜)의 반절이다.

 皆言辭辯給也.『論語』云 : "便便言." 「小雅」「采菽」云 : "平平左右." 毛傳云 : "平平, 辨治也." 便·平, 古今字.

모두 언사가 유창함을 말한다. 『논어』「향당(鄕黨)」에 "유창하게 말을 한다"고 하였다. 『시경』「소아」「채숙(采菽)」에 "변변좌우(平平6)左右7) : 이웃 나라를 다스린다"라고 하였다. 모전은 "변변(平平)은 다스리는 것이다"고 하였다. 변(便)과 변(平)은 고금자(古今字)이다.

 肅肅·翼翼, 恭也.

숙숙(肅肅)·익익(翼翼)은 공(恭 : 공경하다)이다.

 皆恭敬.

---

6) 平平 : 毛傳, 鄭箋, 集傳 모두 '辨治'라 하였다. '다스린다'는 의미이지 '언변이 뛰어
나다'는 의미가 아니다. 邢昺은 이를 '辯給'으로 轉義시켜 인용한 것이다.
7) 左右 : 鄭箋에 "能辯治其連屬之國"이라 하여, '連屬之國'으로 풀이하였다.

모두 공경(恭敬)함이다.

 皆恭敬也. 「大雅」「思齊」云 : “肅肅在廟.” 「大明」云 : “維此文王, 小心翼翼.” 言文王及群臣恭敬貌也.

모두 공경함이다. 『시경』「대아」「사제(思齊)」에 “공경스러이 종묘에 계시도다”고 하였다. 「대아」「대명(大明)」에 “문왕(文王)께선 신중하고 공경하시도다”고 하였다. 문왕 및 여러 신하들의 공경스러운 모습을 말한 것이다.

 雝雝·優優, 和也.

옹옹(雝雝)·우우(優優)는 화(和 : 화락하다)이다.

 皆和樂.

모두 화락(和樂)함이다.

 雝, 於容反. 優, 音憂. 樂, 音洛.

옹(雝)은 어(於)와 용(容)의 반절이다. 우(優)는 음이 우(憂)이다. 락(樂)은 음이 락(洛)이다.

「大雅」「思齊」云 : "雝雝在宮." 「商頌」「長發」云 : "敷政優優." 此
皆人君德政和樂也.

『시경』「대아」「사제(思齊)」에 "화락하게 벽옹궁(辟廱宮)에 계시도다"[8]
고 하였다. 『시경』「상송(商頌)」「장발(長發)」에 "정사(政事)를 펼침에 화
락하도다"고 하였다. 이것은 모두 임금의 어진 정치가 화락(和樂)한 것
이다.

 兢兢 · 憴憴, 戒也.

긍긍(兢兢) · 승승(憴憴)은 계(戒 : 경계하다)이다.

 皆戒愼.

모두 경계하고 신중함이다.

 兢, 音矜. 憴, 食蒸反. 戒, 音界.

긍(兢)은 음이 긍(矜)이다. 승(憴)은 식(食)과 증(蒸)의 반절이다. 계(戒)는 음
이 계(界)이다.

---

8) 화락하게 …… 계시도다 : 鄭箋의 "宮, 謂辟廱宮也"를 따랐다.

 「小雅」「小旻」云：“戰戰兢兢.”「大雅」「抑」篇云：“子孫繩繩.” 此皆小心戒愼也. 憴·繩音義同.

『시경』「소아」「소민(小旻)」에 "두려워하고 조심한다"고 하였다. 『시경』「대아」「억(抑)」편에 "자손들이 조심한다"고 하였다. 이는 모두 조심하고 신중함이다. 승(憴)과 승(繩)은 음의가 같다.

 戰戰·蹌蹌, 動也.

진전(戰戰)·창창(蹌蹌)은 동(動: 조심스럽게 걸어간다)이다.

 皆恐動趨步.

모두 조심스런 동작으로 걸어감이다.

 蹌, 七羊反. 恐, 丘勇反. 趨, 七兪反.

창(蹌)은 칠(七)과 양(羊)의 반절이다. 공(恐)은 구(丘)와 용(勇)의 반절이다. 추(趨)는 칠(七)과 유(兪)의 반절이다.

「小旻」云：“戰戰兢兢.”「楚茨」云：“濟濟蹌蹌.” 此皆恐動趨走, 威儀謹敬也.

『시경』「소아」「소민(小旻)」에 "두려워하고 조심한다"고 하였다. 『시경』「소아」「초자(楚茨)」에 "위엄 있게 걸어간다"고 하였다. 이는 모두 조심스러운 동작으로 달려가서, 행동이 조심스럽고 공경하는 모습이다.

 晏晏・溫溫, 柔也.

안안(晏晏)・온온(溫溫)은 유(柔 : 부드럽다)이다.

 皆和柔.

모두 온화하고 부드러움이다.

「衛風」「氓」篇云 : "言笑晏晏." 「大雅」「抑」篇云 : "溫溫恭人." 此皆寬緩和柔也.

『시경』「위풍」「맹(氓)」편에 "말하며 웃는 모습이 온화하며 부드럽다"고 하였다. 『시경』「대아」「억(抑)」편에 "온화하고 공손한 사람"이라 하였다. 이는 모두 너그럽고 부드러운 모습이다.

 業業・翹翹, 危也.

업업(業業)·교교(趬趬)는 위(危 : 위태롭다)이다.

 皆縣危.

모두 매우 위태로움이다.

 業, 魚怯⁹⁾反, 郭五荅反. 趬, 巨遙反. 縣, 音玄.

업(業)은 어(魚)와 겁(怯)의 반절이며, 곽박은 오(五)와 답(荅)의 반절이라 하였다. 교(趬)는 거(巨)와 요(遙)의 반절이다. 현(縣)은 음이 현(玄)이다.

 「大雅」「召旻」云 : "兢兢業業." 「豳風」「鴟鴞」云 : "予室趬趬." 此 皆縣危恐懼也.

「대아」「소민(召旻)」에 "두려워하며 위태로워하다"고 하였다. 『시경』「빈 풍」「치효(鴟鴞)」에 "나의 집이 위태롭다"고 하였다. 이는 모두 매우 위험하 고 두려워함이다.

 惴惴·憢憢, 懼也.

췌췌(惴惴)·효효(憢憢)는 구(懼 : 두려워하다)이다.

---

9) 怯 : 『釋文』에는 '法'으로 되어 있으나 『爾雅考林』「音義考證」에 따라 고쳤다.

皆危懼.

모두 위태롭고 두려움이다.

 惴, 之瑞反. 憢, 許堯反, 本又作嘵, 音同. 『字林』云 : "懼也." 案 『詩』云 : "予維音嘵嘵." 是也.

췌(惴)는 지(之)와 서(瑞)의 반절이다. 효(憢)는 허(許)와 요(堯)의 반절이며, 본에 따라 또 효(嘵)로도 되어 있으나 음은 같다. 『자림』에 "구(懼)이다"고 하였다. 살피건대, 『시경』에 "두려워하는 나의 소리로다"고 한 것이 이것 이다.

「秦風」「黃鳥」云 : "惴惴其慄." 「豳風」「鴟鴞」云 : "予維音嘵嘵." 此皆危恐懼戰也.

「진풍(秦風)」「황조(黃鳥)」에 "벌벌 떨고 있다"고 하였다. 「빈풍(豳風)」「치 효(鴟鴞)」에 "두려워하는 나의 소리로다"고 하였다. 이는 모두 두려워 떨 고 있는 모습이다.

番番·矯矯, 勇也.

파파(番番)·교교(矯矯)는 용(勇 : 용감한 모양)이다.

 皆壯勇之貌.

모두 씩씩하고 용감한 모습이다.

 番, 布何反. 『詩』云 : "申伯番番." 矯, 居兆反. 舍人云 : "矯矯, 得 勝之勇也." 『詩』云 : "矯矯虎臣."

파(番)는 포(布)와 하(何)의 반절이다. 『시경』에 "신백(申伯)이 용맹하다" 고 하였다. 교(矯)는 거(居)와 조(兆)의 반절이다. 사인(舍人)은 "교교(矯矯)는 승리할 수 있는 용기이다"고 하였다. 『시경』에 "용감한 무사들"이라 하 였다.

 「大雅」「崧高」云 : "申伯番番." 「魯頌」「泮水」云 : "矯矯虎臣." 此 皆武夫壯勇之貌.

「대아」「숭고(崧高)」에 "신백(申伯)이 용맹하다", 「노송(魯頌)」「반수(泮水)」 에 "용감한 무사들"이라 하였다. 이는 모두 무사(武士)들의 씩씩하고 용감 한 모습이다.

 桓桓·烈烈, 威也.

환환(桓桓)·열열(烈烈)은 위(威 : 용감한 모양)이다.

皆嚴猛之貌.

모두 위엄 있고 용맹스런 모습이다.

 皆威武嚴猛之貌.「周頌」「桓」篇云:“桓桓武王.”「小雅」「黍苗」云:“烈烈征師.”

모두 위엄과 용맹한 모습이다.「주송」「환(桓)」편에 “위엄스럽고 용맹한 무왕(武王)”이라 하였고,「소아」「서묘(黍苗)」에 “용맹스러이 가는 병사들”이라 하였다.

 洸洸·赳赳, 武也.

광광(洸洸)·규규(赳赳)는 무(武:굳센 모습)이다.

 皆果毅之貌.

모두 과감하고 굳센 모습이다.

 洸, 女皇反. 舍人本作僙, 音同. 赳, 居黝反.『說文』云:“輕勁有才也.”10)『詩』云:“赳赳武夫.”

---

10) 才也:段注本『설문』에는 ‘才力也’로 되어 있다.

광(洸)은 녀(女)와 황(皇)의 반절이다. 사인 본(本)에는 광(僙)으로 되어 있으며 음은 같다. 규(趫)는 거(居)와 요(勯)의 반절이다. 『설문』은 규(趫)에 대하여 "날래고 굳세며 재주가 있음이다"고 하였으며, 『시경』에 "굳세고 날랜 무사(武士)"라 하였다.

「大雅」「江漢」云 : "武夫洸洸." 「周南」「兎罝」云 : "趫趫武夫." 此皆武夫果毅之貌. 『左傳』: "殺敵爲果, 致果爲毅."

「대아」「강한(江漢)」에 "무사(武士)들이 굳세다"고 하였고, 『시경』「주남」「토저(兎罝)」에 "굳세고 날랜 무사(武士)"라 하였다. 이는 모두 무사들의 과감하고 굳센 모습이다. 『좌전』선공(宣公) 2년에 "적(敵)을 죽이는 것이 과(果)이고, 과(果)를 극치로 하는 것이 의(毅)이다"고 하였다.

藹藹・濟濟, 止也.

애애(藹藹)・제제(濟濟)는 지(止 : 행동거지)이다.

皆賢士盛多之容止.

모두 뛰어난 사람들의 성대한 행동거지이다.

爾雅
音義

藹, 烏害反. 濟, 咨禮反.

애(藹)는 오(烏)와 해(害)의 반절이다. 제(濟)는 자(咨)와 례(禮)의 반절이다.

 「大雅」「卷阿」云 : "藹藹王多吉士." 「小雅」「楚茨」云 : "濟濟蹌
蹌." 此皆王朝賢士盛多之容止也.

『시경』「대아」「권아(卷阿)」에 "성대하게 왕은 훌륭한 사람들이 많다"
고 하였고, 『시경』「소아」「초자(楚茨)」에 "위엄 있게 걸어간다"고 하였다.
이는 모두 왕의 조정에 있는 뛰어난 사람들의 성대한 행동거지이다.

 悠悠·洋洋, 思也.

유유(悠悠)·양양(洋洋)은 사(思 : 근심스런 생각)이다.

 皆憂思.

모두 근심스러운 생각이다.

悠, 音由. 洋, 音羊.

유(悠)는 음이 유(由)이다. 양(洋)은 음이 양(羊)이다.

「鄭風」「子衿」云 : "悠悠我思." 「邶風」「二子乘舟」云 : "中心養養." 此皆想念憂思也. 洋・養音義同. 又『中庸』云 : "齊明盛服, 以承祭祀, 洋洋乎如在其上, 如在其左右." 鄭玄云 : "洋洋, 人想思其傍僾之貌."

『시경』「정풍(鄭風)」「자금(子衿)」에 "근심스러운 나의 생각"이라 하였고,『시경』「패풍(邶風)」「이자승주(二子乘舟)」에는 "마음의 근심"이라 하였다. 이는 모두 생각이 근심스러운 것이다. 양(洋)・양(養)은 음의가 같다. 또『중용』에 "재계하고 명결히 하여 옷을 성대히 하고 제사를 지내니, 양양(洋洋)한 생각에 조상신이 위에 있는 것 같으며 좌우에 있는 것 같다"고 하였는데, 정현은 "양양(洋洋)은 사람이 그 곁에 어렴풋이 있는 듯함을 생각하는 모습이나"고 하였다.

 蹶蹶・踖踖, 敏也.

궤궤(蹶蹶)・적적(踖踖)은 민(敏 : 민첩하다)이다.

 皆便速敏捷也.

모두 신속하고 민첩함이다.

 蹶, 居衛反. 踖, 音夕, 又音籍. 便, 婢面反. 捷, 才接反.

궤(蹶)는 거(居)와 위(衛)의 반절이다. 적(踖)은 음이 석(夕), 또는 음이 적(籍)이다. 편(便)은 비(婢)와 면(面)의 반절이다. 첩(捷)은 재(才)와 접(接)의 반절이다.

 「唐風」「蟋蟀」云 : “良士蹶蹶.” 「小雅」「楚茨」云 : “執爨踖踖.” 此皆便速敏捷於事也.

「당풍(唐風)」「실솔(蟋蟀)」에 “뛰어난 병사들이 민첩하다”고 하였고, 「소아」「초자(楚茨)」에 “부엌 일 보는 것이 민첩하다”고 하였다. 이는 모두 일에 신속하고 민첩함이다.

 薨薨·增增, 衆也.

홍홍(薨薨)·증증(增增)은 중(衆 : 많은 모습)이다.

 皆衆夥之貌.

모두 매우 많은 모습이다.

 薨, 虎弘反, 顧舍人本作雄雄. 衆, 諸仲反. 夥, 戶果反. 『漢書』云 : “楚人謂多爲夥.”

홍(薨)은 호(虎)와 홍(弘)의 반절이다. 고야왕과 사인 본(本)에는 ‘웅웅(雄

雄'으로 되어 있다. 중(衆)은 제(諸)와 중(仲)의 반절이다. 과(夥)는 호(戶)와
과(果)의 반절이다. 『한서』에 "초(楚)나라 사람들은 많은 것을 일러 과(夥)라
한다"고 하였다.

 「周南」「螽斯」云 : "螽斯羽, 薨薨兮." 「魯頌」「閟宮」云 : "烝徒增
增." 此皆人物衆夥之貌. 楚人謂多爲夥.

「주남」「종사(螽斯)」에 "메뚜기가 많기도 하다"고 하였고, 「노송」「비궁
(閟宮)」에 "진격하는 병사들 많기도 하다"고 하였다. 이는 모두 사람이 매
우 많은 모습이다. 초(楚)나라 사람은 많은 것을 일러 과(夥)라 한다.

 烝烝 · 遂遂, 作也.

증증(烝烝) · 수수(遂遂)는 작(作 : 왕성하게 일어나다)이다.

 皆物盛興作之貌.

모두 사물이 왕성하게 일어나는 모습이다.

蒸, 諸仍反, 本今作烝. 作, 子洛反.

증(蒸)은 제(諸)와 잉(仍)의 반절이며, 어떤 본에는 지금 증(烝)으로 되어

있다. 작(作)은 자(子)와 락(洛)의 반절이다.

 皆物盛興作之貌也.「魯頌」「泮水」云 : "烝烝皇皇."

모두 사물이 왕성하게 일어나는 모습이다. 『시경』「노송(魯頌)」「반수(泮水)」에 "진격하며 나아간다"[11]고 하였다.

 委委・佗佗, 美也.

위위(委委)・타타(佗佗)는 미(美 : 아름다운 모습)이다.

 皆佳麗美艷之貌.

모두 곱고 아름다운 모습이다.

爾雅音義 委, 於危反.『詩』云 : "委委佗佗, 如山如河." 是也. 諸儒本並作禕, 於宜反. 舍人云 : "禕禕者, 心之美." 引『詩』云 : "亦作禕." 佗, 本或作它字, 徒河反. 顧・舍人引『詩』釋云 : "禕禕它它, 如山如河." 謝羊兒反.

---

11) 진격하며 나아간다 : 毛傳, 鄭箋, 集傳의 해석이 각각 다르다. 毛傳은 "烝烝, 厚也. 皇皇, 美也", 鄭箋은 "烝烝猶進進也. 皇皇作旺旺. 旺旺猶往往也", 集傳은 "烝烝皇皇, 盛也"라 하였다.

위(委)는 어(於)와 위(危)의 반절이다. 『시경』「용풍(鄘風)」「군자해로(君子偕老)」에 "위위타타, 여산여하(委委佗佗, 如山如河 : 아름답고 고우며, 산 같고 물 같다)"라 한 것이 이것이다. 제유(諸儒)들의 본(本)에는 모두 위(禕)로 되어 있으며, 어(於)와 의(宜)의 반절이다. 사인(舍人)은 "위위(禕禕)는 마음이 아름다운 것이다"고 하였으며 『시경』을 인용하여 "또한 위(禕)로 쓴다"고 하였다. 타(佗)는 본에 따라 타(它)자로 되어 있으며 도(徒)와 하(河)의 반절이다. 고야왕(顧野王)과 사인(舍人)은 『시경』「용풍(鄘風)」「군자해로(君子偕老)」를 인용하여 "위위타타, 여산여하(禕禕它它, 如山如河)"라 풀이하였다. 사교(謝嶠)는 양(羊)과 아(兒)의 반절이라 하였다.

 李巡曰 : "皆寬容之美也." 孫炎曰 : "委委, 行之美, 佗佗, 長之美." 『詩』「鄘風」「君子偕老」云 : "委委佗佗." 毛傳云 : "委委者, 行可委曲從迹也, 佗佗者, 德平易也." 是皆佳麗美艶之貌也.

이순은 "모두 인자한 얼굴빛이 아름다운 것이다"고 하였다. 손염은 "위위(委委)는 걸어가는 모습의 아름다움이고, 타타(佗佗)는 키 큰 모습의 아름다움이다"고 하였다. 『시경』「용풍(鄘風)」「군자해로(君子偕老)」에 "위위타타(委委佗佗)"라 하였다. 모전에 "위위(委委)는 걸어갈 때 성실하여 자취를 따라갈 수 있는 것이며, 타타(佗佗)는 덕이 평온한 것이다"고 하였으니, 이는 모두 곱고 아름다운 모습이다.

經文 恈恈・惕惕, 愛也.

지지(恈恈)・척척(惕惕)은 애(愛 : 근심하다)이다.

爾雅注　『詩』云 : “心焉惕惕.” 『韓詩』以爲悅人, 故言愛也. 怟怟未詳.

　　『시경』에 “마음으로 근심한다”고 하였는데, 『한시외전(韓詩外傳)』에 척척(惕惕)을 열인(悅人 : 사람을 기쁘게 하는 것이다)이라 하였기 때문에 애(愛)라고 말한 것이다. 지지(怟怟)는 미상이다.

爾雅音義　怟, 郭 : “徒啓反, 與愷・悌音同.” 顧・舍人渠支反. 李 : “余之反, 怟怟, 和適之愛也.” 惕, 他狄反.

　　지(怟)에 대하여 곽박은 “도(徒)와 계(啓)의 반절로 개(愷)・제(悌)와 음이 같다”고 하였다. 고야왕과 사인은 거(渠)와 지(支)의 반절이라 하였다. 이순(李巡)은 “여(余)와 지(之)의 반절이다. 지지(怟怟)는 온화한 마음이 가는 애틋함이다”고 하였다. 척(惕)은 타(他)와 적(狄)의 반절이다.

爾雅疏　李巡曰 : “怟怟, 和適之愛也.” ○ 注“『時』云 : 心焉惕惕”者, 「陳風」「防有鵲巢」文. 云“『韓詩』以爲悅人, 故言愛也”者, 燕人韓嬰爲『詩』作傳, 名曰『韓詩』. 以此惕爲悅人, 故言愛也.

　　이순은 “지지(怟怟)는 온화한 마음이 가는 애틋함이다”고 하였다. ○ 주에서 인용한 『시경』의 “심언척척(心焉惕惕)”은 「진풍(陳風)」「방유작소(防有鵲巢)」의 글이다. 『한시』의 “이위열인, 고언애야(以爲悅人, 故言愛也)”는 연(燕)나라 사람인 한영(韓嬰)이 『시경』에 전(傳)을 지은 것을 『한시(韓詩)』라 하는데, 이 척(惕)을 열인(悅人)으로 여겼기 때문에 애(愛)라고 말한 것이다.

 偁偁・格格, 舉也.

칭칭(偁偁)・격격(格格)은 거(舉 : 들다)이다.

 皆舉持物.

모두 사물을 들어서 잡는 것이다.

 偁, 尺仍反, 本亦作稱, 同.

칭(偁)은 척(尺)과 잉(仍)의 반절이다. 본에 따라 칭(稱)으로 되어 있는데 음의가 같다.

 皆謂舉持物也.

모두 사물을 들어서 잡는 것을 말한다.

 蓁蓁・孽孽, 戴也.

진진(蓁蓁)・얼얼(孽孽)은 대(戴 : 머리에 얹다)이다.

皆頭戴物.

모두 머리로 물건을 얹는 것이다.

 蓁, 郭側巾反, 又子人反. 孽, 魚謁反, 又五葛反.

진(蓁)에 대하여 곽박은 측(側)과 건(巾)의 반절, 또는 자(子)와 인(人)의 반절이라 하였다. 얼(孽)은 어(魚)와 알(謁)의 반절, 또는 오(五)와 갈(葛)의 반절이다.

 「周南」「桃夭」云: "其葉蓁蓁." 「衛風」「碩人」云: "庶姜孽孽." 此皆頭戴物, 婦人盛飾貌.

『시경』「주남」「도요(桃夭)」에 "그 잎이 무성하다"고 하였고, 『시경』「위풍(衛風)」「석인(碩人)」에 "여러 강(姜)씨 여인들이 성대하게 꾸몄다"고 하였다. 이는 모두 머리에 물건을 이고 있는 것으로, 부인이 성대하게 꾸민 모습이다.

 厭厭・媞媞, 安也.

염염(厭厭)・제제(媞媞)는 안(安: 편안하고 자상한 모습)이다.

皆好人安詳之容.

모두 사랑하는 사람의 안온하고 자상(仔詳)한 모습이다.

 懕, 於占反. 『說文』云 : "安靜也."[12) 媞, 徒低反.

염(懕)은 어(於)와 점(占)의 반절이다. 『설문』에는 염(懕)에 대해 "안정(安靜)함이다"고 하였다. 제(媞)는 도(徒)와 저(低)의 반절이다.

「秦風」「小戎」云 : "厭厭良人." 毛傳云 : "厭厭, 安靜也." 孫炎曰 : "媞媞, 行步之安也." 「魏風」「葛屨」云 : "好人提提." 毛傳云 : "提提, 安諦." 謂行步安舒而審諦也. 此皆好人安詳之容也.

『시경』「진풍(秦風)」「소융(小戎)」에 "염염양인(厭厭良人 : 편안하고 조용한 님)"이라 하였는데, 모전(毛傳)에 "염염(厭厭)은 안정(安靜)함이다"고 하였다. 손염은 "제제(媞媞)는 걸음걸이가 편안한 것이다"고 하였다. 『시경』「위풍(魏風)」「갈구(葛屨)」에 "호인제제(好人提提 : 사랑하는 님이 편안히 걷는다)"라 하였는데, 모전에 "제제(提提)는 편안하고 자세한 모습이다"고 하였으니, 걸음걸이가 편안하고 자상한 것을 말한다. 이는 모두 사랑하는 님이 편안하고 자상한 모습이다.

---

12) 安靜也 : 段注本 『설문』에는 '靜'이 없다.

 祁祁·遲遲, 徐也.

기기(祁祁)·지지(遲遲)는 서(徐 : 더디다)이다.

 皆安徐.

모두 편안하고 더딘 것이다.

 祁, 巨移反.

기(祁)는 거(巨)와 이(移)의 반절이다.

 皆安徐也.「豳風」「七月」云 : "春日遲遲, 采繁祁祁."

모두 편안하고 더딘 것이다.「빈풍(豳風)」「칠월(七月)」에 "봄날이 느리게 가니, 흰 쑥도 느긋이 캔다"고 하였다.

 丕丕·簡簡, 大也.

비비(丕丕)·간간(簡簡)은 대(大 : 많고도 크다)이다.

 皆多大.

모두 많고도 큼이다.

 丕, 本或作㔻, 同, 普悲反.

비(丕)는 본에 따라 비(㔻)로도 되어 있으나 음의가 같으며, 보(普)와 비(悲)의 반절이다.

 『書』「立政」云 : "以並受此丕丕基." 「周頌」「執競」云 : "降福簡簡." 是皆多大之稱.

『서경』「주서(周書)」「입정(立政)」에 "모두 이 크고도 큰 기업(基業)을 받았다"고 하였고, 「주송(周頌)」「집경(執競)」에 "복을 내림이 크다"고 하였다. 이는 모두 많고도 크다는 명칭이다.

 存存·萌萌, 在也.

존존(存存)·맹맹(萌萌)은 재(在 : 있다)이다.

 萌萌, 未見所出.

맹맹(萌萌)은 출전(出典)을 보지 못하였다.

 萌, 郭武耕反. 施亡13)朋反. 字或作蕄.

맹(萌)에 대하여 곽박은 무(武)와 경(耕)의 반절이라 하였다. 시건(施乾)은
망(亡)과 붕(朋)의 반절이라 하였다. 글자를 간혹 맹(蕄)으로도 쓴다.

 謂存在也. 『易』「繫辭」云 : "成性存存." 萌萌, 『字書』作蕄, 『說
文』作蕄, 郭云 : "未見所出."

존재함을 말한다. 『주역』「계사전상(繫辭傳上)」에 "성품을 이루어 보존
하고 있다"이라 하였다. 맹맹(萌萌)은 『자서』에 맹(蕄)으로 되어 있고, 『설
문』에서는 맹(蕄)으로 되어 있으며, 곽박은 "출전(出典)을 보지 못하였다"
고 하였다.

 楙楙 · 慔慔, 勉也.

무무(楙楙) · 모모(慔慔)는 면(勉 : 힘쓰다)이다.

 皆自勉强.

---

13) 亡 : 『釋文』에는 '云'으로 되어 있으나 『爾雅考林』「音義考證」에 따라 고쳤다.

모두 스스로 힘쓰는 것이다.

 懋, 古茂字. 愗, 音暮, 亦作慕. 强, 其丈反.

무(懋)는 무(茂)의 고자(古字)이다. 모(愗)는 음이 모(暮)인데 역시 모(慕)로
도 쓴다. 강(强)은 기(其)와 장(丈)의 반절이다.

 皆自勉强也.『書』曰 : "懋哉懋哉." 愗與慕同.

모두 스스로 힘쓰는 것이다.『서경』「고요모(皐陶謨)」에 "힘쓰고 힘쓴
다"고 하였다. 모(愗)는 모(慕)와 같다.

 庸庸・慅慅, 勞也.

용용(庸庸)・소소(慅慅)는 노(勞 : 수고하다. 애쓰다)이다.

 皆劬勞也.

모두 수고함이다.

庸, 音容. 慅, 郭騷·草·蕭·三音.

용(庸)은 음이 용(容)이다. 소(慅)에 대하여 곽박은 소(騷)·초(草)·소(蕭)로
음이 셋이라고 하였다.

 皆劬勞也. 有功庸者, 皆勞也. 「小雅」「巷伯」云: "勞人草草." 毛
傳云: "草草, 勞心也." 又「陳風」「月出」云: "勞心慅兮." 慅·草
音義同.

모두 힘들여 수고함이다. 일이 있는 자는 모두 수고한다. 「소아」「항백
(巷伯)」에 "노인초초(勞人草草: 열심히 일하는 사람은 애를 태운다)"라고 하였는
데, 모전에 "초초(草草)는 마음을 수고롭게 함이다"고 하였다. 또 「진풍(陳
風)」「월출(月出)」에 "노심소혜(勞心慅兮: 마음 고생으로 근심한다)"고 하였다.
소(慅)·초(草)는 음의가 같다.

 赫赫·躍躍, 迅也.

혁혁(赫赫)·약약(躍躍)은 신(迅: 빠르다)이다.

 皆盛疾之貌.

모두 매우 빠른 모습이다.

赫, 郭音釋. 舍人本 : "作奭, 失石反." 『說文』云 : "奭, 盛也." 謝
許格反. 躍, 余斫反. 樊本作濯, 引『詩』釋云 : "濯濯厥靈."

혁(赫)에 대하여 곽박은 음을 석(釋)이라고 하였다. 사인본에는 "석(奭)으
로 되어 있으며, 실(失)과 석(石)의 반절이다"고 하였다. 『설문』에는 "석(奭)
은 성(盛 : 성대하다)이다"고 하였다. 사교(謝嶠)는 허(許)와 격(格)의 반절이라
하였다. 약(躍)은 여(余)와 작(斫)의 반절이다. 번광 본에는 탁(濯)으로 되어
있으며, 『시경』「상송(商頌)」「은무(殷武)」의 "탁탁궐령(濯濯厥靈 : 빠르고 빠른
그 영험)"을 인용하여 풀이하였다.

孫炎云 : "赫赫, 顯著之迅." 「大雅」「常武」云 : "赫赫業業." 毛
傳云 : "赫赫然盛也." 「巧言」詩云 : "躍躍毚兎." 是皆顯盛迅疾
之貌.

손염은 "혁혁(赫赫)은 현저하게 빠른 것이다"고 하였다. 『시경』「대아」
「상무(尙武)」에 "혁혁업업(赫赫業業 : 빠르고 위대한 모습)"이라 하였는데, 모전
에는 "빠르고 성대한 모습이다"고 하였다. 『시경』「소아」「교언(巧言)」에
는 "약약참토(躍躍毚兎 : 빠르고 교활한 토끼)"라 하였다. 이는 모두 뛰어나게
빠른 모습이다.

 綽綽・爰爰, 緩也.

작작(綽綽)・원원(爰爰)은 완(緩 : 느긋하다)이다.

皆寬緩也. 悠悠・偁偁・丕丕・簡簡・存存・懋懋・庸庸・綽綽,
盡重語.

모두 너그럽고 느긋함이다. 유유(悠悠)・칭칭(偁偁)・비비(丕丕)・간간(簡
簡)・존존(存存)・무무(懋懋)・용용(庸庸)・작작(綽綽)은 모두 중첩어(重疊語)
이다.

皆寬緩也.「小雅」「角弓」云 : "綽綽有裕." 毛傳云 : "綽綽, 寬也."
「王風」「兔爰」云 : "有兔爰爰." 毛傳云 : "爰爰, 緩意." 郭云 : "悠
悠・偁偁・丕丕・簡簡・存存・懋懋・庸庸・綽綽, 盡重語"者. 言此數
字, 單言之, 其義亦同. 但古人有重語者, 故復出之.

모두 느긋하다는 뜻이다. 『시경』「소아」「각궁(角弓)」에 "작작유유(綽綽
有裕 : 느긋하여 여유가 있다)"라 하였는데, 모전(毛傳)에는 "작작(綽綽)은 느긋
한 것이다"고 하였다. 『시경』「왕풍」「토원(兔爰)」에 "유토원원(有兔爰爰 :
토끼가 느리게 간다)"이라 하였는데, 모전에 "원원(爰爰)은 느리다는 뜻이다"
고 하였다. 곽박은 "유유(悠悠)・칭칭(偁偁)・비비(丕丕)・간간(簡簡)・존존
(存存)・무무(懋懋)・용용(庸庸)・작작(綽綽)은 모두 중첩어(重疊語)이다"고
하였다. 말하자면 이 여러 글자들은 한 글자14)로 말하더라도 그 의미는
역시 같다. 다만 옛 사람들은 중첩어가 있었기 때문에 중복해서 나타낸
것이다.

---

14) 한 글자 : 예를 든다면 存存, 簡簡, 綽綽 등에서 存, 簡, 綽만을 말해도 의미는 같다
는 뜻이다.

 坎坎 · 墫墫, 喜也.

감감(坎坎) · 준준(墫墫)은 희(喜 : 기쁘다)이다.

 皆鼓舞懽喜.

모두 북을 치고 춤추며 기뻐하는 것이다.

 坎, 苦感反. 墫, 七旬反. 舍人云 : "舞貌." 毛傳同. 郭云 : "謂鼓舞歡喜也." 『說文』云 : "墫, 士舞也."15) 宜從士尊也. 本或作蹲, 同.

감(坎)은 고(苦)와 감(感)의 반절이다. 준(墫)은 칠(七)과 순(旬)의 반절이다. 사인은 "춤추는 모습이다"고 하였으며, 모전도 같다. 곽박은 "북을 치고 춤추며 기뻐하는 것을 말한다"고 하였다. 설문에 "준(墫)은 사(士)의 춤이다"고 하였으니, 의당 사(士 : 선비)와 준(尊 : 술동이)을 따라야 한다.16) 본에 따라 준(蹲)으로 되어 있는데 음의가 같다.

 皆鼓舞懽喜也.「小雅」「伐木」云 : "坎坎鼓我, 蹲蹲舞我." 鄭箋云 : "爲我擊鼓坎坎然, 爲我興舞蹲蹲然. 謂以樂樂17)己也." 墫 · 蹲

---

15) 墫 : 段注本 『설문』에는 士部에 이 글자가 있는데, "墫, 士舞也. 從士尊聲"이라 하였다. 形聲으로 처리하여 士는 義符, 尊은 聲符가 된다.

16) 士와 …… 따라야 한다 : 墫을 士 · 尊이 결합된 會意로 설명한 것이다. 尊도 의미로 작용하는 것이다. 이 견해는 『說文詁林』「古本考」에 보인다. 形聲으로 처리하지 않은 것이다.

17) 樂樂 : 정전 音注에 "上音岳, 下音洛"이라 하여, '악락'으로 국음이 표음되고, 이에 따라 위의 '樂'자는 '음악', 아래 '樂'자는 '즐기다'로 번역된다.

音義同.

　모두 북을 치고 춤추며 기뻐하는 것이다. 『시경』「소아」「벌목」에 "둥둥 나를 위해 북을 치고, 너울너울 나를 위해 춤춘다"고 하였다. 정전에 "나를 위하여 둥둥 북을 치며, 나를 위해 흥겹게 너울너울 춤을 춘다. 악무로써 나를 즐겁게 하는 것을 말한다"고 하였다. 준(增)과 준(蹲)은 음의가 같다.

 瞿瞿·休休, 儉也.

　구구(瞿瞿)·휴휴(休休)는 검(儉:검소하다)이다.

 皆良士節儉.

　모두 어진 사람이 절약하여 검소한 것이다.

 瞿, 居具反. 休, 虛求反, 又虛虯反.

　구(瞿)는 거(居)와 구(具)의 반절이다. 휴(休)는 허(虛)와 구(求)의 반절, 또는 허(虛)와 규(虯)의 반절이다.

李巡曰 : "皆良士顧禮節之儉也." 「唐風」「蟋蟀」云 : "良士瞿瞿." 毛傳云 : "瞿瞿然顧禮義也." 又云 : "良士休休." 毛傳云 : "休休, 樂道之心." 皆良士節儉也.

이순은 "모두 어진 사람이 예절의 검소함을 살피는 것이다"라 하였다. 『시경』「당풍(唐風)」「실솔(蟋蟀)」에 "어진 사람이 검소하다"고 하였는데, 모전에 "검소하게 예의를 살피는 것이다"고 하였다. 또 "양사휴휴(良士休休 : 어진 사람이 도를 즐긴다)"라 하였는데, 모전에 "휴휴(休休)는 도(道)를 즐기는 마음이다"고 하였다. 모두 어진 사람이 절약하고 검소한 것이다.

旭旭・蹻蹻, 憍也.

욱욱(旭旭)・교교(蹻蹻)는 교(憍 : 교만하다)이다.

皆小人得志憍蹇之貌.

모두 소인이 제 마음대로 교만한 모습이다.

旭, 謝許玉反, 郭呼老反. 蹻, 郭居夭反. 案『詩』「小雅」: "小子蹻蹻."18) 音巨虐反, 今依『詩』讀. 憍, 九苗反.

욱(旭)에 대하여 사교는 허(許)와 옥(玉)의 반절이라 하였고, 곽박은 호(呼)

---

18) 小子蹻蹻 : 『시경집전대전』에는 「大雅」「板」편에 있다.

와 로(老)의 반절이라 하였다. 교(驕)에 대하여 곽박은 거(居)와 요(夭)의 반
절이라 하였다. 살펴건대, 『시경』「대아」「판(板)」에 "소자교교(小子嶠嶠 : 소
인이 교만하다)"에서 음(音)을 거(巨)와 학(虐)의 반절이라 하였으나, 지금은
『시경』에 따라 읽는다. 교(憍)는 구(九)와 묘(苗)의 반절이다.

 郭氏讀旭旭爲好好.「小雅」「巷伯」云 : "驕人好好." 鄭箋云 : "好好
者, 喜讒言之人也."「大雅」「板」篇云 : "小子嶠嶠." 毛傳云 : "嶠
嶠, 驕貌." 是皆小人得志憍寒之貌也.

　곽박은 욱욱(旭旭)을 호호(好好)라 읽었다. 『시경』「소아」「항백(巷伯)」에
"교인호호(驕人好好 : 교만한 사람과 讒言을 좋아하는 사람)"라 하였는데, 정전에
"호호(好好)는 참언(讒言)을 좋아하는 사람이다"고 하였다. 『시경』「대아」
「판」편에 "소자교교(小子嶠嶠)"라 하였는데, 모전에 "교교(嶠嶠)는 교만한
모양이다"고 하였다. 이는 모두 소인이 제 마음대로 교만한 모습이다.

 夢夢·訰訰, 亂也.

　몽몽(夢夢)·준준(訰訰)은 란(亂 : 몽매하다. 어지럽다)이다.

 皆闇亂.

　모두 몽매하여 어지러움이다.

夢, 亡工·亡棟二反, 沈施亡增反. 訰, 之閏·之屯二反, 或作諄, 音同. 顧舍人云: "夢夢·訰訰, 煩憒亂也."

몽(夢)은 망(亡)과 공(工), 망(亡)과 동(棟)으로 반절이 두 가지이다. 심선과 시건은 망(亡)과 증(增)의 반절이라 하였다. 준(訰)은 지(之)와 윤(閏), 지(之)와 둔(屯)으로 반절이 두 가지이며, 혹은 순(諄)으로도 쓰는데 음은 같다. 고야왕과 사인은 "몽몽(夢夢)과 준준(訰訰)은 번거롭고 어지러운 뜻이다"고 하였다.

孫炎曰: "夢夢, 昏昏之亂也." 「大雅」「抑」篇云: "視爾夢夢." 又曰: "誨爾諄諄." 皆是闇亂也. 訰·諄音義同.

손염은 "몽몽(夢夢)은 몽매하여 어지러운 것이다"고 하였다. 『시경』「대아」,「억(抑)」편에 "시이몽몽(視爾夢夢 : 너의 몽매함을 본다)"이라 하였고, 또 "회이순순(誨爾諄諄 : 너의 어리석음을 가르친다)"이라 하였다. 모두 몽매하여 어지러움이다. 준(訰)과 순(諄)은 음의가 같다.

懱懱·邈邈, 悶也.

박박(懱懱)·막막(邈邈)은 민(悶 : 번민하다)이다.

皆煩悶.

모두 번민함이다.

懆, 本又作譽, 蒲卓反, 又布卓反.『說文』云 : "大呼也, 自冤也."19)
邈, 亡角反.

박(懆)은 본에 따라 포(譽)로 되어 있으며, 포(蒲)와 탁(卓)의 반절, 또는
포(布)와 탁(卓)의 반절이다.『설문』은 포(譽)에 대하여 "크게 부르짖고 스스
로 원통해 하는 것이다"고 하였다. 막(邈)은 망(亡)과 각(角)의 반절이다.

懆懆, 煩悶也. 舍人曰 : "邈邈, 憂悶也." 「大雅」「抑」篇云 : "聽我
邈邈." 毛傳云 : "邈邈然不入也." 是皆煩悶之謂也.

박박(懆懆)은 번민함이다. 사인은 "막막(邈邈)은 근심하고 번민하는 것이
다"고 하였다.『시경』「대아」「억(抑)」편에 "청아막막(聽我邈邈 : 나의 말을 듣
기를 번민한다)"이라 하였는데, 모전에 "번민하여 말이 귀에 들어가지 못한
다"고 하였으니, 이는 모두 번민함을 이른다.

儚儚・個個, 惛也.

맹맹(儚儚)・회회(個個)는 혼(惛 : 어리석다)이다.

皆迷惛.

---

19) 大呼也, 自冤也 : 段玉裁의『說文解字注』에는 "大嘑自冤也"로 되어 있다.

모두 혼미하고 어리석음이다.

 儚, 字或作懜, 孫亡崩亡氷二反. 洄, 沈音回, 郭音韋. 『音義』云: "本或作禢,[20] 音韋." 案『字林』: "禢, 重衣貌, 于回反." 惛, 音昏.

몽(儚)은 글자를 혹 몽(懜)으로도 쓰는데, 손염은 망(亡)과 붕(崩), 망과 빙(氷)으로 두 가지의 반절이라 하였다. 회(洄)에 대하여 심선은 음을 회(回)라 하였고, 곽박은 음을 위(韋)라 하였다. 『음의』에 "본에 따라 위(禢)로도 쓰는데 음은 위(韋)이다"고 하였다. 살펴건대, 『자림』에 "위(禢)는 옷을 겹쳐 입은 모습이며, 우(于)와 회(回)의 반절이다"고 하였다. 혼(惛)은 음이 혼(昏)이다.

 皆迷亂惛惑也. 郭『音義』云: "個本作懰, 音韋."

모두 혼미하고 어리석음이다. 곽박의 『음의』에 "회(個)는 본에 따라 위(懰)로 되어 있는데, 음은 위(韋)이다"고 하였다.

 版版·盪盪, 僻也.

판판(版版)·탕탕(盪盪)은 벽(僻: 간사하고 편벽되다)이다.

---

20) 禢: 『釋文』에는 '懰'로 되어 있으나 『爾雅詁林』「音義考證」에 따라 고쳤다. 다음의 '禢'도 같다.

爾雅注 皆邪僻.

모두 간사하고 편벽함이다.

爾雅音義 版, 『詩』作板, 並如字. 李云 : "版版者; 失道之僻也." 蕩, 本或作盪, 徒朗反. 李云 : "蕩蕩者, 弗思之僻也." 僻, 匹亦反. 邪, 似嗟反.

판(版)은 『시경』에 판(板)으로 되어 있는데, 모두 여자(如字)이다. 이순은 "판판(版版)이란 도를 잃어 편벽된 것이다."고 하였다. 탕(蕩)은 본에 따라 탕(盪)으로 되어 있으며, 도(徒)와 랑(郞)의 반절이다. 이순은 "탕탕(蕩蕩)이란 생각하지 않아서 편벽된 것이다"고 하였다. 벽(僻)은 필(匹)과 역(亦)의 반절이다. 사(邪)는 사(似)와 차(嗟)의 반절이다.

爾雅疏 皆邪僻也. 李巡曰 : "版版, 失道之僻也. 盪盪者, 弗思之僻也." 「大雅」「板」篇云 : "上帝板板." 毛傳云 : "板板, 反也. 上帝以稱王者也." 鄭箋云 : "王爲政, 反先王與天之道." 又「蕩」篇云 : "蕩蕩上帝." 鄭箋云 : "蕩蕩, 法度廢壞之貌." 版·板, 盪·蕩, 音義同.

모두 간사하고 편벽됨이다. 이순은 "판판(版版)이란 도를 잃어 편벽된 것이고, 탕탕(盪盪)이란 생각하지 않아서 편벽된 것이다"고 하였다. 『시경』 「대아」, 「판」편에 "상제판판(上帝板板 : 왕이 선왕의 도를 배반하였다)"이라 하였다. 모전에 "판판(板板)은 배반함이다. 상제(上帝)는 왕을 일컫는 것이다"고 하였다. 정전에는 "왕이 정치를 함에 선왕과 하늘의 도를 배반한 것이다"고 하였다. 또 『시경』 「대아」, 「탕」편에 "탕탕상제(蕩蕩上帝 : 법도를 어긴 임금)"라 하였다. 정전에 "탕탕(蕩蕩)은 법도가 폐하여 무너진 모습이다"고 하였다. 판(版)・판(板), 탕(盪)・탕(蕩)은 음의가 같다.

爞爞・炎炎, 薰也.

충충(爞爞)・염염(炎炎)은 훈(薰 : 뜨겁다)이다.

皆旱熱薰炙人.

모두 가물고 뜨거워 사람을 찌는 것이다.

爾雅音義 爞, 郭徒冬反, 又直忠反. 炎, 于廉反. 薰, 本亦作燻, 或作薰, 許
云反. 炙, 之石反.

충(爞)에 대하여 곽박은 도(徒)와 동(冬)의 반절, 또는 직(直)과 충(忠)의 반
절이라 하였다. 염(炎)은 우(于)와 렴(廉)의 반절이다. 훈(薰)은 본에 따라 훈
(燻)으로 되어 있으며 혹은 훈(薰)으로 되어 있는데, 허(許)와 운(云)의 반절
이다. 적(炙)은 지(之)와 석(石)의 반절이다.

爾雅疏 皆旱熱之氣薰炙人也.「大雅」「雲漢」云 : "蘊隆蟲蟲." 毛傳云 : "蘊
蘊而暑, 隆隆而雷, 蟲蟲而熱." 又云 : "赫赫炎炎." 毛傳云 : "赫赫,
旱氣也. 炎炎, 熱氣也." 爞・蟲, 音義同.

모두 가물고 뜨거워 사람을 찌는 것이다. 『시경』 「대아」 「운한(雲漢)」에

"날씨가 덥고, 번개 치고, 뜨겁다"고 하였는데, 모전에 "찌는 듯이 덥고, 우르르 번개 치고, 타는 듯이 뜨겁다"고 하였다. 또 "혁혁염염(赫赫炎炎 : 가물어 뜨겁다)"이라 하였는데, 모전에 "혁혁은 한기(旱氣)이고, 염염(炎炎)은 열기(熱氣)이다"고 하였다. 충(爞)과 충(蟲)은 음의가 같다.

 居居・究究, 惡也.

거거(居居)・구구(究究)는 오(惡 : 미워하다)이다.

 皆相憎惡.

모두 서로 증오(憎惡)함이다.

 究, 九又反.

구(究)는 구(九)와 우(又)의 반절이다.

李巡曰 : "居居, 不狎習之惡." 孫炎曰 : "究究, 窮極人之惡."「唐風」「羔裘」云 : "羔裘豹袪, 自我人居居." 又曰 : "自我人究究." 毛傳曰 : "居居, 懷惡不相親比之貌, 究究猶居居也." 是皆相憎惡也.

이순은 "거거(居居)는 친하게 지내지 못하여 나오는 미움이다"고 하였다. 손염은 "구구(宛宛)는 남에게 궁극으로 하는 미움이다"고 하였다. 『시경』「당풍」「고구(羔裘)」편에 "고구표거, 자아인거거(羔裘豹祛, 自我人居居 : 양가죽에 표범 무늬로 소매를 장식한 옷을 입은 卿大夫를 우리는 미워한다)"라 하였고, 또 "자아인구구(自我人宛宛 : 우리는 미워한다)"라 하였는데, 모전에 "거거(居居)는 증오심을 품고 서로 친하지 않으려는 모습이며, 구구(宛宛)는 거거(居居)와 같다"고 하였다. 이는 모두 서로 증오하는 것이다.

 仇仇・敖敖, 傲也.

구구(仇仇)・오오(敖敖)는 오(傲 : 오만하다)이다.

 皆傲慢賢者.

모두 어진 이에게 오만(傲慢)한 것이다.

仇, 音求. 敖, 本又作螯, 又作囂, 同, 五高反. 傲, 本或作慠, 同, 五報反. 舍人本傲作毀, 釋云 : "仇仇, 無倫理之貌. 螯螯, 衆口毀人之貌." 李同.

구(仇)는 음이 구(求)이다. 오(敖)는 본에 따라 오(螯), 또 효(囂)로 되어 있는데 음의가 같으며, 오(五)와 고(高)의 반절이다. 오(傲)는 본에 따라 오(慠)로 되어 있는데 음의가 같으며, 오(五)와 보(報)의 반절이다. 사인본에는 오(傲)를 훼(毀)로 쓰고 풀이하기를, "구구(仇仇)는 윤리가 없는 모양이며, 오오(警警)는 여러 사람이 어떤 한 사람을 헐뜯는 모양이다"고 하였다. 이순(李巡)도 같다.

「小雅」「正月」云 : "執我仇仇." 毛傳云 : "仇仇猶警警也." 鄭箋云 : "王旣得我, 執留我, 其禮待我警警然, 亦不問我在位之功力. 言其有貪賢之名, 無用賢之實." 「大雅」「板」篇云 : "我卽爾謀, 聽我囂囂." 毛傳云 : "囂囂猶警警也." 鄭箋云 : "我就女而謀, 欲忠告以善道, 女反聽我言警警然不肯受." 是皆傲慢賢者. 敖・警・囂音義同.

『시경』「소아」「정월」에 "집아구구(執我仇仇 : 나를 붙잡고 거만하게 대한다)"라 하였는데, 모전에는 "구구(仇仇)는 오오(警警)와 같다"고 하였으며, 정전에는 "왕이 나를 얻고 나를 붙잡아 머무르게 한다. 그 예로 나를 대하는 것이 거만하고, 또 내가 벼슬자리에 있는 공로(功勞)를 묻지도 않으니, 어진 이를 탐낸다는 명분은 갖고 있지만 어진 이를 등용하려는 진실이 없음을 말한다"고 하였다. 『시경』「대아」「판(板)」편에 "아즉이모, 청아효효(我卽爾謀, 聽我囂囂 : 내가 너에게 나아가 일을 도모하려고 하는데 내 말을 거만하게 듣는다)"라 하였는데, 모전에는 "효효(囂囂)는 오오(警警)와 같다"고 하였으며, 정전에는 "내가 너에게 나아가 일을 도모하고 좋은 방법으로 충고하려 하는데, 너는 도리어 내 말을 거만하게 듣고 받아들이려 하지 않는다"고 하였다. 이는 모두 어진 자에게 거만하게 구는 것이다. 오(敖)・오(警)・효(囂)는 음의가 같다.

佌佌・瑣瑣, 小也.

차차(佌佌)・쇄쇄(瑣瑣)는 소(小 : 작다. 볼품 없다)이다.

 皆才器細陋.

모두 재주와 기량이 작고 옹졸한 것이다.

爾雅
音義
佌, 顧音此, 郭音徙, 謝音紫. 舍人云 : "形容小貌." 瑣, 星果反,
亦作瓅.

차(佌)에 대하여 고야왕은 음을 차(此)라 하였고, 곽박은 음을 사(徙)라
하였고, 사교는 음을 자(紫)라 하였다. 사인은 "외모가 작은 모습이다"고
하였다. 쇄(瑣)는 성(星)과 과(果)의 반절인데, 또한 쇄(瓅)로도 쓴다.

爾雅
疏
皆才器細陋也. 「小雅」「正月」云 : "佌佌彼有屋." 毛傳云 : "佌佌,
小也." 鄭箋云 : "此言小人富也." 舍人曰 : "瑣瑣, 計謀褊淺之貌."
「節南山」云 : "瑣瑣姻亞." 鄭箋云 : "瑣瑣婚姻, 妻黨之小人."

모두 재주와 기량이 작고 옹졸한 것이다. 「소아」 「정월(正月)」에 "차차
피유옥(佌佌彼有屋 : 소인배들 집을 가지고 있다)"이라 하였는데, 모전에 "차차
(佌佌)는 소(小)이다"고 하였으며, 정전에는 "이것은 소인(小人)이 부자가 된
것을 말한다"고 하였다. 사인은 "쇄쇄(瑣瑣)는 계획이 편협한 모습이다"고
하였다. 『시경』 「소아」 「절남산(節南山)」의 "쇄쇄인아(瑣瑣姻亞 : 보잘것없는
처갓집 친척들)"라 하였다. 정전에는 "잔다란 인척들은 처갓집의 소인들이
다"고 하였다.

 悄悄·慘慘, 慍也.

초초(悄悄)·참참(慘慘)은 온(慍 : 근심하다)이다.

 皆賢人愁恨.

모두 현인이 근심하고 한탄함이다.

 悄, 七小反. 慘, 七感反. 慍, 於問反.

초(悄)는 칠(七)과 소(小)의 반절이다. 참(慘)은 칠(七)과 감(感)의 반절이다. 온(慍)은 어(於)와 문(問)의 반절이다.

 慍, 恨怒也. 皆賢人愁恨也. 「邶風」「柏舟」云 : “憂心悄悄, 慍于群小.” 毛傳云 : “慍, 怒也. 悄悄, 憂貌.” 李巡曰 : “慘慘, 憂之慍.” 「大雅」「抑」篇云 : “我心慘慘.” 毛傳云 : “慘慘, 憂不樂也.”

온(慍)은 원통해하면서 성냄이다. 모두 현인이 근심하고 한탄함이다. 『시경』 「패풍(邶風)」 「백주(柏舟)」에 “우심초초, 온우군소(憂心悄悄, 慍于群小 : 마음이 근심스러움은 소인배들에게 노여움을 입어서이다)”라 하였는데, 모전에 “온(慍)은 노(怒 : 성내다)이다. 초초(悄悄)는 근심하는 모습이다”고 하였다. 이순은 “참참(慘慘)은 근심 속의 노여워함이다”고 하였다. 『시경』 「대아」 「억(抑)」편에 “아심참참(我心慘慘 : 내 마음 근심스럽다)”이라 하였는데, 모전에 “참참(慘

慘)은 근심하여 즐겁지 않은 것이다"고 하였다.

瘝瘝・瘐瘐, 病也.

관관(瘝瘝)・유유(瘐瘐)는 병(病 : 병들다)이다.

皆賢人失志, 懷憂病也.

모두 현인이 뜻을 잃고 근심을 품어 병이 난 것이다.

瘝, 郭古卵反, 又古玩反. 瘐, 羊主反, 又羊朱反, 本今作㾋.

관(瘝)에 대하여 곽박은 고(古)와 란(卵)의 반절, 또는 고(古)와 완(玩)의 반
절이라 하였다. 유(瘐)는 양(羊)과 주(主)의 반절, 또는 양(羊)과 주(朱)의 반절
인데, 어떤 본에는 지금 유(㾋)로 되어 있다.

「小雅」「杕杜」云 : "四牡瘝瘝." 毛傳云 : "瘝瘝, 罷貌." 又「大雅」
「板」篇云 : "靡聖管管." 毛傳云 : "管管, 無所依也." 「小雅」「正月」
云 : "憂心愈愈." 毛傳云 : "愈愈, 憂懼也." 皆賢人失志, 懷憂病也.

『시경』「소아」「체두(杕杜)」에 "사모관관(四牡瘝瘝 : 네 마리의 숫소가 피로하
다"이라 하였는데, 모전에 "관관(瘝瘝)은 피로한 모습이다"고 하였다. 또

『시경』「대아」「판(板)」편에 "미성관관(靡聖管管 : 왕이 성인의 도가 없어 의지할
바가 없다)"[21]이라 하였는데, 모전에 "관관(管管)은 의지할 바가 없음이다"
고 하였다. 『시경』「소아」「정월(正月)」에 "우심유유(憂心愈愈 : 마음이 근심되
어 괴롭다)"라 하였는데, 모전에는 "유유(愈愈)는 근심하여 두려워함이다"고
하였다. 모두 현인(賢人)이 뜻을 잃고 근심을 품어 괴로워함이다.

 殷殷・惇惇・忉忉・慱慱・欽欽・京京・忡忡・慅
慅・炳怲・弈弈, 憂也.

은은(殷殷)・경경(惇惇)・도도(忉忉)・단단(慱慱)・흠흠(欽欽)・경경(京京)・
충충(忡忡)・철철(慅慅)・병병(炳怲)・혁혁(弈弈)은 우(憂 : 근심하다)이다.

 此皆作者歌事以詠心憂.

이는 모두 작자가 일을 노래로 불러 마음의 근심을 읊은 것이다.

殷, 於斤反, 樊光於謹反. 惇, 本或作𢥘, 巨營反. 忉, 都勞反. 慱,
徒端反, 施逋莫反, 郭徂兗徂沿反. 忡, 恥忠反. 慅, 丁劣反. 怲,
彼病反. 弈, 音亦.

은(殷)은 어(於)와 근(斤)의 반절인데, 번광은 어(於)와 근(謹)의 반절이라
하였다. 경(惇)은 본에 따라 경(𢥘)으로 되어 있는데 거(巨)와 영(營)의 반절

---

21) 왕이 …… 없다 : 鄭箋의 "王無聖人之法度, 管管然以心自恣"와 孔穎達疏의 "旣無聖
法, 故知無所依系"를 따랐다.

이다. 도(刀)는 도(都)와 로(勞)의 반절이다. 단(慱)은 도(徒)와 단(端)의 반절인데, 시건은 포(逋)와 막(莫)의 반절이라 하였고, 곽박은 조(徂)와 연(兗), 조(徂)와 연(沿)의 반절이라 하였다. 충(忡)은 치(恥)와 충(忠)의 반절이다. 철(惙)은 정(丁)과 열(劣)의 반절이다. 병(怲)은 피(彼)와 병(病)의 반절이다. 혁(弈)은 음이 역(亦)이다.

「小雅」「正月」云:"憂心慇慇." 毛傳云:"慇慇然痛也." 又云:"憂心惸惸." 毛傳云:"惸惸, 憂意也." 「檜風」「羔裘」云:"勞心忉忉." 鄭箋云:"三諫不從, 待放而去. 思君如是, 心忉忉然." 又「素冠」云:"勞心慱慱." 毛傳云:"慱慱, 憂勞也." 「秦風」云:"憂心欽欽." 毛傳云:"思望之, 心中欽欽然." 「小雅」「正月」云:"憂心京京." 毛傳云:"京京, 憂不去也." 「召南」「草蟲」云:"未見君子, 憂心忡忡." 毛傳云:"忡忡猶衝衝也." 鄭箋云:"未見君子者, 謂在塗時也. 在塗而憂, 憂不當君子, 無以寧父母, 故心衝衝然." 又曰:"憂心惙惙." 毛傳云:"惙惙, 憂也." 「小雅」「頍弁」云:"憂心怲怲." 毛傳云:"怲怲, 憂盛滿也." 又云:"憂心弈弈." 毛傳云:"弈弈然無所薄也." 此皆作者歌事以詠心憂也.

『시경』「소아」「정월」에 "우심은은(憂心慇慇: 근심하는 마음이 아프다)"이라 하였는데, 모전에 "쓰리게 아프다"고 하였다. 또 "우심경경(憂心惸惸: 걱정하는 마음이 근심스럽다)"이라 하였는데, 모전에 "경경(惸惸)은 근심하는 뜻이다"고 하였다. 『시경』「회풍(檜風)」「고구(羔裘)」에 "노심도도(勞心忉忉: 고생스런 마음에 근심스럽다)"라 하였는데, 정전에 "세 번 간해도 따르지를 않아, 추방당하여 떠나기를 기다린다. 임금을 생각함이 이와 같아 마음이 근심스럽다"고 하였다. 또 『시경』「회풍」「소관(素冠)」에 "노심단단(勞心慱慱: 고생스런 마음 근심스럽다)"이라 하였는데, 모전에 "단단(慱慱)은 근심하고 수고로운 것이다"고 하였다. 『시경』「진풍(秦風)」「신풍(晨風)」에 "우심흠흠(憂心欽欽: 걱정하는 마음이 근심스럽다)"이라 하였는데, 모전에 "임금을 그리워한

나머지 마음이 근심스럽다"고 하였다. 『시경』「소아」「정월」에 "우심경경
(憂心京京 : 걱정하는 마음이 근심스럽다)"이라 하였는데, 모전에 "경경(京京)은
근심이 떠나지 않는 것이다"고 하였다. 『시경』「소남」「초충(草蟲)」에 "미
견군자, 우심충충(未見君子, 憂心忡忡 : 군자를 보지 못해 걱정하는 마음이 근심스럽
다)"이라 하였는데, 모전에 "충충(忡忡)은 충충(衝衝)과 같다"고 하였다. 정
전에는 "미견군자(未見君子)는 길에 있을 때를 말한다. 길에 있으면서 근심
하는데, 군자를 만나지 못하여 부모를 편안히 할 수 없음을 근심한다. 그
러므로 마음이 뒤숭숭하다"고 하였다. 또 「초충」에 "우심철철(憂心惙惙 : 걱
정하는 마음이 근심스럽다)"이라 하였는데, 모전에 "철철(惙惙)은 우(憂)이다"고
하였다. 『시경』「소아」「기변(頍弁)」에 "우심병병(憂心怲怲 : 걱정하는 마음이
근심스럽다)"이라 하였는데, 모전에 "병병(怲怲)는 근심이 가득찬 것이다"고
하였다. 또 「기변」에 "우심혁혁(憂心弈弈 : 걱정하는 마음이 근심스럽다)"이라 하
였는데, 모전에 "혁혁연(弈弈然)은 마음 둘 곳이 없는 것이다"고 하였다. 이
는 모두 작자가 일을 노래함으로써 마음의 근심을 읊은 것이다.

 畇畇, 田也.

균균(畇畇)은 전(田 : 개간하다)이다.

 言墾辟也.

개간함을 말한다.

畇, 本或作畇. 郭音巡, 沈居賓反, 謝蘇旬反. 『字林』云 : "均均,
田也." 又羊倫反. 墾, 苦很反. 『蒼頡篇』云 : "耕也." 『廣雅』云 :
"治也." 辟, 婢亦反, 開也.

균(畇)은 본에 따라 균(畇)으로 되어 있다. 곽박은 음을 순(巡), 심선은 거
(居)와 빈(賓)의 반절, 사교는 소(蘇)와 순(旬)의 반절이라 하였다. 『자림』은
"균균(均均)은 개간하는 것이다"고 하였다. 또 양(羊)과 륜(倫)의 반절이다.
간(墾)은 고(苦)와 흔(很)의 반절이다. 『창힐편(蒼頡篇)』에 "경(耕 : 밭 갈다)이
다"고 하였다. 『광아』에는 "치(治 : 다스리다)이다"고 하였다. 벽(辟)은 비(婢)
와 역(亦)의 반절로 개(開 : 개간하다)라는 뜻이다.

謂耕墾開辟土田畇畇然也. 「小雅」「信南山」云 : "畇畇原隰." 毛
傳云 : "畇畇, 墾辟貌."

토지를 갈아 개간하여 밭이 일궈진 것을 말한다. 『시경』 「소아」 「신남
산(信南山)」에 "균균원습(畇畇原隰 : 낮고 습한 땅을 개간한다)"이라 하였는데,
모전에 "균균(畇畇)은 개간한 모습"이라 하였다.

畟畟, 耜也.

측측(畟畟)은 사(耜 : 보습이 날카롭다)이다.

言嚴利.

매우 날카로움을 말한다.

 畟, 楚力反, 字或作稷. 耜, 音似.

측(畟)은 초(楚)와 력(力)의 반절인데, 글자를 혹 직(稷)으로도 쓴다. 사(耜)는 음이 사(似)이다.

 舍人曰 : "畟畟, 耜入地之貌." 「周頌」「良耜」云 : "畟畟良耜, 俶載南畝." 毛傳云 : "畟畟猶測測也." 鄭箋云 : "良, 善也. 農人測測, 以利善之耜, 熾菑是南畝也." 是言耜之嚴利也.

사인은 "측측(畟畟)은 보습이 땅에 들어가는 모습이다"고 하였다. 『시경』「주송(周頌)」「양사(良耜)」에 "측측양사, 숙재남무(畟畟良耜, 俶載南[22]畝 : 날카로운 좋은 보습으로 비로소 앞 밭에서 일한다)"라 하였다. 모전에 "측측(畟畟)은 측측(測測)과 같다"고 하였으며, 정전에 "양(良)은 선(善 : 좋다)이다. 농부가 쟁기 날을 예리하게 갈아 그 잘 드는 보습으로 이 앞 밭을 불태워 일구는 것이다"고 하였다. 이는 보습이 매우 날카로움을 말하는 것이다.

郝郝, 耕也.

---

22) 南 : 『광주천자문』과 『석봉천자문』에는 "南, 앏남"이라고 하여, 南을 '앞'으로 풀이하였다.

석석(郝郝)은 경(耕 : 밭을 갈다)이다.

 言土解.

흙이 풀어지는 것을 말한다.

 郝, 音釋, 又呼各反. 解, 音蟹.

석(郝)은 음이 석(釋), 또 호(呼)와 각(各)의 반절이다. 해는 음이 해(蟹)이다.

 謂耕地, 其土解散郝郝然也.「周頌」「載芟」云 : "其耕澤澤." 鄭箋
云 : "土氣烝達而和, 耕之則澤澤然解散." 郝郝·澤澤並音釋, 其
義亦同.

땅을 경작함을 말하는데, 그 흙이 풀어 흩어져 서걱서걱한 것이다. 『시
경』「주송」「재삼(載芟)」에 "갈아 서걱서걱하다"고 하였는데, 정전에는 "땅
기운이 따뜻하게 되어 올라가 흙을 부드럽게 하는데, 이를 갈면 서걱서걱
풀리어 흩어지는 것이다"고 하였다. 석석(郝郝)·석석(澤澤)은 모두 음이 석
(釋)이고, 그 의미 역시 같다.

經文 繹繹, 生也.

역역(繹繹)은 생(生 : 자라다)이다.

 言種調.

자라는 것이 고름을 말한다.

 繹, 音亦. 種, 之用反.23)

역(繹)은 음이 역(亦)이다. 종(種)은 지(之)와 용(用)의 반절이다.

 舍人云 : "穀皆生之貌." 「載芟」云 : "驛驛其達". 毛傳云 : "達, 射
也." 鄭箋云 : "達, 出地也." 是言其種調勻, 皆出地而生也. 繹與
驛音義同.

　사인은 "곡식이 모두 자라는 모습이다"고 하였다. 『시경』「주송」「재삼
(載芟)」에 "역역기달(驛驛其達 : 무럭무럭 그 땅을 뚫고 나온다)"이라 하였다. 모
전에 "달(達)은 역(射 : 이어지다)이다"고 하였으며, 정전에 "달(達)은 땅에서
나오는 것이다"고 하였다. 이는 자라는 것이 고르게 되어 모두 땅을 뚫고
나옴을 말한다. 역(繹)은 역(驛)과 음의가 같다.

---

23) 種, 之用反 : 去聲으로 읽으라는 뜻이다. '성장하다', '번식하다'는 등의 의미이다.
　　'씨'라는 種子·種類 등의 명사로 쓰일 경우는 上聲이다.

 穟穟, 苗也.

수수(穟穟)는 묘(苗 : 싹이 무성하다)이다.

 言茂好也.

무성하고 아름다움을 말한다.

 穟, 郭音遂 『說文』云 : “禾垂之貌.”

수(穟)에 대하여 곽박은 음을 수(遂)라 하였다. 『설문』에는 “벼가 드리워진 모양이다”고 하였다.

 「大雅」「生民」云 : “禾役穟穟.” 毛傳云 : “役, 列也. 穟穟, 苗好美也.” 是言茂好也.

『시경』「대아」「생민(生民)」에 “화역수수(禾役穟穟 : 벼이삭 줄지은 모습 무성하다)”고 하였는데, 모전에는 “역(役)은 렬(列 : 줄짓다)이다. 수수(穟穟)는 이삭이 아름다운 것이다”고 하였다. 이는 무성하고 아름다움을 말한다.

 緜緜, 穮也.

면면(緜緜)은 표(穮 : 김매다)이다.

言芸精.

김매는 것이 꼼꼼함을 말한다.

緜, 彌延反. 穮,『字書』昨穮, 同, 方遙反, 耘也.『字林』云:"耕禾
間也."『左傳』云:"譬如農夫, 是穮是蓘." 是也.『說文』云:"穮,
耨鋤田也." 芸, 字亦作耘, 同, 音云.

면(緜)은 미(彌)와 연(延)의 반절이다. 표(穮)는『자서』에 표(穮)라 쓰였는데
음의가 같으며, 방(方)과 요(遙)의 반절로 김맨다는 뜻이다.『자림』에는 "벼
와 벼 사이를 김매는 것이다"고 하였다.『좌전』소공(昭公) 원년에 "비유
하면 농부가 김을 매고 흙을 잘 북돋아주는 것과 같다"고 한 것이 이것이
다.『설문』에 "표(穮)는 밭에서 김매는 것이다"고 하였다. 운(芸)은 글자를
또 운(耘)으로 쓰는데 음의가 같으며 음은 운(云)이다.

孫炎云:"緜緜, 言詳密也."「載芟」云:"緜緜其麃." 毛傳云:"麃,
耘也."『說文』云:"穮, 耨鋤田也."『字林』云:"穮, 耕禾間也." 是
言芸耨精也. 穮·麃, 耘·芸音義同.

손염은 "면면(緜緜)은 자세하고 촘촘함을 말한다"고 하였다.『시경』「주
송」「재삼(載芟)」에 "면면기포(緜緜其麃 : 꼼꼼히 김맨다)"라 하였다. 모전에는
"표(麃)는 김매는 것이다"고 하였다.『설문』에는 "표(穮)는 밭에서 김매는
것이다"고 하였다.『자림』에는 "표(穮)는 벼와 벼 사이를 김매는 것이다"
고 하였다. 이는 김매기를 꼼꼼히 함을 말한다. 표(穮)·표(麃), 운(耘)·운

(芸)은 음의가 같다.

 挃挃, 穫也.

질질(挃挃)은 확(穫:벼 베는 소리)이다.

 刈禾聲.

벼 베는 소리이다.

 栗栗, 衆也.

율율(栗栗)은 중(衆:쌓아 둔 것이 많다)이다.

 積聚緻.

쌓아 모아 둔 것이 치밀하다.

 挃, 郭丁秩反. 『小爾雅』云:"截穎謂之挃." 穫, 戶郭反. 刈, 魚廢反. 衆, 諸仲反. 緻, 直吏反.

질(挃)에 대하여 곽박은 정(丁)과 질(秩)의 반절이라 하였다. 『소이아』에
는 "벼이삭을 자르는 것을 질(挃)이라 한다"고 하였다. 확(檴)은 호(戶)와 곽
(郭)의 반절이다. 예(刈)는 어(魚)와 폐(廢)의 반절이다. 중(衆)은 제(諸)와 중
(仲)의 반절이다. 치(緻)는 직(直)과 리(吏)의 반절이다.

 孫炎云 : "挃挃, 穫聲也." 李巡曰 : "栗栗, 積聚之衆也." 「良耜」
云 : "穫之挃挃, 積之栗栗." 毛傳 : "挃挃, 穫聲也. 栗栗, 衆多也."
『小爾雅』云 : "截穎謂之挃." 故郭云 : "刈禾聲"·"積聚緻"也. 緻謂密也.

손염은 "질질(挃挃)은 벼 베는 소리이다"고 하였다. 이순은 "율율(栗栗)
은 쌓아 모은 것이 많은 것이다"고 하였다. 『시경』「주송」「양사(良耜)」에
는 "확지질질, 적지율율(穫之挃挃, 積之栗栗 : 싹뚝싹뚝 벼를 베어 겹겹이 쌓아둔
다)"이라 하였는데, 모전에 "질질(挃挃)은 벼 베는 소리이고 율율(栗栗)은 많
음이다"고 하였다. 『소이아』에 "벼이삭을 자르는 것을 질(挃)이라 한다"고
하였다. 그러므로 곽박이 "예화성(刈禾聲)·적취치(積聚緻)"라고 하였다. 치
(緻)는 밀(密 : 치밀하다)을 말한다.

 溞溞, 淅也.

소소(溞溞)는 석(淅 : 쌀을 이는 소리)이다.

 洮米聲.

쌀을 이는 소리이다.

 烰烰, 烝也.

부부(烰烰)는 증(烝 : 김이 나오는 모양)이다.

 氣出盛.

증기가 나오는 것이 성한 것이다.

소(滫)에 대하여 곽박은 소(蘇)와 도(刀)의 반절이라고 하였다. 『시경』에
"석지소소(淅之滫滫 : 슥슥 쌀을 씻는다)"고 하였다. 사교는 소(所)와 류(留)의
반절이라고 하였다. 석(淅)은 소(蘇)와 력(歷)의 반절이다. 조(洮)는 도(徒)와
도(刀)의 반절인데, 조(洮)는 석(淅)과 같다. 부(烰)에 대하여 여침(呂忱)과 곽
박은 모두 음이 부(浮), 또는 부(符)와 표(彪)의 반절이라고 하였다. 『시경』
에는 부(浮)로 되어 있다. 증(烝)은 지(之)와 승(升)의 반절이다.

「大雅」「生民」云: "釋之叟叟, 烝之浮浮." 毛傳云: "釋, 淅米也.
叟叟, 聲也. 浮浮, 氣也." 鄭箋云: "釋之烝之, 以爲酒及簠簋之實.” 故郭云 : “洮米聲”・“氣出聲”也. 溞・叟音異義同. 浮・烰音義同.

『시경』「대아」「생민(生民)」에 “석지수수, 증지부부(釋之叟叟, 烝之浮浮 : 슥슥 쌀을 일고, 푹푹 쌀을 찐다)”라 하였는데, 모전에 “석(釋)은 쌀을 이는 것이다. 수수(叟叟)는 소리이다. 부부(浮浮)는 증기(김)이다”고 하였다. 정전에는 “쌀을 씻어 쪄서 술과 제기(祭器)에 담을 음식을 만든다”고 하였다. 그러므로 곽박은 “조미성(洮米聲)・기출성(氣出盛)”이라고 하였다. 소(溞)・수(叟)는 음은 다르나 뜻은 같다. 부(浮)・부(烰)는 음의가 같다.

 俅俅, 服也.

구구(俅俅)는 복(服 : 복장을 차리다)이다.

 謂戴弁服.

작변(爵弁)[24] 복장(服裝)을 머리에 씀을 말한다.

 俅, 音求, 本亦作絿, 同. 戴, 丁代反. 弁, 音卞.

구(俅)는 음이 구(求)인데, 본에 따라 또 구(絿)로 되어 있으나 음의가 같다. 대(戴)는 정(丁)과 대(代)의 반절이다. 변(弁)은 음이 변(卞)이다.

―――――――――――――――――――――――

24) 爵弁 : 冠의 한 가지. 면류관과 비슷하나 旒가 없다.

「周頌」「絲衣」云 : "載弁俅俅." 毛傳云 : "俅俅, 恭順貌." 鄭箋云 :
"載猶戴也. 弁, 爵弁也. 爵弁而祭於王, 士服也." 故郭云 : "謂戴
弁服."

『시경』 「주송」 「사의(絲衣)」에 "재변구구(載弁俅俅 : 관을 쓴 모습 공손하다)"
라 하였는데, 모전에 "구구(俅俅)는 공손한 모습이다"고 하였다. 정전에는
"재(載)는 대(戴 : 쓰다)와 같다. 변(弁)은 작변(爵弁)이다. 작변을 쓰고서 왕에
게 제사를 지내니, 사(士)의 복장(服裝)이다"고 하였다. 그러므로 곽박은
"위대변복(謂戴弁服)"이라 하였다.

峨峨, 祭也.

아아(峨峨)는 제(祭 : 제사지낼 때의 장엄한 모습)이다.

謂執圭璋助祭.

규(圭)와 장(璋)을 잡고 제사를 돕는 것을 말한다.

璋, 音章.

장(璋)은 음이 장(章)이다.

 「大雅」「棫樸」云 : "奉璋峨峨." 毛傳云 : "半珪曰璋, 峨峨, 盛壯
也." 鄭箋云 : "璋, 璋瓚也. 祭祀之禮, 王祼以圭瓚, 諸臣助之, 亞
祼以璋瓚, 奉璋之儀峨峨然." 故郭云 : "執圭璋助祭"也.

『시경』「대아」「역복(棫樸)」에 "봉장아아(奉璋峨峨 : 璋을 받들어 올리는 것이
장엄하다)"라 하였는데, 모전에 "반규(半圭)[25]를 장(璋)이라고 한다. 아아(峨
峨)는 성대하고 장엄한 모습이다"고 하였다. 정전에는 "장(璋)은 장찬(璋
瓚)[26]이다. 제사의 예(禮)에 있어 왕이 규찬(圭瓚)[27]으로써 강신제를 지낼
때, 여러 신하들은 그것을 돕는다. 장찬(璋瓚)을 가지고서 두 번째 강신제
를 지낼 때 장찬을 받들고 있는 거동이 성대하고 장엄하다"고 하였다. 그
러므로 곽박이 "집규장조제(執圭璋助祭)"라 하였다.

 鍠鍠, 樂也.

황황(鍠鍠)은 악(樂 : 종과 북 소리)이다.

 鐘鼓音.

종과 북의 소리이다.

---

25) 半圭 : 끝의 반을 깎아 뾰족하게 한 圭.
26) 璋瓚 : 옛날 제사를 지낼 때 울창주를 담는 그릇. 璋으로 자루를 만들며 降神祭를 지
    낼 때 사용한다. 천자는 圭瓚을 잡고 제후나 大宗은 璋瓚을 잡는다.
27) 圭瓚 : 종묘의 제사에 쓰는 祭器. 울창주를 담는 그릇이며 천자만이 사용한다.

鍠, 胡光反. 樂, 如字

황(鍠)은 호(胡)와 광(光)의 반절이다. 악(樂)은 여자(如字)이다.

「周頌」「執競」云 : "鐘鼓喤喤." 毛傳云 : "喤喤, 和也." 鄭箋云 :
"武王旣定天下, 祭祖考之廟, 奏樂而八音克諧."『字書』云 : "鍠
鍠, 樂之聲也." 故郭云 : "鐘鼓音." 喤・鍠音義同.

『시경』「주송」「집경(執競)」에 "종고황황(鐘鼓喤喤 : 종과 북 소리 조화롭다)"
이라 하였는데, 모전에 "황황(喤喤)은 조화로운 소리이다"고 하였다. 정전
에는 "무왕(武王)이 천하를 평정하고 나서 조상의 종묘에 제사를 지낼 때
음악을 연주하니, 팔음(八音)이 잘 조화를 이루었다"고 하였다. 『자서』에
"황황(鍠鍠)은 악기의 연주소리이다"고 하였다. 그러므로 곽박이 "종고음
(鐘鼓音)"이라고 하였다. 황(喤)・황(鍠)은 음의가 같다.

 穰穰, 福也.

양양(穰穰)은 복(福 : 복이 많다)이다.

 言饒多.

넉넉하게 많음을 말한다.

 穰, 而羊反.

양(穰)은 이(而)와 양(羊)의 반절이다.

 「執競」云 : "降福穰穰." 毛傳云 : "穰穰, 衆也." 鄭箋云 : "神與之福, 又衆大, 謂如嘏辭也." 是言得福饒多也.

『시경』「주송」「집경(執競)」에 "강복양양(降福穰穰 : 복을 내림이 많다)"이라 하였는데, 모전에 "양양(穰穰)은 중(衆 : 많다)이다"고 하였다. 정전에는 "신(神)이 복을 내려줌에 또한 많으면서도 크다. 하사(嘏辭)[28]와 같은 것을 말한다"고 하였다. 이는 복을 얻음이 많음을 말한 것이다.

 子子孫孫, 引無極也.

자자손손(子子孫孫)은 인무극(引無極 : 이어짐이 끝이 없다)이다.

 世世昌盛長無窮.

대대로 번창하고 길이 끝이 없음이다.

---

28) 嘏辭 : 문체의 명칭. 제사지낼 때 복을 주인에게 내리는 말. 제사 끝 부분에 嘏辭式이 있다.

引, 余忍余愼二反, 引長多也.

인(引)은 여(余)와 인(忍), 여(余)와 신(愼)으로 반절이 두 가지인데, 끌어가고 길게 함이 많음이다.

 "子子孫孫", 「小雅」 「楚茨」 文也. "引無極也"者, 作者所以釋之也. 舍人曰: "子孫長行美道, 引無極也." 郭云: "世世昌盛長無窮."

"자자손손(子子孫孫)"은 『시경』 「소아」 「초자(楚茨)」의 글이다. 인무극(引無極)은 작자(作者)[29]가 풀이한 것이다. 사인은 "자손들이 길이 아름다운 도를 행하여 이어짐이 끝이 없다"고 하였다. 곽박은 "세세창성장무궁(世世昌盛長無窮)"이라 하였다.

 顒顒卬卬, 君之德也.

옹옹앙앙(顒顒卬卬)은 군지덕(君之德: 임금의 덕)이다.

 道人君者之德望.

임금의 덕망을 말한다.

---

29) 作者: 『爾雅』를 지은 원작자.

顒, 魚恭反. 卬, 五剛反, 郭魚殃反.

옹(顒)은 어(魚)와 공(恭)의 반절이다. 앙(卬)은 오(五)와 강(剛)의 반절인데, 곽박은 어(魚)와 앙(殃)의 반절이라 하였다.

 此道人君之德望也. "顒顒卬卬",「大雅」「卷阿」文也. "君之德也" 者, 作者釋之也. 案『詩』云: "顒顒卬卬, 如圭如璋, 令聞令望." 毛傳云: "顒顒, 溫貌. 卬卬, 盛貌." 鄭箋云: "令, 善也. 王有賢臣, 與之以 禮義相切瑳, 體貌則顒顒然敬順, 志氣則卬卬然高朗, 如玉之圭璋也. 人 聞之則有善聲譽, 人望之則有善威儀, 德行相副."

이것은 임금의 덕망을 말한다. "옹옹앙앙(顒顒卬卬 : 온화하고 성대하시다)" 은 『시경』「대아」「권아(卷阿)」의 글이다. "군지덕야(君之德也)"는 작자가 풀이한 것이다. 살피건대, 『시경』에 "옹옹앙앙, 여규여장, 영문영망(顒顒卬 卬, 如圭如璋, 令聞令望 : 온화하고, 성대한 모습은 규(圭) 같고 장(璋) 같으며 좋은 명 성 좋은 덕망을 가졌다)"이라 하였는데, 모전에 "옹옹(顒顒)은 온화한 모습이 며 앙앙(卬卬)은 성대한 모습이다"고 하였다. 정전에는 "령(令)은 선(善 : 아 름답다)이다. 왕에게 어진 신하가 있어 그와 함께 예절·의리를 닦는다. 외모는 온화하게 공손한 모습이며, 기상은 성대하게 고상하고 밝다. 마 치 옥으로 만든 규(圭)와 장(璋) 같다. 사람들이 들으니 좋은 명성이 있으 며, 사람들이 바라보니 좋은 행동 있다. 덕과 행실이 서로 부합한다"고 하였다.

 丁丁·嚶嚶, 相切直也.

정정(丁丁)·앵앵(嚶嚶)은 상절직(相切直 : 서로 절차탁마하여 바르게 하다)이다.

 丁丁, 砍30)木聲. 嚶嚶, 兩鳥鳴, 以喩朋友切磋相正.

정정(丁丁)은 나무를 베는 소리이다. 앵앵(嚶嚶)은 두 마리의 새가 정답게 우는 소리로서 벗이 절차탁마하여 서로 바로잡아 줌을 비유한 것이다.

丁, 豬耕反. 嚶, 烏耕反. 斫, 音灼. 磋, 七何反.

정(丁)은 저(豬)와 경(耕)의 반절이다. 앵(嚶)은 오(烏)와 경(耕)의 반절이다. 작(斫)은 음이 작(灼)이다. 차(磋)는 칠(七)과 하(何)의 반절이다.

直猶正也. 「小雅」「伐木」云 : “伐木丁丁, 鳥鳴嚶嚶.” 鄭箋云 : “昔日未居位, 在農之時, 與友生於山巖伐木, 爲勤苦之事, 猶以道德相切正也.” 故郭云 : “丁丁, 伐木聲. 嚶嚶, 兩鳥鳴, 以喩朋友切磋相正.”

직(直)은 정(正)과 같다. 『시경』「소아」「벌목(伐木)」에 "벌목정정, 조명앵앵(伐木丁丁, 鳥鳴嚶嚶 : 나무 찍는 소리 떵떵, 새 지저귀는 소리 앵앵하다)"이라 하였는데, 정전에 "지난날에 벼슬하지 않고 농사일을 하고 있을 때 벗과 함

---

30) 砍 : 『釋文』과 『이아고림』「郭注」에는 '斫'으로 되어 있다.

께 산에서 나무를 베며 고생하던 일은 마치 도덕으로써 서로 절차탁마하여 바르게 하는 것과 같다"고 하였다. 그러므로 곽박이 "정정(丁丁)은 나무를 찍는 소리이고, 앵앵(嚶嚶)은 두 마리의 새가 우는 것으로써 벗이 절차탁마하여 서로 바로잡아 줌을 비유한 것이다"고 하였다.

 藹藹‧萋萋, 臣盡力也. 噰噰‧喈喈, 民協服也.

애애(藹藹)‧처처(萋萋)는 신진력(臣盡力 : 신하가 힘을 다 바치다)이다. 옹옹(噰噰)‧개개(喈喈)는 민협복(民協服 : 백성이 협력하여 복종하다)이다.

 梧桐茂, 賢士衆, 地極化, 臣竭忠. 鳳凰應德鳴相和, 百姓懷附興頌歌.

오동나무가 무성하며, 현명한 인재가 많으며, 땅은 변화를 다하고, 신하는 충성(忠誠)을 다한다. 봉황이 덕(德)에 감응하여 지저귀어 서로 화답하며, 백성이 복종하여 찬송하는 노래를 부른다.

 藹, 於蓋反. 萋, 七西反. 盡, 咨31)忍反. 噰, 本或作雍, 又作廱, 同, 於恭反. 喈, 古諧反. 應, 音膺.

애(藹)는 어(於)와 개(蓋)의 반절이다. 처(萋)는 칠(七)과 서(西)의 반절이다. 진(盡)은 자(咨)와 인(忍)의 반절이다. 옹(噰)은 본에 따라 옹(雍), 또는 옹(廱)으로 되어 있는데 음의가 같으며, 어(於)와 공(恭)의 반절이다. 개(喈)는 고

---

31) 咨:『釋文』에는 '苦'로 되어 있으나,『이아고림』「陸音義」에 따라 고쳤다.

(古)와 해(諧)의 반절이다. 응(應)은 음이 응(膺)이다.

 「大雅」「卷阿」云 : "藹藹王多吉士." 鄭箋云 : "王之朝多善士藹藹然." 又云 : "菶菶萋萋, 雝雝喈喈." 毛傳云 : "梧桐盛也, 鳳皇鳴也, 臣竭其力, 則地極其化; 天下化洽, 則鳳皇樂德." 鄭箋云 : "菶菶萋萋, 喻君德盛也. 雝雝喈喈, 喻民臣和協." 是皆臣下盡力, 民人協服也. 故郭云 : "梧桐茂, 賢士衆, 地極化, 臣竭忠", "鳳皇應德鳴相和, 百姓懷附興頌歌"也.

『시경』 「대아」 「권아(卷阿)」에 "애애왕다길사(藹藹王多吉士 : 왕에게는 어진 선비가 많아 진력한다)"고 하였다. 정전에는 "왕의 조정에 어진 사람이 많아 진력한다"고 하였다. 또 "봉봉처처, 옹옹개개(菶菶萋萋, 雝雝喈喈 : 숲이 우거진 곳에 새 소리 울려 퍼진다)"고 하였다. 모전에는 "오동(梧桐)이 무성하니 봉황이 운다. 신하가 힘을 다하니, 땅이 그 변화를 다한다. 천하가 화합하니, 봉황이 덕을 즐긴다"고 하였다. 정전에는 "봉봉처처(菶菶萋萋)는 임금의 덕이 성대함을 비유한 것이며, 옹옹개개(雝雝喈喈)는 백성과 신하가 화합하고 협력하는 것을 비유한 것이다"고 하였다. 이는 모두 신하가 진력하고 백성이 협력하여 따르는 것이다. 그러므로 곽박이 "오동나무가 무성하니, 현명한 인재가 많다. 땅이 그 변화를 다하니, 신하는 충성(忠誠)을 다한다"고 하였으며, "봉황이 덕(德)에 감응하여 지저귀어 서로 화답하며, 백성이 복종하여 찬송하는 노래를 부른다"고 하였다.

佻佻・契契, 愈遐急也.

조조(佻佻)・결결(契契)은 유하급(愈遐急: 더욱 멀어져 급박하다)이다.

爾雅注 賦役不均, 小國困竭, 賢人憂歎, 遠益急切.

부역(賦役)이 고르지 못하여 소국(小國)이 곤란하여, 현인이 근심하고 탄식함이 더욱 급박하고 절실하다.

爾雅音義 佻, 徒彫反. 『詩』云: "佻佻", 獨行歎息也. 契, 苦結反. 『詩』云: "契契"字又作苦計反. 愈, 本或作愈, 同, 瑜庚二音. 竭, 本又作巨列反.

조(佻)는 도(徒)와 조(彫)의 반절이다. 『시경』에서 말한 "조조(佻佻)"는 혼자 가면서 탄식하는 것이다. 결(契)은 고(苦)와 결(結)의 반절이다. 『시경』에서 말한 "결결(契契)"은 글자를 또 고(苦)와 계(計)의 반절로도 쓴다. 유(愈)는 본에 따라 유(愈)로 되어 있는데 음의가 같으며 유(瑜)와 유(庚)로 음이 두 가지이다. 갈(竭)은 본에 따라 또 거(巨)와 열(列)의 반절로도 쓴다.

爾雅疏 愈, 益也. 遐, 遠也. 謂賦役不均, 小國困竭. 賢人憂歎, 遠益急切也. 「小雅」「大東」云: "糾糾葛屨, 可以履霜. 佻佻公子, 行彼周行." 毛傳云: "佻佻, 獨行貌. 公子, 譚公子也." 鄭箋云: "葛屨, 夏屨也. 周行, 周之列位也. 言時財貨盡, 雖公子衣屨不能順時, 乃夏之葛屨, 今以履霜. 送轉餫, 因見使行. 周之列位者,[32] 而發幣焉. 言雖困乏, 猶不得止." 又云: "契契寤歎, 哀我憚人." 毛傳云: "契契, 憂苦也." 鄭箋云: "今譚大夫, 契契憂苦而寤歎. 哀其民人之勞苦." 是也.

---

32) 今以履霜 …… 周之列位者: 대본에는 "今以履霜送轉餫. 因見使行周之列位者"로 되어 있으나 표점본 『시경』에 따라 고쳤다.

유(愈)는 익(益 : 더욱)이다. 하(遐)는 원(遠 : 멀다)이다. 부역(賦役)이 고르지 못해 소국(小國)이 곤란하여 현인이 근심하고 탄식함이 더욱 급박하고 절실하다. 『시경』 「소아」 「대동(大東)」에 "규규갈구, 가이리상. 조조공자, 행피주항(糾糾葛屨, 可以履霜. 佻佻公子, 行彼周行 : 얼크러진 칡 신발, 서리를 밟아야만 하는구나. 홀로 가는 공자는 저 주나라 관직을 수행한다)"[33]이라 하였는데, 모전에 "조조(佻佻)는 홀로 가는 모습이다. 공자(公子)는 담(譚)나라 공자(公子)이다"고 하였고, 정전에는 "갈구(葛屨)는 하구(夏屨 : 여름 신발)이다. 주항(周行)은 주(周)나라 작위(爵位)이다. 당시에 재화(財貨)가 다하여 비록 공자(公子)의 옷과 신발이라도 때에 맞지 않아서 여름의 갈구(葛屨)로 지금 서리를 밟는다. 양식을 실어 보내는데, 이에 의하여 사신 감을 보였다. 주나라의 작위에 있는 사람이 폐백을 보내니, 비록 곤핍(困乏)하더라도 오히려 그칠 수 없음을 말한 것이다"고 하였다. 또 "계계오탄, 애아탄인(契契寤歎, 哀我憚人 : 고생하여 자나깨나 탄식하니, 우리 고생하는 백성들 불쌍하다)"이라 하였는데, 모전에 "계계(契契)는 근심하고 괴로워하는 것이다"고 하였고, 정전에는 "지금 담(譚)나라 대부(大夫)가 근심하고 괴로워하여 자나깨나 탄식하니,[34] 그 수고하는 백성을 불쌍히 여긴 것이다"고 한 것이 이것이다.

宴宴・粲粲, 尼居息也.

연연(宴宴)・찬찬(粲粲)은 닐거식(尼居息 : 근처에서 편안히 휴식하다)이다.

---

33) 저 주나라 …… 수행한다 : 집전은 "周行, 大路也. …… 奔走往來"라고 하여, '저 큰 길을 간다'로 번역된다.
34) 자나깨나 탄식하니 : 孔穎達 疏의 "寤寐之中嗟嘆"을 따랐다.

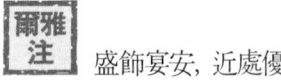 盛飾宴安, 近處優閑.

성대히 꾸미고 편안하게 근처에서 한가롭게 지내는 것이다.

宴, 烏殿烏顯二反. 粲, 七旦反. 尼, 女乙反, 謝羊而反, 又奴啓反. 飾, 音式. 處, 音杵. 閑, 音閒.

연(宴)은 오(烏)와 전(殿), 오(烏)와 현(顯)으로 반절이 두 가지이다. 찬(粲)은 칠(七)과 단(旦)의 반절이다. 닐(尼)은 녀(女)와 을(乙)의 반절인데, 사교(謝嶠)는 양(羊)과 이(而)의 반절, 또는 노(奴)와 계(啓)의 반절이라고 하였다. 식(飾)은 음이 식(式)이다. 처(處)는 음이 저(杵)이다. 한(閑)은 음이 한(閒)이다.

尼, 近也. 謂宴安盛飾, 近處優閑也.「小雅」「北山」: "或燕燕居息." 毛傳云: "燕燕, 安息貌." 又「大東」云: "東人之子, 職勞不來. 西人之子, 粲粲衣服." 毛傳云: "東人, 譚人也. 來, 勤也. 西人, 京師人也. 粲粲, 鮮盛也." 鄭箋云: "職, 主也. 東人勞苦而不見謂勤,[35] 京師人衣服鮮潔而逸豫, 言王政偏甚也."

닐(尼)은 친근함이다. 편안히 성대하게 꾸미고 근처에서 한가롭게 지내는 것이다. 『시경』 「소아」 「북산(北山)」에 "혹연연거식(或燕燕居息 : 어떤 이는 편안히 휴식하며 지낸다)"이라 하였는데, 모전에 "연연(燕燕)은 편안히 쉬는 모습이다"고 하였다. 또 『시경』 「소아」 「대동(大東)」에는 "동인지자, 직로불래. 서인지자, 찬찬의복(東人之子, 職勞不來. 西人之子, 粲粲衣服 : 동쪽 지역 사람들은 오로지 수고해도 부지런하다는 소리 듣지 못하고, 서쪽의 서울 사람들은 화려하

---

35) 勤 : 대본에는 없으나 十三經注疏本 『毛詩正義』의 鄭箋에 따라 삽입하였다.

게 옷을 입고 편안히 지낸다"이라 하였는데, 모전에 "동인(東人)은 담인(譚人 : 담나라 사람)이다. 래(來)는 근(勤 : 부지런하다)이다. 서인(西人)은 경사인(京師人 : 서울 사람)이다. 찬찬(粲粲)은 곱고 성한 모습이다"고 하였고, 정전에는 "직(職)은 '오로지'이다. 동인(東人)은 애써 일하면서도 부지런하다는 말을 듣지 못하고, 경사인(京師人)의 의복은 곱고 깨끗하면서도 편안히 즐기고 있다. 왕정(王政)이 매우 편파적임을 말한 것이다"고 하였다.

 哀哀‧悽悽, 懷報德也.

애애(哀哀)‧처처(悽悽)는 회보덕(懷報德 : 은덕에 보답하기를 생각하다)이다.

 悲苦征役, 思所生也.

정역(征役)[36]을 슬퍼하고 괴로워하며, 부모를 생각하는 것이다

爾雅音義 悽, 郭本或作萋, 同, 古兮反. 苦, 如字, 又丘故反. 思, 息嗣反, 郭音如字.

처(悽)에 대하여 곽박은 본에 따라 처(萋)로 되어 있으나 음의가 같으며 고(古)와 혜(兮)의 반절이라고 하였다. 고(苦)는 여자(如字), 또는 구(丘)와 고(故)의 반절이다. 사(思)는 식(息)과 사(嗣)의 반절인데, 곽박은 음을 여자(如

---

36) 征役 : 賦稅와 徭役. 즉 국가에서 세금을 거두는 일과 국민에게 勞役을 부과하는 일. 여기서는 徭役의 뜻으로 볼 수 있는데 변방 국경 지역에 수자리 서거나 성을 쌓는 일 등으로 이해된다.

字)라고 하였다.[37]

爾雅疏 懷, 思也. 悲苦征役, 思報父母之德也. 「小雅」「蓼莪」云 : "哀哀
父母, 生我劬勞." 鄭箋云 : "哀哀者, 恨不得終養父母, 報其生長
己之苦." 郭音云 : "悽本或作㥆." 「出車」云 : "赫赫南仲, 薄伐西戎. 春日
遲遲, 卉木萋萋." 是也. 言以此征役, 故思所生也. 所生謂父母.

회(懷)는 생각함이다. 정역(征役)을 슬퍼하고 괴로워하며 부모의 은덕에
보답할 것을 생각함이다. 『시경』「소아」「육아(蓼莪)」에 "애애부모, 생아구
로(哀哀父母, 生我劬勞 : 불쌍하고 불쌍하신 부모님, 나를 낳으시느라 애쓰셨다)"라 하
였는데, 정전에 "애애(哀哀)는 끝까지 부모를 봉양하여 자기를 낳고 길러
주신 노고에 보답하지 못한 것을 한스러워하는 것이다"고 하였다. 곽박의
『음의』에는 "처(悽)는 본에 따라 처(㥆)로 되어 있다"고 하였는데, 『시경』
「소아」「출거(出車)」에 "혁혁남중, 박벌서융. 춘일지지, 훼목처처(赫赫南仲,
薄伐西戎. 春日遲遲, 卉木萋萋 : 빛나는 南仲이 잠깐 西戎을 정벌한다. 봄날이 더디니
초목이 무성하다)"라고 한 것이 이것이다. 이 정역(征役) 때문에 부모님을 생
각한 것을 말한다. 소생(所生)은 부모를 말한다.

 儵儵 · 嘒嘒, 罹禍毒也.

숙숙(儵儵) · 혜혜(嘒嘒)는 리화독(罹禍毒 : 재앙을 만나다)이다.

---

37) 思는 息과 …… 如字라 하였다 : 息과 嗣의 반절은 去聲으로 뜻이 '생각'이고, 如字
는 平聲으로 뜻이 '생각하다'이다. 따라서 곽박 주의 '思所生也'는 如字 즉 '생각하다'
로 풀이해야 한다.

悼王道穢塞, 羨蟬鳴自得, 傷己失所, 遭讒賊.

왕도(王道)가 더럽혀지고 막힌 것을 슬퍼하고, 매미가 자유롭게 우는 것을 부러워하며, 자신의 자리를 잃고서 비방 당한 것을 마음 아파한다.

儵, 郭徒的反, 顧舒育反. 樊本作攸, 引『詩』云 : "攸攸我思." 嘒, 虎惠反. 罹, 力支反. 悼, 音盜. 己, 音紀.

숙(儵)에 대하여 곽박은 도(徒)와 적(的)의 반절, 고야왕(顧野王)은 서(舒)와 육(育)의 반절이라 하였다. 번광본에는 유(攸)로 되어 있는데『시경』의 "유유아사(攸攸我思38) : 아득하고 아득한 내 그리움)"을 인용하였다. 혜(嘒)는 호(虎)와 혜(惠)의 반절이다. 리(罹)는 력(力)과 지(支)의 반절이다. 노(悼)는 음이 도(盜)이다. 기(己)는 음이 기(紀)이다.

罹, 遭也.「小雅」「小弁」云 : "踧踧周道, 鞠爲茂草." 毛傳云 : "踧踧, 平易也. 周道, 周室之通道. 鞠, 窮也." 鄭箋云 : "此喩幽王信褒姒之讒, 亂其德政, 使不通於四方." 又曰 : "菀彼柳斯, 鳴蜩嘒嘒." 毛傳云 : "蜩, 蟬也. 嘒嘒, 聲也." 鄭箋云 : "柳木茂盛, 則多蟬." 案『詩』敍云 : "「小弁」, 刺幽王也. 太子之傅作焉." 毛傳云 : "幽王取申女, 生太子宜咎. 又說褒姒, 生子伯服. 立以爲后, 而放宜咎, 將殺之." 故郭云 : "悼王道穢塞, 羨蟬鳴自得, 傷己失所, 遭讒賊." 儵・踧並音狄.

리(罹)는 조(遭 : 만나다)이다.『시경』「소아」「소반(小弁)」에 "축축주도, 국위무초(踧踧周道, 鞠爲茂草 : 평탄한 주나라의 길, 막혀서 무성한 풀이되었다)"라 하

---

38) 悠悠我思 :「邶風」「終風」・「邶風」「雄雉」・「鄭風」「子衿」・「秦風」「渭陽」에 나온다.

였는데, 모전에 "축축(踧踧)은 평이(平易)함이다. 주도(周道)는 주 왕실로 통하는 길이다. 국(鞠)은 궁(窮 : 궁극)이다"고 하였고, 정전에는 "이것은 유왕(幽王)이 포사(襃姒)의 참언(讒言)을 믿고 도덕 정치를 어지럽혀 사방으로 통하지 못하도록 한 것을 비유한 것이다"고 하였다. 또 "울피류사, 명조혜혜(菀彼柳斯, 鳴蜩嘒嘒 : 무성한 저 버드나무에 맴맴 매미가 운다)"라 하였는데, 모전에는 "조(蜩)는 선(蟬 : 매미)이다. 혜혜(嘒嘒)는 소리이다"고 하였고, 정전에는 "버드나무가 무성하면 매미가 많다"고 하였다. 살피건대, 『시경』「소아」「소반(小弁)」의 소서(小序)에 "「소반(小弁)」은 유왕(幽王)을 풍자(諷刺)한 것으로, 태자(太子)의 스승이 지었다"고 하였다. 모전에는 "유왕이 신국(申國)의 여자를 취하여 태자 의구(宜咎)를 낳았다. 또 포사(襃姒)를 좋아하여 아들 백복(伯服)을 낳았다. 포사를 왕후(王后)로 삼고 의구(宜咎)를 추방하여 죽이려고 하였다"고 하였다. 그러므로 곽박은 "왕도(王道)가 더럽혀지고 막힌 것을 슬퍼하고, 매미가 자유롭게 우는 것을 부러워하며, 자신의 자리를 잃고서 비방 당한 것을 마음 아파한다"고 하였다. 숙(儵)・축(踧)은 모두 음이 적(狄)이다.

 晏晏・旦旦, 悔爽忒也.

안안(晏晏)・단단(旦旦)은 회상특(悔爽忒 : 잘못에 대해 한탄하다)이다.

 傷見絶棄, 恨士失也.

버림받은 것을 상심하고, 사내를 잃은 것을 마음 아파한다.

旦, 本或作悬, 同, 都歎反. 忒, 佗得反.

단(旦)은 본에 따라 단(悬)으로 되어 있는데, 음의가 같으며 도(都)와 탄
(歎)의 반절이다. 특(忒)은 타(佗)와 득(得)의 반절이다.

悔, 恨也. 爽忒, 差失也. 皆婦人恨夫棄己而行差失也.「衛風」「氓」
篇云:"總角之宴,[39] 言笑晏晏. 信誓旦旦." 毛傳云:"總角, 結髮
也. 晏晏, 和柔也. 信誓旦旦然." 鄭箋云:"我爲童女, 未笄結髮宴然之時,
女與我言笑晏晏然而和柔, 我其以信相誓旦旦耳. 言其懇惻款誠." 案『詩』
敍云:"「氓」, 刺時也. 宣公之時, 禮義消亡, 淫風大行. 男女無別, 遂相奔
誘. 華落色衰, 復相棄背. 或乃困而自悔喪其妃耦. 故敍其事以風焉." 故
郭云:"傷見絶棄, 恨士失也."

회(悔)는 한(恨 : 한스러워하다)이다. 상특(爽忒)은 어긋남이다. 모두 부인(婦
人)이 자기를 버리고 어긋나는 행동을 하는 남편을 원망한 것이다. 『시경』
「위풍(衛風)」, 「맹(氓)」편에 "총각지연, 언소안안. 신서단단(總角之宴, 言笑晏
晏. 信誓旦旦 : 총각시절 즐겁게 지내며 웃고 대화할 때는 온화하였고, 믿음으로써 맹서
하기를 단단히 하였었는데)"이라 하였는데, 모전에 "총각(總角)은 머리를 묶었
을 때이다. 안안(晏晏)은 온화(溫和)하고 부드럽다는 뜻이다. 믿음으로 맹서
한 것이 진실되게 하였는데"[40]라 하였고, 정전에는 "내가 어린 소녀로서
비녀를 지르지 않고 머리를 묶어[41] 즐거운 시절에, 당신은 나와 더불어

---

39) 宴 : 대본에는 '晏'으로 되어 있으나『이아고림』「邢疏」에 따라 고쳤다. 十三經注疏
  本『毛詩正義』에도 '宴'으로 되어 있다.
40) 믿음으로 …… 하였는데 : 孔穎達 疏에 "言此晏晏旦旦而自悔. 解言此之意, 非訓此
  字也. 定本云, 旦旦猶怛怛"이라 하여, "晏晏, 旦旦, 悔爽忒也"는 이 말을 한 뜻을 풀
  이한 것이지 이 글자 의미를 풀이한 것이 아니라 하고, '旦旦'은 '怛怛'과 같음을 제시
  하였다.

말하고 웃으며 즐거운 듯이 화기애애하였고, 나는 믿음으로 서로 맹서하기를 단단히 하였었다. 여자의 애절한 그리움과 진실을 말한 것이다"고 하였다. 살피건대, 『시경』「위풍(衛風)」「맹(氓)」편의 소서(小序)에 "「맹(氓)」편은 시절을 풍자(諷刺)한 것이다. 선공(宣公) 때에 예의가 사라져 음풍(淫風)이 크게 유행하였다. 남녀의 분별이 없어 드디어 서로 달려가고 유혹하다가 아름다운 안색이 사라지자 다시 버려 등졌다. 혹은 곤궁해 처하자 그 배우자를 잃은 것을 스스로 한탄하였다. 그러므로 그 일을 서술하여 풍자하였다"고 하였다. 그러므로 곽박은 "버림받은 것을 상심하고, 남편 잃은 것을 마음 아파한다"고 하였다.

 皐皐·珚珚, 刺素食也.

고고(皐皐)·현현(珚珚)은 자소식(刺素食 : 공도 없으면서 헛되이 녹을 먹는 것을 비난하다)이다.

 譏無功德, 尸竉祿也.

공덕도 없으면서 총애와 녹(祿)을 받는 것이 시동(尸童)과 같음을 비난한 것이다.

---

41) 내가 어린 …… 머리를 묶어 : 여인의 과거 행위를 말한다. 「衛風」「氓」편의 孔穎達疏에 "是男子總角未冠, 則婦人總角未笄也. …… 以無笄直結其髮, 聚之以兩角"이라 하였다.

皐, 古豪反. 樊本作浩, 古老反. 玥, 胡犬古犬二反. 刺, 字又作
諫, 同, 七賜反.

고(皐)는 고(古)와 호(豪)의 반절이다. 번광본에는 호(浩)로 되어 있는데
"고(古)와 로(老)의 반절이다"고 하였다. 현(玥)은 호(胡)와 견(犬), 고(古)와 견
(犬) 두 가지의 반절이다. 자(刺)는 글자를 또 자(諫)로도 쓰는데 의미가 같
으며, 칠(七)과 사(賜)의 반절이다.

素, 空也. 刺無德而空食其祿也. 舍人曰: "皐皐, 不治之貌." 「大
雅」「召旻」云: "皐皐訿訿, 曾不知其玷." 毛傳云: "皐皐, 頑不知
道也." 鄭箋云: "玷, 缺也. 王政已大壞, 小人在位, 曾不知大道之缺." 某
氏云: "鞘鞘, 無德而佩." 「小雅」「大東」云: "鞘鞘佩璲, 不以其長." 毛傳
云: "鞘鞘, 土貌. 璲, 瑞也." 鄭箋云: "佩璲者, 以瑞玉爲佩. 佩之鞘鞘然,
居其官職, 非其才之所長也. 徒美其佩而無其德, 刺其素餐." 是也. 郭云
"譏無功德, 尸寵祿也"者, 案鄭注『禮記』云: "尸謂不知人事, 無辭讓也.
以其尸者, 神象居位不言, 但受祭享, 小人在位亦無言, 而受寵祿有似於
尸." 故云"尸寵祿也" 玥·鞘音義同.

소(素)는 공(空: 비다)이다. 덕이 없으면서 헛되이 그 녹(祿)을 먹는 것을
비난한 것이다. 사인은 "고고(皐皐)는 다스릴 수 없는 완악한 모습이다"고
하였다. 「대아」 「소민(召旻)」에 "고고자자, 증부지기점(皐皐訿訿, 曾不知其玷:
완악하고 일도 하지 않으면서 그 잘못을 알지 못한다)"이라 하였는데, 모전에 "고
고(皐皐)는 완악하여 도(道)를 알지 못하는 것이다"고 하였고, 정전에는 "점
(玷)은 결(缺: 결함)이다. 왕정(王政)이 이미 크게 무너져 소인이 지위에 있어
도 대도(大道)가 흠이 난 것을 알지 못한다"고 하였다. 모씨(某氏)는 "현현
(鞘鞘)은 덕이 없으면서 패옥을 찬 것이다"고 하였다. 『시경』 「소아」 「대
동(大東)」에 "현현패수, 불이기장(鞘鞘佩璲, 不以其長: 아름다운 패옥이지만 그

재주가 뛰어났기 때문은 아니다"이라 하였는데, 모전에 "현현(琄琄)은 옥의 모양이고, 수(璲)는 서(瑞 : 옥)이다"고 하였고, 정전에는 "패수(佩璲)는 서옥(瑞玉)으로 패(佩)[42]를 삼는다. 패옥을 차고 우아한 모습으로 그 관직에 있지마는 그 재주가 뛰어나서가 아니다. 다만 그 패옥을 자랑할 뿐 그 덕이 없어서 소찬(素餐)함을 비난한 것이다"고 한 것이 이것이다. 곽박이 "공덕도 없으면서 시동(尸童)처럼 총애와 복록을 받는 것을 비난한 것이다"고 한 것은 살펴건대, 정현의 『예기』 주에는 "시동은 인사(人事)를 몰라 사양하지 않는다. 시동은 신의 모습으로 자리에 있으면서 말을 하지 않고 단지 제향만 받기 때문에 소인이 지위에 있으면서 역시 말없이 총록을 받음이 시동과 비슷함이 있다"고 하였다. 그러므로 곽박이 "시총록(尸寵祿)"이라 한 것이다. 현(琄)·현(鞙)은 음의가 같다.

 懽懽·愮愮, 憂無告也.

환환(懽懽)·요요(愮愮)는 우무고(憂無告 : 호소할 곳이 없음을 근심하다)이다.

 賢者憂懽無所訴也.[43)]

현자가 하소연할 곳이 없음을 근심함이다.

---

42) 佩 : 몸에 차고 다니는 일종의 장식물. 군자는 喪을 당하지 않으면 항상 차고 다닌다. 『禮記』「玉藻」에 "古之君子·必佩玉", 『論語』「鄕黨」에 "去喪無所不佩"라 하였다.
43) 賢者憂懽無所訴也 : 대본에는 "賢者憂懽, 無所訴也."로 표점을 하였으나, '憂懽'를 '無所訴'의 술어로 보아 一句로 하였다. 疏의 "憂無所塑"와 같은 구조이다.

爾雅音義 懽, 古玩反. 愮, 音遙, 本或作搖, 樊本作遙. 又作佻, 恌, 與愮同訓也. 『書』云: "愮愮, 憂無告也." 『廣雅』云: "搖, 亂也." 告, 如字, 又古毒反. 訴, 音素.

환(懽)은 고(古)와 완(玩)의 반절이다. 요(愮)는 음이 요(遙)인데 본에 따라 요(搖)로 되어 있다. 번광본에는 요(遙)로 되어 있다. 또 요(佻)로도 쓴다. 요(恌)는 요(愮)와 뜻이 같다. 『서』[44]에 "요요(愮愮)는 호소할 곳이 없음을 근심함이다"고 하였다. 『광아』에는 "요(搖)는 란(亂 : 어지럽다)이다"고 하였다. 고(告)는 여자(如字), 또는 고(古)와 독(毒)의 반절이다. 소(訴)는 음이 소(素)이다.

爾雅疏 謂賢者憂懼無所告訴也. 「大雅」「板」篇云: "老夫灌灌." 毛傳云: "灌灌猶款款也." 鄭箋云: "老夫諫女款款然." 「王風」云: "中心搖搖." 毛傳云: "搖搖, 憂無所愬." 懽·灌, 愮·搖音義同.

현자(賢者)가 하소연 할 곳이 없는 것을 근심함을 말한다. 「대아」「판(板)」편에 "노부관관(老夫灌灌 : 늙은이는 근심한다)"이라 하였는데, 모전에 "관관(灌灌)은 관관(款款 : 정성스럽다)과 같다"고 하였고, 정전에는 "늙은이가 너에게 간하는데 정성스럽다"고 하였다. 『시경』「왕풍(王風)」「서리(黍離)」에 "중심요요(中心搖搖 : 마음이 근심스럽다)"라 하였는데, 모전에 "요요(搖搖)는 하소연 할 곳이 없음을 근심한 것이다"고 하였다. 환(懽)·관(灌), 요(愮)·요(搖)는 음의가 같다.

---

44) 『書』: 『서경』에 이 내용이 실려 있지 않다. 『通雅』 권10에 실려 있다. 『書』는 『字書』라고 하면 될 것이다.

 憲憲・洩洩, 制法則也.

헌헌(憲憲)・예예(洩洩)는 제법칙(制法則 : 법칙을 제정하다)이다.

 佐興虐政, 設敎令也.

포학한 정치를 도와 일으켜 교령(敎令)을 만드는 것이다.

 洩, 余誓反, 或作呭, 同.

예(洩)는 여(余)와 서(誓)의 반절, 혹은 예(呭)로도 쓰는데 음의가 같다.

李巡曰 : "皆惡黨爲制法則也." 孫炎曰 : "厲王方虐, 諂臣並爲制作法令." 「大雅」「板」篇云 : "天之方難, 無然[45]憲憲. 天之方蹶, 無然[46]洩洩." 毛傳云 : "憲憲猶欣欣也. 蹶, 動也. 洩洩猶沓沓也." 鄭箋云 : "天, 斥王也. 王方欲艱難天下之民, 又方變更先王之道. 臣乎, 女無憲憲然, 無沓沓然, 爲之制法度, 達其意, 以成其惡." 皆是佐興虐政, 設敎令也.

이순은 "모두 악당이 법칙을 제정함이다"고 하였다. 손염은 "여왕(厲王)이 학정을 할려고 하자 아첨하는 신하들이 모두 법령(法令)을 제작한 것이다"고 하였다. 『시경』「대아」「판(板)」편에 "천지방난, 무연헌헌. 천지방궤,

---

45) 然 : 대본에는 '能'으로 되어 있으나 『이아고림』「邢疏」에 따라 고쳤다.
46) 然 : 대본에는 '能'으로 되어 있으나 『이아고림』「邢疏」에 따라 고쳤다.

무연예예(天之方難, 無然憲憲. 天之方蹶, 無然泄泄 : 왕이 백성들을 못살게 굴려고 하니 〈너희들은〉 기뻐하지 말라. 왕이 선왕의 법도를 바꾸려고 하니 〈너희들은〉 답답해하지 말라"라 하였는데, 모전에 "헌헌(憲憲)은 흔흔(欣欣 : 기뻐하다)과 같고, 궤(蹶)는 동(動 : 움직이다)이고, 예예(泄泄)는 답답(沓沓 : 답답하다)함이다"고 하였고, 정전에는 "하늘은 왕을 가리킨다. 왕이 천하의 백성을 고생스럽게 만들려 하고, 또 선왕의 도를 변경하려 한다. 신하들이여! 너희들은 기뻐하지 말고, 답답하게 하지 말라. 왕을 위하여 법도를 만들고 왕의 의도를 달성시켜서 왕의 악행을 이루려 한다"고 하였다. 모두 포학한 정치를 도와 일으켜 교령을 만드는 것이다.

 謔謔・謞謞, 崇讒慝也.

학학(謔謔)・학학(謞謞)은 숭참특(崇讒慝 : 참소와 악행을 보태다)이다.

 樂禍助虐, 增讒惡也.

재앙을 즐거워하고 학정을 도와 참소와 악행을 보태는 것이다.

 謔, 虛虐反. 謞, 郭虛各反, 或火角反. 慝, 謝切得反, 諸儒並女陟反, 言隱匿其情以飾非. 熇, 許各火沃二反, 本今無此字. 樂, 如字, 又音洛. 譖, 側禁反.

학(謔)은 허(虛)와 학(虐)의 반절이다. 학(謞)에 대하여 곽박은 허(虛)와 각

(各)의 반절, 혹은 화(火)와 각(角)의 반절이라 하였다. 특(慝)에 대하여 사교는 체(切)와 득(得)의 반절이라 하였으며, 제유(諸儒)들은 모두 녀(女)와 척(陟)의 반절이라 하였다. 그 실정을 숨겨 잘못을 꾸미는 것을 말한다. 학(熇)은 허(許)와 각(各), 화(火)와 옥(沃)으로 반절이 두 가지인데, 본에 따라 지금은 이 글자가 없다. 악(樂)은 여자(如字), 또는 음이 락(洛)이다. 참(譖)은 측(側)과 금(禁)의 반절이다.

爾雅疏 崇, 增也. 譖, 譖也. 慝, 惡也. 言樂禍助虐, 增譖惡也. 舍人曰: "謔謔·嗃嗃皆盛烈貌." 孫炎曰: "厲王暴虐, 大臣謔謔然喜, 嗃嗃然盛, 以興讒惡也." 「大雅」「板」篇云: "天之方虐, 無然謔謔." 毛傳云: "謔謔然喜樂." 鄭箋云: "王方爲酷虐之政, 女無謔謔然以讒慝助之." 又曰: "多將熇熇, 不可救藥." 毛傳云: "熇熇然熾盛也." 鄭箋云: "多行熇熇慘毒之惡, 誰能止其禍?" 是也. 嗃·熇音義同.

숭(崇)은 증(增: 더하다)이다. 참(譖)은 참(譖: 讒訴)이다. 특(慝)은 악(惡: 악행)이다. 재앙을 즐기고 학정을 도와 참소와 악행을 보탬을 말한다. 사인은 "학학(謔謔)·학학(嗃嗃)은 모두 성대하고 세찬 모습이다"고 하였다. 손염은 "여왕(厲王)이 포학한 정치를 하자 대신들이 흐뭇이 기뻐하고 대단히 성대하게 참소와 악행을 저지른 것이다"고 하였다. 『시경』「대아」「판(板)」편에 "왕이 학정을 저지르려 하니, 〈너희들은〉 즐거워하지 마라"고 하였는데, 모전에 "흐뭇하게 기뻐함이다"고 하였고, 정전에는 "왕이 혹독하고 포학한 정치를 하려고 하니, 너희들은 즐거워하면서 참소와 악행으로 왕을 돕지 말라"고 하였다. 또 「판(板)」편에 "포학한 짓을 많이 행하면 약으로도 구제할 수 없다"고 하였는데, 모전에 "불타오르는 듯이 성하다"고 하였고, 정전에는 "불타오른 듯한 참혹하고 독한 악정을 저지르면 누가 그 화를 그치게 할 수 있으리오?"라 한 것이 이것이다. 학(嗃)·학(熇)은 음의가 같다.

 翕翕・訿訿, 莫供職也.

흡흡(翕翕)・자자(訿訿)는 막공직(莫供職 : 직책을 수행하지 못하다)이다.

 賢者陵替姦黨熾, 背公恤私曠職事.

현자(賢者)는 연약해지고 간사한 무리는 번성하여, 공적인 일을 어기고 사적인 일을 도와 직책을 비워두는 것이다.

爾雅 音義 訿, 子爾反. 『字林』云 : "不思稱乎上之意." 供, 音恭. 熾, 尺志反. 背, 音佩.

자(訿)는 자(子)와 이(爾)의 반절이다. 『자림』에 "임금의 뜻에 들어맞도록 생각하지 않는 것이다"고 하였다. 공(供)은 음이 공(恭)이다. 치(熾)는 척(尺) 과 지(志)의 반절이다. 배(背)는 음이 패(佩)이다.

爾雅 疏 言賢者陵替, 姦黨熾盛, 背公恤私, 曠其職事, 無肯供職也. 「小雅」「小旻」云 : "潝潝訿訿, 亦孔之哀." 毛傳云 : "潝潝然患其上, 訿訿然思不稱乎上." 鄭箋云 : "臣不事君, 亂之階也. 甚可哀也." 又「大雅」「召旻」云 : "皇皇訿訿." 毛傳云 : "訿訿, 窳不共事也." 故郭云 : "賢者陵替姦黨熾, 背公恤私曠職事." 『說文』云[47] : "窳, 懶也. 草木皆自竪立,

---

47) 『說文』云 : 이하의 글은 「大雅」「召旻」의 孔穎達의 疏를 그대로 옮겨 적은 것이다. 段注本 『설문』에는 이러한 구절이 없다. 다만 '窳'字를 설명하면서 『字統』에 이 구절이 있다고 인용하였다. 窳가 懶의 의미를 갖는 이유를 설명하였는데, 두 개의 瓜(오이과)로 이룩된 㼌(미약할 유)와 宀(집 면)이 결합된 會意로 풀이한 것이다.

惟瓜瓠之屬臥而不起, 似若懶人常臥室. 故字從宀(音眠)."

　　현자(賢者)는 연약해지고, 간사한 무리는 번성하여, 공적인 일을 어기고 사적인 일을 도와 직책을 비워두고 직책을 기꺼이 수행하지 않음을 말한 것이다.『시경』「소아」「소민(小旻)」에 "직무에 태만하니, 또한 크게 슬프다"고 하였는데, 모전에 "직무에 태만하여 그 임금을 근심시키고, 직무에 태만하여 생각함이 임금에게 들어맞지 않는다"고 하였고, 정전에는 "신하가 임금을 섬기지 않음이 반란의 실마리이다. 매우 슬프다"고 하였다. 또『시경』「대아」「소민(召旻)」에 "고고자자(皐皐訿訿 : 완악하고 게으르다)"라 하였는데, 모전에 "자자(訿訿)는 게을러 일을 하지 않는 것이다"고 하였다. 그러므로 곽박이 "현자(賢者)는 연약해지고, 간사한 무리는 번성하여 공적인 일을 어기고 사적인 일을 도와 직책을 비워두는 것이다"고 한 것이다.『설문』에 "유(㾌)는 라(懶 : 게으르다)이다. 초목은 모두 스스로 똑바로 서지만 오직 오이·박과에 속하는 종류는 바닥에 누워 있으면서 일어서지 않는 것이 게으른 사람이 항상 방에 누워있는 것과 같다. 그러므로 글자가 면(宀 : 음은 眠)을 따랐다"고 하였다.

速速·蹙蹙, 惟逑鞠也.

　　속속(速速)·축축(蹙蹙)은 유구국(惟逑鞠 : 형세가 급박하고 곤궁하게 됨을 염려하다)이다.

陋人專祿國侵削, 賢士永哀念窮迫.

비루한 사람이 정권을 독점하여 국토가 침삭(侵削)당하자 현사(賢士)가 나라의 형세가 곤궁하고 급박하게 됨을 길이 애달프게 여긴 것이다.

爾雅音義 蹙, 子六反. 遒, 巨鳩反, 郭云 : "迫也." 『字林』云 : "斂聚也." 本亦作求. 鞫, 居六反. 迫, 音伯.

축(蹙)은 자(子)와 육(六)의 반절이다. 구(遒)는 거(巨)와 구(鳩)의 반절인데, 곽박은 "박(迫 : 급박하다)이다"고 하였다. 『자림』에는 "거두어 모은다"고 하였다. 본에 따라 또 구(求)로 되어 있다. 국(鞫)은 거(居)와 육(六)의 반절이다. 박(迫)은 음이 백(伯)이다.

爾雅疏 惟, 念也. 遒, 急迫也. 鞫, 窮也. 言鄙陋小人專據爵祿, 國土侵削, 致賢士永哀念其窮迫也. 「小雅」「正月」云 : "蔌蔌方有[48]穀." 毛傳云 : "蔌蔌, 陋也." 鄭箋云 : "穀, 祿也. 此言小人富而褻陋將貴也." 又「節南山」云 : "蹙蹙靡所騁." 毛傳云 : "騁, 極也." 鄭箋云 : "蹙蹙, 小之貌. 我視四方土地日見侵削於夷狄, 蹙蹙然雖欲馳騁無所之也." 遒·蔌音義同.

유(惟)는 념(念 : 생각하다)이다. 구(遒)는 급박(急迫)함이다. 국(鞫)은 궁(窮 : 곤궁하다)이다. 비루한 소인이 작위와 정권을 독단하여 국토가 침삭되자 어진 선비에게 나라가 궁박하게 됨을 길이 슬프게 염려케 함에 이르렀음을 말한 것이다. 『시경』 「소아」 「정월(正月)」에 "속속방유곡(蔌蔌方有穀 : 비루한 사람이 穀祿을 가지고 있다)"이라 하였는데, 모전에 "속속(蔌蔌)은 루(陋 : 더럽다)이다"고 하였고, 정전에는 "곡(穀)은 녹(祿 : 녹봉)이다. 이는 소인이 부귀해지고 못난 사람이 귀하게 되려함을 말한 것이다"고 하였다. 또 『시경』 「소

---

48) 有 : 대본에는 없으나 『이아고림』 「邢疏」에 따라 삽입하였다. 十三經注疏本 『詩經』 에도 '有'가 있다.

아」「절남산(節南山)」에 "축축미소빙(蹙蹙靡所騁 : 국토가 줄어들어 갈 곳이 없
다)"이라 하였는데, 모전에 "빙(騁)은 극(極 : 다하다)이다"고 하였고, 정전에는
"축축(蹙蹙)은 축소되는 모양이다. 내가 사방의 토지를 보니, 나날이 이적
(夷狄)에게 침삭(侵削)당한다. 축소되어 비록 말을 타고 달리고자 하여도 갈
곳이 없다"고 하였다. 속(遬)・속(蔌)은 음의가 같다.

 抑抑, 密也.

억억(抑抑)은 밀(密 : 치밀하다)이다.

 威儀審諦.

거동이 자세함이다.

 秩秩, 淸也.

질질(秩秩)은 청(淸 : 맑다)이다.

 德音淸泠.

덕음(德音 : 착한 말)이 맑은 것이다.

 抑, 音億. 諦, 音帝. 秩, 直乙反. 泠, 郎丁反.

억(抑)은 음이 억(億)이다. 체(諦)는 음이 제(帝)이다. 질(秩)은 직(直)과 을(乙)의 반절이다. 령(泠)은 랑(郎)과 정(丁)의 반절이다.

 言威儀審諦・德音淸泠也. 舍人曰 : "威儀密靜也." 「大雅」「假樂」
云 : "威儀抑抑, 德音秩秩." 鄭箋云 : "成王立朝之威儀, 致密無
所失, 敎令又淸明, 天下皆樂仰之."

거동이 자세하고 착한 말이 맑음을 말한다. 사인은 "거동이 치밀하고 차분한 것이다"고 하였다. 『시경』「대아」「가락(假樂)」에 "거동이 치밀하고 착한 말씀이 맑다"고 하였는데, 정전에 "성왕(成王)이 조정에 있을 때의 거동은 치밀하여 실수한 것이 없고, 교령(敎令) 또한 맑고 분명하여 천하가 모두 즐거이 추앙한다"고 하였다.

 甹夆, 掣曳也.

병봉(甹夆)은 체예(掣曳 : 끌어 당기다)이다.

 謂牽扯.

끌어들이는 것을 말한다.

甹, 普經反. 夆, 孚逢反. 挈, 本或作摰,
同, 充世反. 『說文』云:
"引而縱之." 曳, 餘世反.

병(甹)은 보(普)와 경(經)의 반절이다. 봉(夆)은 부(孚)와 봉(逢)의 반절이다.
체(挈)는 본에 따라 체(摰)로 되어 있는데, 음의가 같으며, 충(充)과 세(世)의
반절이다. 『설문』에 "끌어들여 내버려두는 것이다"고 하였다. 예(曳)는 여
(餘)와 세(世)의 반절이다.

孫炎曰: "謂相挈曳入於惡也." 郭云: "謂牽扡"「周頌」「小毖」"嗣
王求助也." 云: "莫予荓蜂." 毛傳云: "荓蜂, 摰曳也." 鄭箋云:
"群臣小人無敢我摰曳, 謂爲譎詐誑欺不可信也." 然則挈曳者, 從旁牽挽
之言. 是挽離正道, 使就邪僻. 荓·甹, 夆·蜂, 挈·摰音義同.

손염은 "서로 악(惡)으로 끌어들임을 말한다"고 하였다. 곽박은 "끌어들
이는 것을 말한다"고 하였다. 『시경』「주송」「소비(小毖)」 소서(小序)에 "대
를 이은 왕이 도움을 구하는 것이다"고 하면서 "막여병봉(莫予荓蜂 : 나를
나쁜 곳으로 끌어가지 말라)"이라 하였는데, 모전에 "병봉(荓蜂)은 끌어들이는
것이다"고 하였고, 정전에 "여러 신하와 소인은 감히 나를 끌어들이지 말
라고 하였는데, 거짓으로 속이기 때문에 믿을 수 없음을 말하는 것이다"
고 하였다. 그렇다면 체예(挈曳)란 곁에서 끌어들인다는 말이다. 이는 정도
(正道)에서 이탈하도록 끌어 들여 사악하고 편벽한 데로 나아가게 하는 것
이다. 병(荓)과 병(甹), 봉(夆)과 봉(蜂), 체(挈)와 체(摰)는 음의가 같다.

 朔, 北方也.

삭(朔)은 북방(北方 : 북쪽 지방)이다.

 謂幽朔.

북쪽 지역을 말한다.

 朔, 所角反.

삭(朔)은 소(所)와 각(角)의 반절이다.

舍人曰 : "朔, 盡也. 北方萬物盡, 故言朔也." 李巡曰 : "萬物盡於
北方." 「小雅」「出車」云 : "城彼朔方." 毛傳云 : "朔方, 北方也."
但北方大名, 皆言朔方. 「堯典」云 : "宅朔方." 故郭云 : "謂幽朔."

사인은 "삭(朔)은 소멸하는 것이다. 북방은 만물이 소멸하기 때문에 삭
(朔)이라 한다"고 하였다. 이순은 "만물은 북방에서 소멸한다"고 하였다.
『시경』「소아」「출거(出車)」에 "성피삭방(城彼朔方 : 저 북쪽에 성을 쌓는다)"이
라 하였는데, 모전에 "삭방(朔方)은 북방이다"고 하였다. 다만 북방은 총
제적인 명칭이므로 모두 삭방(朔方)이라고 말했을 뿐이다. 『서경』「요전
(堯典)」에 "택삭방(宅朔方 : 북쪽에 살게 하다)"이라 하였기 때문에 곽박이 "북
쪽 지역을 말한다"고 하였다.

 不俟, 不來也.

불사(不俟)는 불래(不來 : 오지 않는다)이다.

 不可待, 是不復來.

기다릴 수 없는 것은 다시 오지 않는 것이다.

 來, 本或作倈·逨, 同, 力胎反. 復, 如字.

래(來)는 본에 따라 래(倈)와 래(逨)로 되어 있는데, 음의가 같으며, 력(力)과 태(胎)의 반절이다. 부(復)는 여자(如字)이다.

 俟, 待也. 旣云不待, 是不來也. 郭云 : "不可待, 是不復來."

사(俟)는 대(待 : 기다리다)이다. 이미 기다리지 않는다고 말했다면 오지 않는 것이다. 곽박은 "기다릴 수 없는 것은 다시 오지 않는 것이다"고 하였다.

 不遹, 不蹟也.

불휼(不遹)은 부적(不蹟 : 道理를 따르지 않는다)이다.

 言不循軌跡也.

궤적(軌跡 : 바퀴자국)을 따르지 않는 것을 말한다.

遹, 古述字, 一音聿. 蹟, 子亦反. 『詩』云 : "念彼不蹟." 傳云 : "不
循道也." 循, 音巡.

휼(遹)은 술(述)의 고자(古字)인데, 일음(一音)은 율(聿)이다. 적(蹟)은 자(子)
와 역(亦)의 반절이다. 『시경』 「소아」 「면수(沔水)」에 "제후들이 도리를 따
르지 않음을 염려한다"고 하였는데, 모전에 "도리를 따르지 않는 것이다"
고 하였다. 순(循)은 음이 순(巡)이다.

遹, 循也. 蹟,[49] 軌跡也. 謂不循道者曰不蹟. 郭云 : "言不循軌蹟
也." 「小雅」 「沔水」云 : "念彼不蹟." 毛傳云 : "不蹟, 不循道也."
是矣.

휼(遹)은 따르는 것이다. 적(蹟)은 궤적(軌跡)이다. 도리를 따르지 않는 것
을 일러 부적(不蹟)이라 한다. 곽박은 "궤적을 따르지 않는 것을 말한다"
고 하였다. 『시경』 「소아」 「면수」에 "염피부적(念彼不蹟)"이라 하였는데,
모전에 "부적(不蹟)은 도리를 따르지 않는 것이다"고 한 것이 이것이다.

---

49) 蹟 : 대본에는 없으나 『이아고림』 「邢疏」에 따라 삽입하였다.

 不徹, 不道也.

불철(不徹)은 부도(不道 : 도를 따르지 않는다)이다.

 徹亦道也.

철(徹) 역시 도(道 : 길. 도리)이다.

 徹, 直列反.

철(徹)은 직(直)과 렬(列)의 반절이다.

 「小雅」「十月」云 : "天命不徹." 毛傳云 : "徹, 道也." 鄭箋云 : "不道者, 言王不循天之政教." 是也.

『시경』「소아」「시월지교(十月之教)」에 "천명불철(天命不徹 : 하늘의 가르침을 따르지 않는다)"이라 하였는데, 모전에 "철(徹)은 도(道)이다"고 하였고, 정전에는 "부도(不道)란 왕이 하늘의 정교(政教)를 따르지 않는 것을 말한다"고 한 것이 이것이다.

 勿念, 勿忘也.

물념(勿念)은 물망(勿忘 : 잊지 않다)이다.

 勿念, 念也.

물념(勿念)은 생각하는 것이다

 忘, 音亡, 下同.

망(忘)은 음이 망(亡)인데, 아래도 같다.

 勿念, 念也. 念卽不忘也. 若「大雅」「文王」篇云: "無念爾祖." 是
也.

물념(勿念)은 생각하는 것이다. 념(念)은 곧 잊지 않는 것이다. 예컨대『시
경』「대아」「문왕(文王)」편에 "너의 조상을 잊지 않도록 하라"고 한 것이
이것이다.

 蔑 · 諼, 忘也.

훤(蔑)과 훤(諼)은 망(忘 : 잊다)이다.

爾雅注 義見「伯兮」・「考槃」詩.

뜻은 『시경』「위풍(衛風)」「백혜(伯兮)」와 『시경』「위풍」「고반(考槃)」에
보인다.

爾雅音義 蕿, 施音袁, 謝許袁反. 郭云: "義見「伯兮」", 『詩』云: "焉得蕿草"
毛傳云: "蕿草令人忘憂."50) 則謝讀爲是. 諼, 許爰反. 槃, 步干
反, 本又作盤.

훤(蕿)에 대하여 시건은 음이 원(袁)이라 하였고, 사교는 허(許)와 원(袁)의
반절이라 하였다. 곽박은 "뜻은 「위풍」「백혜」에 보인다"고 하였다. 그 「위
풍」「백혜」에 "언득훤초(焉得蕿草 : 어찌하면 蕿草를 얻으리요?)"라 하였다. 모전
에 "훤초(蕿草 : 원추리)는 사람으로 하여금 근심을 잊게 한다"고 하였으니,
사교(謝嶠)의 독음(讀音)이 옳다.51) 훤(諼)은 허(許)와 원(爰)의 반절이다. 반(槃)
은 보(步)와 간(干)의 반절인데, 본에 따라 반(盤)으로 되어 있다.

爾雅疏 「衛風」「伯兮」云: "焉得諼草" 毛傳云: "諼草令人忘憂." 又「考槃」
云. "永矢弗諼." 是也. 「伯兮」篇本或作蕿草.

「위풍」「백혜」에 "어찌하면 훤초(諼草)를 얻으리요?"라 하였는데, 『모
전』에 "훤초(萱草)는 사람으로 하여금 근심을 잊게 한다"고 하였다. 또 「위
풍」「고반」에 "영시불훤(永矢弗諼 : 영원히 잊지 않기를 맹세한다)"이라 한 것이
이것이다. 「백혜」편에는 본에 따라 훤초(蕿草)로 되어 있다.

---

50) 忘憂 : 『釋文』에는 '善忘'으로 되어 있으나 毛傳에 따라 고쳤다.
51) 謝嶠의 讀音이 옳다 : 袁은 云聲元韻이고, 許袁切은 曉聲元韻인데, 蕿의 음은 曉聲
이라야 한다는 것이다.

 每有, 雖也.

매유(每有)는 수(雖 : 비록)이다.

 『詩』曰 : "每有良朋." 辭之雖也.

『시경』「소아」「상체(常棣)」에 "비록 선량한 벗이 있어도"라고 하였다.
매유(每有)는 어조사 수(雖 : 비록)이다.

 「小雅」「常棣」云 : "每有良朋, 況也永歎." 毛傳云 : "況, 玆. 永,
長也." 箋云 : "每有, 雖也, 良, 善也. 當急難之時, 雖有善同門
來, 玆對之長歎而已." 郭云 : "辭之雖也"者, 言爲辭語之雖, 無佗義也.

「소아」「상체」에 "매유량붕, 황야영탄(每有良朋, 況也永歎 : 비록 선량한 벗
이 있어도, 이에 길이 탄식한다)"이라 하였는데, 모전에 "황(況)은 자(玆 : 이에)이
다. 영(永)은 장(長 : 길이)이다"고 하였고, 정전에 "매유(每有)는 수(雖)이다.
량(良)은 선(善 : 착하다)이다. 급박하고 곤란한 때를 당하여 비록 좋은 동문
(同門 : 벗)이 찾아올 지라도 이에 대면하고서 길게 탄식할 뿐이다"고 하였
다. 곽박이 "사지수야(辭之雖也)"라 한 것은 어조사인 수(雖)이지 다른 뜻이
없음을 말한 것이다.

經文 饎, 酒食也.

치(饎)는 주식(酒食 : 술과 음식)이다.

 猶今云饎饌, 皆一語而兼通.

지금 '치찬(饎饌 : 술과 음식)'이라 말하는 것과 같으며, 주(酒)와 식(食)이
모두 치(饎)라는 한마디 말로써 아울러 통한다.

 饎, 尺志反.『字林』云 : "熟食也." 又充之反. 舍人本作喜, 釋云
古曰饎. 饌, 乳戀反.

치(饎)는 척(尺)과 지(志)의 반절이다.『자림』에 "익힌 음식이다"고 하였
다. 또 충(充)과 지(之)의 반절이다. 사인본에는 치(喜)[52]로 되어 있는데, "옛
날에는 치(饎)라 하였다"고 풀이하였다. 찬(饌)은 유(乳)와 련(戀)의 반절
이다.

「小雅」「天保」云 : "吉蠲爲饎." 毛傳云 : "吉, 善. 蠲, 絜也. 饎, 酒
食也." 郭云 : "猶今云饎饌, 皆一語而兼通"者, 言饎之一字兼通
酒食兩名也. 李巡曰 : "得酒食則喜歡也."

『시경』「소아」「천보(天保)」에 "길견위치(吉蠲爲饎 : 맛있고 정갈한 음식을 만
든다)"라 하였는데, 모전에 "길(吉)은 선(善 : 좋다)이다. 견(蠲)은 결(絜 : 깨끗하
다)이다. 치(饎)는 주식(酒食)이다"고 하였다. 곽박이 "유금운치찬, 개일어이
겸통(猶今云饎饌, 皆一語而兼通)"이라 하였는데, 치(饎) 한 글자가 주(酒)와 식
(食)이라는 두 가지 명칭으로 겸하여 통한다는 것을 말한다. 이순은 "술과

---

52) 喜 : '饎'와 통한다.

음식을 얻으면 기쁘고 즐겁다"고 하였다.

 舞·號, 雩也.

무(舞)·호(號)는 기우제이다.

 雩之祭, 舞者吁嗟而請雨.

기우제를 지낼 때에 춤추는 사람이 소리 지르면서 비를 구한다.

 號, 戶高反. 孫炎云: "雩之祭, 有舞有號." 雩, 音于, 祭名. 吁, 許于反.

호(號)는 호(戶)와 고(高)의 반절이다. 손염은 "기우제를 지낼 때 춤과 외침이 있다"라 하였다. 우(雩)는 음이 우(于)이고 제사의 이름이다. 후(吁)는 허(許)와 우(于)의 반절이다.

 孫炎云: "雩之祭, 有舞有號." 『左傳』云: "龍見而雩." 服·杜皆云: "雩之言遠也. 遠爲百穀祈膏雨." 「月令」「仲夏」云: "大雩帝." 鄭注云: "雩, 吁嗟求雨之祭也." 郭云: "雩之祭, 舞者吁嗟而請雨." 是同鄭說也.

손염은 "기우제를 지낼 때는 무(舞)와 호(號)가 있다"고 하였다. 『좌전』

환공(桓公) 5년에 "용현이우(龍見而雩 : 동방에 창룡(蒼龍 : 별자리)이 나타나면 기우
제를 지낸다)"라 하였는데, 복건(服虔)[53]과 두예(杜預)는 모두 "우(雩)라는 말
은 원(遠)이다. 멀리 백곡(百穀)을 위해서 고우(膏雨 : 곡식을 잘 자라게 하는 비)
를 빈다"고 하였다. 『예기』 「월령(月令)」의 중하지월(仲夏之月 : 5월)에 "대우
제(大雩帝 : 上帝에게 크게 기우제를 지낸다)"고 하였다. 정현은 "우(雩)는 소리
지르면서 비를 구하는 제사이다"고 하였다. 곽박이 "기우제를 지낼 때 춤
추는 사람이 소리를 지르면서 비를 구한다"고 하였는데, 이는 정현의 해
설과 같다.

 曁, 不及也.

기(曁)는 불급(不及 : 부득이 함께 하다)이다.

 『公羊傳』曰 : "及, 我欲之. 曁, 不得已." 曁, 不得已, 是不及.

『공양전』에 "급(及)은 내가 하고자 함이다. 기(曁)는 부득이(不得已 : 안할
수 없다)함이다"라 하였다. 기(曁)가 부득이함은 불급(不及 : 부득이 함께 하다)
이다.

 曁, 其器反. 已, 音以.

---

53) 服虔 : 後漢의 經學者. 初名은 重 혹은 祇라 하였고, 字는 子愼. 하남 滎陽人으로
   中平 말에 九江太守를 지냈다. 고문경학을 존신했고, 『春秋左氏傳解』를 찬술하여
   『左傳』을 가지고 금문경학자인 何休를 반박하였다.

기(暨)는 기(其)와 기(器)의 반절이다. 이(已)는 음이 이(以)이다.

案『春秋』隱公元年 "三月, 公及邾婁54)儀父盟于眛." 『公羊傳』曰 : "及者何? 與也. 會 · 及 · 暨皆與也. 曷爲或言會, 或言及, 或言暨? 會, 猶最也. 及, 猶汲汲也, 暨, 猶暨暨也. 及, 我欲之, 暨, 不得已也." 然則暨者非我欲之, 事不獲已而爲會者也. 故云 : "不及也."

살펴건대, 『춘추』 은공(隱公) 원년; 3월에 "공(公)이 주(邾)나라 임금인 의보(儀父)와 함께 매(眛)에서 동맹을 맺었다"고 하였다. 『공양전』에 "급(及)이란 무엇인가? 여(與 : 함께 하다)이다. 회(會) · 급(及) · 기(暨)는 모두 여(與)의 뜻이다. 무엇 때문에 혹은 회(會), 혹은 급(及), 혹은 기(暨)라고 하는가? 회(會)는 최(最 : 모이다)55)와 같고, 급(及)은 급급(汲汲 : 시급하다)과 같으며, 기(暨)는 기기(暨暨 : 미쳐가다)와 같다. 급(及)은 내[魯나라]56)가 하고자 하는 것이고, 기(暨)는 안할 수 없는 것이다"고 하였다. 그렇다면 기(暨)는 내가 하고 싶은 것도 아닌데 일을 그만둘 수 없어서 만나는 것이다. 그러므로 '불급(不及)'이라 하였다.

蠢, 不遜也.

준(蠢)은 불손(不遜 : 공손하지 못하다)이다.

---

54) 邾婁 : 國名. '婁'는 국명 뒤에 붙이는 어조사. 『公羊傳』 本文의 何休 『春秋公羊解詁』에 "婁, 邾人語聲後曰婁"라고 하였다.

55) 最 : 『春秋公羊解詁』에 "最, 聚也"라 하였다.

56) 내[魯나라] : 『春秋公羊解詁』에 "我者, 謂魯也. 內魯, 故言我"라 하였다.

蠢動爲惡, 不謙遜也.

함부로 날뛰며 악행을 저지르므로 겸손치 못한 것이다.

 蠢, 昌允反.

준(蠢)은 창(昌)과 윤(允)의 반절이다.

蠢, 動也. 遜, 順也. 言蠢動爲惡, 不謙遜也.「小雅」「采芑」: "蠢
爾蠻荊, 大邦爲讎." 是也.

준(蠢)은 동(動 : 움직이다)이다. 손(遜)은 순(順 : 순하다)이다. 함부로 날뛰며
악행을 저지르므로 겸손치 못한 것을 말한다.『시경』「소아」「채기(采芑)」
에 "함부로 날뛰는 형주(荊州)의 오랑캐, 큰 나라의 원수이다"고 한 것이
이것이다.

如切如磋, 道學也. 如琢如磨, 自脩也. 瑟兮僩兮, 恂
慄也. 赫兮烜兮, 威儀也. 有斐君子, 終不可諼兮. 道
盛德至善, 民之不能忘也.

여절여차(如切如磋)는 도학(道學 : 배움을 말한다)이다. 여탁여마(如琢如磨)는
자수(自脩 : 스스로 수양하다)이다. 슬혜한혜(瑟兮僩兮)는 준률(恂慄 : 두려워하다)
이다. 혁혜훤혜(赫兮烜兮)는 위의(威儀 : 위엄 있는 거동)이다. 교양 있는 군자

를 끝내 잊지 못함이로다하니, 성대한 덕과 지극한 선을 가진 사람을 백
성이 잊지 못함을 말한 것이다.

爾雅注 骨象須切磋而爲器, 人須學問以成德. 玉石之被雕磨, 猶人自脩
飾. 恒戰竦. 貌光宣. 斐, 文貌. 常思詠.

뼈와 상아는 반드시 끊고 갈아야만 그릇이 될 수 있으며, 사람은 반
드시 학문(學問)으로 덕을 완성한다. 옥석(玉石)이 쪼여지고 갈아지는 것
은 사람이 스스로 닦아 꾸미는 것과 같다. 항상 두려워하는 것이다. 외
모가 빛나게 드러나는 것이다. 비(斐)는 빛나는 모습이다. 항상 생각하는
것이다.

爾雅音義 磋, 七何反. 琢, 丁角反, 治玉也, 本或作瑑,[57] 非也. 僩, 本或作
擱, 同, 下板反. 郭音簡. 恂, 音荀, 郭音峻. 鄭玄注『禮記』同, 云:
"謂嚴慄也." 謝私尹反. 慄, 音栗. 竦, 思勇反. 赫, 火格反. 烜, 吁遠反,
烜者光明宣著, 今並作晅字, 音同. 斐, 孚尾反.

차(磋)는 칠(七)과 하(何)의 반절이다. 탁(琢)은 정(丁)과 각(角)의 반절이며,
옥(玉)을 다듬는 것이다. 본에 따라서 탁(瑑)으로 되어 있으나 잘못이다. 한
(僩)은 본에 따라 한(擱)으로 되어 있는데 음의가 같으며, 하(下)와 판(板)의
반절이다. 곽박은 음을 간(簡)이라고 하였다. 순(恂)은 음이 순(荀)인데, 곽
박은 음이 준(峻)이라고 하였다. 정현의 『예기』 주석에서도 같은데, "엄밀
하고 두려운 것을 말한다"고 하였다. 사교는 사(私)와 윤(尹)의 반절이라고
하였다. 률(慄)은 음이 률(栗)이다. 송(竦)은 사(思)와 용(勇)의 반절이다. 혁
(赫)은 화(火)와 격(格)의 반절이다. 훤(烜)은 우(吁)와 원(遠)의 반절이다. 훤

---

57) 瑑 : 琢의 오자이다. 『爾雅詁林』「音義攷證」에 '瑑'으로 제시하고, "舊琢亦作瑑, 譌,
今案當爲琢"이라 하였다.

(烜)은 밝고 선명하다는 뜻이다. 지금은 모두 훤(咺)자로 쓰며 음은 같다. 비(斐)는 부(孚)와 미(尾)의 반절이다.

此擧「衛風」「淇奧」篇文以釋之也. 云"如切如磋"者,『詩』文也. 云 "道學也"者, 作者以釋詩也. 道, 言也. 言人之學以成德, 如切如 磋骨象以成器. 毛傳云 : "治骨曰切, 象曰磋, 道其學而成也." 故郭云 : "骨 象須切磋而爲器, 人須學問以成德." 云"如琢如磨"者,『詩』文也. 云"自脩 也"者, 釋之也. 言人自脩飾如琢磨玉石. 毛傳云 : "治玉曰琢, 石曰磨, 聽 其規諫以自脩, 如玉石之見琢磨." 郭云 : "玉石之被雕磨, 猶人自脩飾." 云"瑟兮僩兮"者,『詩』文也. "恂慄也"者, 釋之也, 謂嚴恂戰慄也. 故郭云 : "恂戰慄." 毛傳云 : "瑟, 矜莊貌. 僩, 寬大貌." 是外貌莊嚴, 內心寬裕也. 云"赫兮烜兮"者,『詩』文也. "威儀也"者, 釋之也. 言赫烜者, 容儀發揚之 貌, 故言"威儀也." 毛傳云 : "赫, 有明德赫赫然. 烜, 威儀容止宣著也." 故 郭云 : "貌光宣." 云"有斐君子, 終不可諼兮"者,『詩』文也. 云"道盛德至 善, 民之不能忘也"者, 釋之也. 毛傳云 : "斐, 文章貌. 諼, 忘也." 此道有斐 然文章之君子, 盛德至善如此, 故民稱之, 常思詠, 終不能忘也. 案『詩』稱 君子, 謂武公.

여기서는『시경』「위풍(衛風)」「기욱(淇奧)」편의 글을 가지고 풀이하였다. "여절여차(如切如磋)"는『시경』「위풍(衛風)」「기욱(淇奧)」의 글이다. "도학야(道學也)"는 작자(作者)가 시를 풀이한 것이다. 도(道)는 언(言 : 말하다)이다. 사람이 학문을 통해서 인격을 완성하는 것은 뼈와 상아를 끊고 다듬어서 그릇을 만드는 것과 같음을 말한 것이다. 모전에는 "뼈를 가공하는 것을 절(切), 상아를 가공하는 것이 차(磋)이다. 학문을 해서 인격을 완성함을 말한다"고 하였다. 그러므로 곽박은 "뼈와 상아는 반드시 끊고 갈아야만 그릇이 될 수 있으며, 사람은 반드시 학문(學問)으로 덕을 완성한다"고 하였다. "여탁여마(如琢如磨)"는『시경』「위풍(衛風)」「기욱(淇奧)」의 글이다. "자수야

(自脩也)"는 그것을 풀이한 것이니, 사람이 자신을 닦아 꾸미는 것이 옥석(玉石)을 갈고 닦음과 같음을 말한 것이다. 모전에는 "옥(玉)을 가공하는 것을 탁(琢), 돌을 가공하는 것을 마(磨)라 한다. 그 규간(規諫 : 경계·간언)함을 따라서 자신을 꾸미는 것이 마치 옥석(玉石)이 쪼여지고 다듬어지는 것과 같은 것이다"고 하였다. 곽박은 "옥석(玉石)이 쪼여지고 갈아지는 것은 사람이 스스로 닦아 꾸미는 것과 같다"고 하였다. "슬혜한혜(瑟兮僩兮)"는 『시경』「위풍(衛風)」「기욱(淇奧)」의 글이다. "준률야(恂慄也)"는 그것을 풀이한 것으로, 두려워서 떠는 것을 말한 것이다. 그러므로 곽박이 "항상 두려워하는 것이다"고 하였다. 모전에는 "슬(瑟)은 장엄한 모습이고, 한(僩)은 관대한 모습이다"고 하였으니, 이는 외모가 장엄하면서도 마음이 관대한 것이다. "혁혜훤혜(赫兮烜兮)"는 『시경』「위풍(衛風)」「기욱(淇奧)」의 글이다. "위의야(威儀也)"는 그것을 풀이한 것이다. 혁훤(赫烜)은 용모와 행동이 드러나는 모습을 말한다. 그러므로 "위엄있는 거동이다"고 하였다. 모전에는 "혁(赫)은 밝은 덕이 있어 빛나는 것이고, 훤(烜)은 거동과 용모가 드러남이다"고 하였다. 그러므로 곽박은 "외모가 빛나게 드러나는 것이다"고 하였다. "유비군자, 종불가훤혜(有斐君子, 終不可諼兮)"는 『시경』「위풍(衛風)」「기욱(淇奧)」의 글이다. "도성덕지선, 민지불능망야(道盛德至善, 民之不能忘也)"는 그것을 풀이한 것이다. 모전에는 "비(斐)는 빛나는 모양이고, 훤(諼)은 망(忘 : 잊다)이다"고 하였다. 이것은 빛나고 아름다운 군자의 성대한 덕과 지극한 선이 이와 같으므로, 백성들이 그를 칭찬하고 항상 생각하며 끝내 잊지 못함을 말한 것이다. 살피건대, 『시경』「위풍(衛風)」「기욱(淇奧)」에서 말하는 군자는 무공(武公)[58]을 말한다.

---

58) 武公 : 春秋시대 衛나라의 君. 康叔의 8世孫. 이름은 和, 諡는 武. 정치를 잘했다. 犬戎이 幽王을 죽이자 戎을 평정하여 公이 되었다. 나이 95세에 나라에 경계를 내려 規諫을 하도록 하였다. 「淇奧」은 武公의 덕을 칭송한 詩이다(『史記』 37).

 旣微且尰. 骭瘍爲微, 腫足爲尰.

기미차종(旣微且尰)은 한양위미, 종족위종(骭瘍爲微, 腫足爲尰 : 정강이 상처
가 미, 다리 종기가 종이다)이다.

 骭, 脚脛. 瘍, 瘡也.

한(骭)은 다리의 정강이이다. 양(瘍)은 창(瘡 : 상처)이다.

爾雅
音義 微, 如字, 『字書』作癓, 『三蒼』云 : "足創." 尰, 本或作橦, 同, 並
籀文瘇字也, 蜀勇時踵二反. 骭, 下諫反, 郭作扞, 音古案反, 謂
脚脛也. 瘍, 音羊. 腫, 之勇反. 脛, 戶定反. 創, 初良反.

미(微)는 여자(如字)인데, 『자서』에는 미(癓)로 되어 있으며, 『삼창(三蒼)』
에는 "족창(足創 : 다리 상처)이다"고 하였다. 종(尰)은 본에 따라서 종(橦)으로
되어 있는데 음의가 같다. 모두 주문(籀文)으로 종(瘇 : 상처)자이며, 촉(蜀)과
용(勇), 시(時)와 종(踵)으로 반절이 두 가지이다. 한(骭)은 하(下)와 간(諫)의
반절이다. 곽박은 한(扞)으로 쓰며 음은 고(古)와 안(案)의 반절이고, 다리
정강이를 말한다고 하였다. 양(瘍)은 음이 양(羊)이다. 종(腫)은 지(之)와 용
(勇)의 반절이다. 경(脛)은 호(戶)와 정(定)의 반절이다. 창(創)은 초(初)와 량
(良)의 반절이다.

爾雅
疏 云"旣微且尰"者, 「小雅」「巧言」文也. 云"骭瘍爲微, 腫足爲尰"
者, 釋之也. 孫炎曰 : "皆水濕之疾也." 郭云 : "骭, 脚脛也. 瘍, 瘡

也." 然則膝脛之下有瘡腫, 是涉水所爲, 故鄭箋亦云 : "此人居下濕之地, 故生微尰之疾." 『詩』云"居河之麋", 是居下濕也.

　"기미차종(旣微且尰)"은 『시경』「소아」「교언(巧言)」의 글이다. "한양위미, 종족위종(骭瘍爲微, 腫足爲尰)"은 그 구절을 풀이한 것이다. 손염은 "모두 물집이 생기는 질병이다"고 하였다. 곽박은 "한(骭)은 정강이다. 양(瘍)은 상처이다"고 하였다. 그렇다면 무릇 정강이의 아래에 종기가 생기는 것으로, 이는 물을 건너면서 생긴 것이다. 그러므로 정전에는 또한 "이는 사람이 지대가 낮은 습기 찬 지역에 거주하여 미(微)·종(尰)이라는 질병이 생겼다"고 하였다. 『시경』「소아」「교언(巧言)」에 "하수(河水)의 물가에 거처한다"고 하였는데, 이는 낮은 습지에 사는 것이다.

 是刈是濩. 濩, 煮之也.

시예시확(是刈是濩 : 베어 내고 삶는다)에서 확(濩 : 찌다)에 의해 삶아진다.

 煮葛爲絺綌.

칡을 삶아 치격(絺綌 : 고운 베와 거친 베)을 만든다.

 刈, 音乂. 濩, 又作鑊, 同, 戶郭反. 煮, 之與反. 絺, 丑尼反. 綌, 去逆反.

예(刈)는 음이 예(乂)이다. 확(濩)은 또 확(鑊)으로도 쓰는데 음의가 같으며 호(戶)와 곽(郭)의 반절이다. 자(煮)는 지(之)와 여(與)의 반절이다. 치(絺)는 축(丑)과 니(尼)의 반절이다. 격(綌)은 거(去)와 역(逆)의 반절이다.

 云"是刈是濩"者,「周南」「葛覃」文也. 云"濩, 煮之也"者, 釋之也. 舍人曰: "是刈, 刈取之. 是濩, 煮治之." 郭云: "煮葛爲絺綌." 以煮之於濩, 故曰濩煮, 非訓濩爲煮. 以彼下云"爲絺爲綌", 故知煮葛爲絺綌也. 毛傳云: "精曰絺, 粗曰綌."

"시예시확(是刈是濩)"은 『시경』「주남」「갈담(葛覃)」의 글이다. "확(濩)에 의해 삶아 진다"고 한 것은 이것을 풀이한 것이다. 사인은 "시예(是刈)는 베어 취하는 것이다. 시확(是濩)은 쪄서 가공하는 것이다"고 하였다. 곽박은 "칡을 삶아 치격(絺綌)을 만든다"고 하였다. 찌는 데에서 삶아지기 때문에 확자(濩煮)라고 하였지 확(濩)을 자(煮)라고 풀이한 것은 아니다. 그 구절[是刈是濩]의 아래에 "위치위격(爲絺爲綌 : 고운 베와 거친 베를 만든다)"이라 하였으므로 주에서 곽박이 "자갈위치격(煮葛爲絺綌)"이라고 했음을 알 수 있다. 모전에는 "베의 정치한 것이 치(絺)이고, 거친 것이 격(綌)이다"고 하였다.

經文 履帝武敏. 武, 迹也, 敏, 拇也.

이제무민(履帝武敏 : 天帝의 엄지발가락 자국을 밟다)에서 무(武)는 적(迹 : 발자국)이고, 민(敏)은 무(拇 : 엄지발가락)이다.

爾雅注 拇迹, 大指處.

무적(拇迹)은 엄지발가락의 자국이다.

爾雅音義 敏, 如字, 舍人本作畝, 釋云 : "古者姜嫄履天帝之迹於畎畝之中, 而生后稷." 拇, 音畝, 足大指. 處, 昌慮反.

민(敏)은 여자(如字)인데, 사인본(舍人本)에는 무(畝)로 되어 있으며, 풀이하기를 "옛날에 강원(姜嫄)⁵⁹⁾이 밭이랑 사이에서 천제(天帝)의 발자국을 밟아 후직(后稷)을 낳았다"고 하였다. 무(拇)는 음이 무(畝)이며 엄지발가락이다. 처(處)는 창(昌)과 려(慮)의 반절이다.

爾雅疏 云"履帝武敏"者,「大雅」「生民」文也. 云"武, 迹也. 敏, 拇也"⁶⁰⁾者, 釋之也. 郭云 : "拇迹大指處", 鄭箋『詩』云 : "祀郊禖之時. 時則有大神之迹. 姜嫄履之, 足不能滿, 履其拇指之處, 於是遂有身, 而生后稷." 是其事也.

"이제무민(履帝武敏)"은 『시경』 「대아」 「생민(生民)」의 글이다. "무(武)는 적(迹)이다. 민(敏)은 무(拇)이다"고 한 것은 그 구절을 풀이한 것이다. 곽박은 "무적, 대지처(拇迹, 大指處)"라고 하였다. 정전(鄭箋)에 "교매(郊禖)⁶¹⁾에 제사지낼 때이다. 그 때 위대한 신(神)의 발자국이 있었다. 강원(姜嫄)이 그것을 밟았으나, 발을 채울 수 없어서 엄지발가락의 자국이 있는 곳을 밟았다. 이에 드디어 임신하여 후직(后稷)을 낳았다"고 한 것이 그 일이다.

---

59) 姜嫄 : 帝嚳의 妃. 后稷의 어머니. 姜原으로도 쓴다.
60) 敏, 拇也 : 鄭箋에 나온다. 모전은 "敏, 疾也"라 하였다.
61) 郊禖 : 자식을 점지해 주는 신. 또는 자식을 바래면서 올리는 제사.

 張仲孝友.

장중(張仲)이 효우(孝友: 효도·우애)하다.

 周宣王時賢臣.

장중(張仲)은 주선왕(周宣王) 때의 현신(賢臣)이다.

 善父母爲孝, 善兄弟爲友.

부모님을 잘 모시는 것을 효(孝)라 하고, 형제간에 사이좋게 지내는 것을 우(友)라고 한다.

云“張仲孝友”者,「小雅」「六月」文也. 云“善父母爲孝, 善兄弟爲友”者, 釋之也. 李巡云: “張, 姓. 仲, 字. 其人孝, 故稱孝友.” 毛傳云: “張仲, 賢臣也.” 鄭箋云: “張仲, 吉甫之友, 其性孝友.” 以『詩』敍云:「六月」, 宣王北伐也.” 故郭云: “周宣王時賢臣.”

"장중효우(張仲孝友)"는 『시경』「소아」「유월(六月)」의 글이다. "선부모위효, 선형제위우(善父母爲孝 善兄弟爲友)"라 한 것은 그 구절을 풀이한 것이다. 이순은 "장(張)은 성(姓)이다. 중(仲)은 자(字)이다. 그 사람됨이 효성스러웠으므로, 효우(孝友)라고 칭한 것이다"고 하였다. 모전에는 "장중(張仲)은 어진 신하이다"고 하였으며, 정전에는 "장중(張仲)은 길보(吉甫)의 벗으로 그 성품이 효성스럽고 우애롭다"고 하였다. 『시경』 「소아」 「유월(六月)」의 소서(小序)에 "「유월」은 선왕(宣王)이 북벌하는 것이다"고 하였다. 그러므로 곽박이 "주선왕시현신(周宣王時賢臣)"이라고 한 것이다.

 有客宿宿, 言再宿也. 有客信信, 言四宿也.

유객숙숙(有客宿宿 : 손님이 있어 자고 자다)은 재숙(再宿 : 이틀 묵다)을 말한다. 유객신신(有客信信 : 손님이 있어 이틀 자고 또 이틀 자다)은 사숙(四宿 : 나흘 묵다)을 말한다.

 再宿爲信. 重言之, 故知四宿.

이틀 묵는 것을 신(信)이라 한다. 두 번 말하였으므로 나흘 묵는 것임을 알 수 있다.

 宿, 先六反. 重, 直用反.

숙(宿)은 선(先)과 육(六)의 반절이다. 중(重)은 직(直)과 용(用)의 반절이다.

 云"有客宿宿"·"有客信信"者, 「周頌」「有客」文也. 云"言再宿也"·"言四宿也"者, 釋之也. 毛傳云 : "一宿曰宿, 再宿曰信." 各重言之, 故知再宿及四宿也.

"유객숙숙(有客宿宿)," "유객신신(有客信信)"은 『시경』「주송」「유객(有客)」의 글이다. "언재숙야(言再宿也)", "언사숙야(言四宿也)"는 그 구절을 풀이한 것이다. 모전에 "하루 묵는 것이 숙(宿), 이틀 묵는 것이 신(信)이다"고 하였다. 각각 두 번 말하였기 때문에 이틀 묵는 것과 나흘 묵는 것임을 알 수 있다.

 美女爲媛.

미녀(美女)를 원(媛 : 아름다운 여자)이라 한다.

 所以結好媛.

미녀를 사귀어 좋아하게 되는 것이다.

 媛, 爲眷反. 好, 呼報反.

원(媛)은 위(爲)와 권(眷)의 반절이다. 호(好)는 호(呼)와 보(報)의 반절[62]이다.

---

62) 호(好)는 호(呼)와 보(報)의 반절 : 好가 去聲으로 '좋아하다'라는 뜻임을 나타낸 것이다. 上聲인 경우는 '예쁘다'라는 뜻이 된다.

『詩』「鄘風」「君子偕老」云 : “展如之人兮, 邦之媛也.” 故此釋之. 郭云 : “所以結好媛.” 孫炎曰 : “君子之援助.” 然則由有美可以援 助君子, 故云“美女爲媛.”

　『시경』「용풍(鄘風)」「군자해로(君子偕老)」에 “진실로 이와 같은 사람이 여! 나라의 미녀로다”고 하였다. 그러므로 여기서 풀이한 것이다. 곽박은 “미녀와 사귀어 좋아하게 되는 것이다”고 하였다. 손염은 “군자를 돕는 것이다”고 하였다. 그렇다면 아름다움이 있기 때문에 군자를 도울 수 있 는 것이다. 그러므로 “미녀를 원(媛)이라 한다”고 하였다.

　美士爲彦.

　미사(美士)를 언(彦 : 훌륭한 사람)이라 한다.

人所彦[63]詠.

　사람들에게 칭송받는 것이다.

嗲, 音彦, 本今作彦.

　언(嗲)은 음이 언(彦)이며, 어떤 본에는 지금 언(彦)으로 되어 있다.

---

63) 彦 : 段玉裁는 ‘言’의 오자라고 하였다(臺本注).

 「鄭風」「羔裘」云:"彼其之子, 邦之彦兮." 故此釋之也. 毛傳云:
"彦, 士之美稱." 郭云:"人所彦詠." 舍人曰:"國有美士, 爲人所
言道."

『시경』「정풍(鄭風)」「고구(羔裘)」에 "피기지자, 방지언혜(彼其之子, 邦之彦
兮: 저 사람이여! 나라의 훌륭한 사람이다)"라 하였기 때문에 여기서 풀이한 것
이다. 모전에 "언(彦)은 사(士)의 미칭이다"고 하였다. 곽박은 "사람들에게
칭송받는 것이다"고 하였다. 사인(舍人)은 "나라에 훌륭한 사람이 있으면
사람들에게 칭송을 받는다"고 하였다.

 其虛其徐, 威儀容止也.

기허기서(其虛其徐: 느긋하고 관대하다)는 위의용지(威儀容止: 거동과 용모가
점잖고 여유 있다)이다.

 雍容都雅之貌.

조용하고 우아한 모습이다.

 云"其虛其徐"者,「邶風」「北風」文也. "威儀容止也"者, 釋之也.
郭云:"雍容都雅之貌." 孫炎云:"虛·徐, 威儀謙退也." 然則虛
徐者, 謙虛閑徐之義. 故鄭箋云:"威儀虛徐, 寬仁者也."『詩』作"其邪",
此作"其徐", 字雖異, 音實同. 故鄭箋云:"邪讀如徐."

기허기서(其虛其徐)는 『시경』「패풍(邶風)」「북풍(北風)」의 글이다. "위의 용지아(威儀容止也)"는 그 구절을 풀이한 것이다. 곽박은 "조용하고 우아한 모습이다"고 하였다. 손염은 "허(虛)와 서(徐)는 거동이 겸손한 것이다"고 하였다. 그렇다면 허(虛)와 서(徐)는 겸허(謙虛)하고 느긋하다는 뜻이다. 그러므로 정전에 "거동이 겸허하고 느긋하며 관대한 사람이다"고 하였다. 『시경』「패풍(邶風)」「북풍(北風)」에는 "기서(其邪)"로 되어 있으나, 여기서는 "기서(其徐)"로 되어 있다. 글자가 비록 다르나 음은 실제로 같다. 그러므로 정전에는 "서(邪)는 서(徐)와 같이 읽는다"고 하였다.

 猗嗟名兮, 目上爲名.[64]

의차명혜(猗嗟名兮 : 아! 어여쁜 눈두덩이여)에서 눈 위를 명(名)이라 한다.

 眉眼之間.

눈썹과 눈의 사이이다.

 猗, 於宜反. 眼, 五限反, 或作目.

의(猗)는 어(於)와 의(宜)의 반절이다. 안(眼)은 오(五)와 한(限)의 반절인데

---

64) 名 : 『爾雅詁林』「王頌淸日記」에 "本字當作顋"이라고 하여, '顋'으로 써야 한다고 하였다.

혹 목(目)으로도 쓴다.

 云"猗嗟名兮"者,「齊風」「猗嗟」文也. 云"目上爲名"者, 釋之也.
孫炎云 : "目[65]上平博." 郭云 : "眉眼之間."

"의차명혜(猗嗟名兮)"는 『시경』 「제풍(齊風)」 「의차(猗嗟)」의 글이다. "목상
위명(目上爲名)"은 그 구절을 풀이한 것이다. 손염은 "눈 위의 평평하고 넓
은 곳이다"고 하였다. 곽박은 "눈썹과 눈의 사이이다"고 하였다.

 式微式微者, 微乎微者也.

식미식미(式微式微 : 미약하고 미약하다)는 미호미(微乎微 : 미약하고 미약하다)
이다.

 言至微.

지극히 미약함을 말한다.

 云"式微式微"者,「邶風」「式微」文也. 云"微乎微者也", 釋之也.
郭云 : "言至微." 鄭箋云 : "式, 發聲也." 案『詩』敍云 : "「式微」,
黎侯寓於衛, 其臣勸以歸也." 然則以君被逐, 旣微又見卑賤, 是至微也.
不取"式"爲義, 故鄭云"發聲也."

---

65) 目 : 대본에는 없으나 『이아고림』 「孫音注」에 따라 삽입하였다.

"식미식미(式微式微)"는 『시경』「패풍(邶風)」「식미(式微)」의 글이다. "미호미자야(微乎微者也)"는 그 구절을 풀이한 것이다. 곽박은 "지극히 미약함을 말한다"고 하였다. 정전에 "식(式)은 발성(發聲 : 發語辭)이다"고 하였다. 살피건대 「패풍(邶風)」「식미(式微)」의 소서(小序)에 "「식미(式微)」는 여(黎)나라 임금이 위(衛)나라에 붙어사니, 그 신하들이 돌아갈 것을 권한 것이다"고 하였다. 그렇다면 임금이 쫓겨나 이미 미약하고 또 비천함을 당했으니, 이것이 지극히 미약함이다. 식(式)에서는 뜻을 취하지 않았으므로, 정전(鄭箋)에는 "발성(發聲)이다"고 하였다.

 之子者, 是子也.

지자(之子)는 시자(是子 : 이 사람)이다.

 斥所詠.

읊는 대상을 가리킨다.

 斥, 音尺.

척(斥)은 음이 척(尺)이다.

『詩』言"之子"者多矣, 故此釋之. 李巡云: "之子者, 論五方之言, 是子也." 然則"之"爲語助, 人言之子者, 猶言 是此子也.「桃夭」傳云"嫁子", 彼說嫁事, 爲嫁者之子.「漢廣」"之子", 則貞潔者之子.「東山」"之子", 言其妻.「百華」"之子", 斥幽王. 各隨其事而名之, 故郭云: "斥所詠."

『시경』에는 "지자(之子)"라고 말한 것이 많다. 그러므로 여기서 풀이하였다. 이순은 "지자(之子)는 오방(五方 : 모든 곳)의 말을 논해보건대, 시자(是子)이다"고 하였다. 그렇다면 "지(之)"는 어조사이다. 사람들이 '지자(之子)'라고 말하는 것은 '시차자(是此子 : 바로 이 사람)'이라고 하는 것과 같다.「도요(桃夭)」의 모전에는 "지자(之子)는 가자(嫁子 : 시집가는 사람)이다"고 하였다. 모전은 결혼하는 일로 설명하였으므로 시집가는 사람이 지자(之子)이다.「한광」의 "지자(之子)"는 곧 정결한 사람이 지자(之子)이다.「동산」의 "지자(之子)"는 그 처를 말한다.「백화(百華)」의 "지자(之子)"는 유왕(幽王)을 가리킨다. 각각 그 일에 따라 이름을 붙인 것이다. 그러므로 곽박은 "읊는 대상을 가리킨다"고 하였다.

徒御不驚, 輦者也.[66]

도어불경(徒御不驚 : 걸으면서 수레를 끄는 자와 수레를 모는 사람이 크게 놀란다)[67]에서 〈徒는〉 연(輦 : 걸으면서 수레를 끈다)이다.

---

66) 輦者也:『爾雅詁林』「義疏」에 "輦上無徒字, 文省耳"라고 하여, '徒, 輦者也'로 설명하였다.
67) 걸으면서 …… 놀란다: 정전의 "徒, 輦也. 御, 御馬也. 不驚, 驚也"와 孔穎達 疏의 "徒行挽輦者, 與車上御馬者, 豈不警戒乎? 言以相警戒也"를 따랐다. 집전은 "徒, 步

396　이아주소(爾雅注疏) 2

 步挽輦車.

〈徒는〉 걸어가면서 연거(輦車)[68]를 끄는 것이다.

 挽, 本亦作輓, 同, 亡遠反.『聲類』云 : “引也.” 車, 音居.

만(挽)은 본에 따라 만(輓)으로 되어 있는데 음의가 같으며 망(亡)과 원(遠)의 반절이다.『성류(聲類)』에는 “인(引)이다”고 하였다. 거(車)는 음이 거(居)이다.

 云“徒御不驚”者,「小雅」「車攻」文也. 云“輦者[69]也”者, 釋之也. 此止解徒字也. 諸徒皆爲徒行, 此獨爲輦, 是以辨之.「地官」「鄕師」云 : “大軍旅, 會同, 治其輦.” 注云 : “輦, 人輓行, 所以載任器也, 止以爲蕃營.『司馬法』: ‘輦有一斧・一斤・一鑿・一梩. 周輦加二板・二築. 夏后氏二十人而輦, 殷十八人而輦, 周十五人而輦.’” 是會同田獵, 人輓輦以徒行也. 故郭云 : “步挽輦車.”

“도어불경(徒御不驚)”은『시경』「소아」「거공(車攻)」의 글이다. “연자야(輦者也)”는 그 구절을 풀이한 것이다. 여기서는 단지 도(徒)자를 풀이했을 뿐이다. 모든 도(徒)자는 다 도행(徒行 : 걸어가다)인데, 여기서만 유독 연(輦)의 뜻이라고 하였기 때문에 분별하였다.『주례』「지관(地官)」「향사(鄕師)」

卒也. 御, 車御也. …… 不驚, 言比卒事不喧譁也”라고 하여, ‘보병과 마부가 놀라 떠들지 않는다’로 번역된다.

68) 輦車 : 사람이 끄는 수레. 주로 任器, 즉 斧・斤 등의 군수물자를 싣는다.

69) 者 : 대본에는 없으나『이아고림』「邢疏」에 따라 삽입하였다.

에 "〈천자가 정벌하기 위해〉 대군(大軍)을 이끌고 제후들과 대회동(大會同)할 때는70) 연거(輦車)를 정비한다"고 하였다. 정현 주에 "연거(輦車)는 사람이 끌고 가는데 임기(任器 : 사용할 그릇. 주로 군수물자)를 싣기 위한 것으로, 멈추어서는 번영(蕃營 : 藩營. 수호하는 軍營)으로 삼았다. 『사마법』71)에 '연거(輦車)에는 부(斧 : 도끼) 하나, 근(斤 : 자귀) 하나, 착(鑿 : 끌) 하나, 리(梩 : 삽72) 하나가 있다. 주대(周代)의 연거는 판(板 : 담틀) 두 개와 축(築 : 흙 찧는 절구공이)73) 두 개를 더하였다. 하대(夏代)에는 20인이 끌고, 은대(殷代)에는 18인이 끌고, 주대(周代)는 15인이 끌었다'고 하였다"고 하였다. 이는 회동하고 전렵(田獵)할 때에 사람들이 연거를 끌고 걸어가는 것이다. 그러므로 곽박은 "걸어가면서 연거를 끄는 것이다"고 하였다.

 禋禓, 肉袒也.

단석(禋禓)은 육단(肉袒 : 웃통을 드러내다)이다.

 脱衣而見體.

---

70) 大軍을 …… 大會同할 때는 : 賈公彦疏의 "大軍旅者, 謂王行征伐. 云大會同者, 云王于國外與諸侯行時會殷同也"를 따랐다.

71) 『司馬法』: 書名. 濟의 威王이 사람을 시켜 과거 司馬氏의 병법을 모았다고 하는 兵法書.

72) 梩 : 賈公彦疏에 "云一梩者, 或解以爲挿也, 或解以爲鍬也, 鍬・挿亦不殊"라고 하여, 挿(삽) 또는 鍬(가래)로 풀이되는데, 두 가지가 다른 것이 아니라고 하였다.

73) 築 : 보루를 쌓을 때 흙을 찧어 다지는 절구공이. 賈公彦疏에 "築者, 築杵也. 謂須築軍壘壁"이라고 하였다.

웃옷을 벗고 몸을 드러내는 것이다.

 暴虎, 徒搏也.

포호(暴虎)는 도박(徒搏 : 맨손으로 치다)이다.

 空手執也.

맨손으로 잡는 것이다.

禮, 本或作袒, 同, 徒坦徒丹二反, 下同. 裼, 蘇歷反. 脫, 佗活反.
見, 賢遍反. 暴, 步報反. 搏, 連莫反, 郭音付.

단(禮)은 본에 따라 단(袒)으로 되어 있는데 음의는 같다. 도(徒)와 탄(坦),
도(徒)와 단(丹)으로 반절이 두 가지이며 아래도 같다. 석(裼)은 소(蘇)와 력
(歷)의 반절이다. 탈(脫)은 타(佗)와 활(活)의 반절이다. 현(見)은 현(賢)과 편
(遍)의 반절이다. 포(暴)는 보(步)와 보(報)의 반절이다. 박(搏)은 연(連)과 막
(莫)의 반절인데 곽박은 음을 부(付)라 하였다.

「鄭風」「大叔于田」云: "禮裼暴虎." 故此釋之. 毛傳云: "禮裼, 肉
袒也." 李巡曰: "禮裼, 脫衣見體曰肉袒." 孫炎曰: "袒去裼衣."
郭云: "脫衣而見體." 毛傳又云: "暴虎, 空手以搏之." 舍人曰: "無兵, 空
手搏之." 然則徒, 空也. 故郭云: "空手執也."

『시경』「정풍(鄭風)」「대숙우전(大叔于田)」에 "단석포호(襢裼暴虎 : 웃통을 벗고 맨손으로 호랑이를 친다)"라고 하였기 때문에 여기서 풀이하였다. 모전은 "단석(襢裼)은 육단(肉袒)이다"고 하였다. 이순은 "단석(襢裼)은 웃옷을 벗어 몸을 드러내는 것이며 육단(肉袒)이라 한다"고 하였다. 손염은 "단(袒)은 석의(裼衣 : 웃옷)를 벗는 것이다"고 하였다. 곽박은 "웃옷을 벗어 몸을 드러내는 것이다"고 하였다. 모전에 또 "포호(暴虎)는 맨손으로 치는 것이다"고 하였다. 사인은 "무기 없이 맨손으로 치는 것이다"고 하였다. 그렇다면 도(徒)는 공(空 : 빈. 맨)이다. 그러므로 곽박이 "맨손으로 잡는 것이다"고 하였다.

 馮河, 徒涉也.

빙하(馮河)는 도섭(徒涉 : 배 없이 〈맨몸으로〉 건너가다)이다.

 無舟楫.

배와 노가 없는 것이다.

馮, 字又作憑, 皮冰反. 依字當作淜. 『說文』云 : "無船渡河." 楫,74) 本或作檝, 又作接, 同, 子葉才入二反. 『方言』曰 : "檝, 橈也." 『說文』云 : "檝, 舟棹也."75) 『釋名』曰 : "在旁撥水曰櫂, 又謂之檝. 檝, 捷也."

---

74) 楫 : 『釋文』에는 '檝'으로 되어 있으나 『이아고림』「音義攷證」에 따라 고쳤다.
75) 檝, 舟棹也 : 段注本 『說文』에는 '檝'자가 없고, "楫, 所以擢舟也"라 하였다. 『集韻』에 "楫, 說文, 舟櫂也. 或作檝"이라 하였다.

빙(馮)은 글자를 또 빙(憑)으로 쓰는데 피(皮)와 빙(冰)의 반절이다. 글자에 의하면 붕(淜)이 되어야 한다. 『설문』에는 붕(淜)에 대해 "배 없이 강을 건너는 것이다"고 하였다. 즙(楫)은 본에 따라 즙(檝)으로 되어 있으며, 또 접(接)으로도 쓰는데 음의가 같고, 자(子)와 엽(葉), 재(才)와 입(入)으로 반절이 두 가지이다. 『방언』에 "즙(檝)은 요(橈 : 노)이다"76)고 하였다. 『설문』은 "즙(檝)은 배의 노이다"고 하였다. 『석명』 「석선(釋船)」에는 "배의 옆에 있어서 물을 헤쳐 나가는 것을 도(櫂 : 노), 또는 즙(檝 : 노)이라고도 한다. 즙(檝)은 첩(捷 : 빠르다)이라는 뜻이다"고 하였다.

 「小雅」 「小旻」云 : "不敢馮河." 故此釋之也. 李巡曰 : "無舟而渡水曰徒涉." 郭云 : "無舟楫." 毛傳云 : "馮, 陵也." 然則空涉水, 陵波而渡. 故訓馮爲陵也.

『시경』 「소아」 「소민(小旻)」에 "감히 배 없이 강을 건너지 않는다"고 하였으므로, 여기서 풀이한 것이다. 이순은 "배 없이 물을 건너는 것이 도섭(徒涉)이다"고 하였다. 곽박은 "배와 노가 없는 것"이라 하였다. 『모전』은 "빙(馮)은 릉(陵 : 넘어가다)이다"고 하였다. 그렇다면 배 없이 〈맨몸으로〉 물을 건너서 파도를 타고 넘어가는 것이다. 그러므로 빙(馮)을 릉(陵)으로 풀이하였다.

經文 籧篨, 口柔也.

거저(籧篨)는 구유(口柔 : 말을 부드럽게 하여 남에게 아첨하다. 또는 그런 사람)

---

76) 檝은 橈이다 :『方言』 권9-10에 보인다.

이다.

 籧篨之疾, 不能俯. 口柔之人, 視人顔色, 常亦不伏, 因以名云.

거저(籧篨 : 천상바라기)[77]라는 질병에 걸린 사람은 몸을 굽히지 못한다. 구유지인(口柔之人 : 말만 번드르하게 하고 남에게 아첨하는 사람)은 남의 안색을 살피고 항상 몸을 굽히지 못하기 때문에 이런 명칭으로 부른다.

 籧, 本或作篷, 同, 巨居[78]反. 篨, 直閭反. 舍人云 : "籧篨, 巧也." 李云 : "籧篨巧言辭以饒人, 謂之口柔." 孫郭並云 : "籧篨之疾, 不能俯. 口柔之人, 視人顔色, 常亦不伏, 因以名云."

거(籧)는 본에 따라 거(篷)로 되어 있는데 음의가 같으며 거(巨)와 거(居)의 반절이다. 저(篨)는 직(直)과 려(閭)의 반절이다. 사인은 "거저(籧篨)는 말을 교묘히 하는 사람이다"고 하였으며, 이순은 "거저(籧篨)는 말을 교묘히 해서 남에게 너그럽게 함을 구유(口柔)라 한다"고 하였다. 손염과 곽박은 모두 "거저(籧篨)라는 질병에 걸린 사람은 몸을 굽히지 못한다. 구유지인(口柔之人)은 남의 안색을 보고 항상 몸을 굽히지 못하기 때문에 이런 명칭으로 부른다"고 하였다.

經文 戚施, 面柔也.

---

77) 籧篨 : 천상바라기 또는 새가슴. 胸骨이 불거져 가슴이 새의 가슴처럼 생긴 것, 또는 그런 사람. 몸을 굽히지 못한다.
78) 居 : 『釋文』에는 '原'으로 되어 있으나 『이아고림』 「邢疏」에 따라 고쳤다.

척시(戚施)는 면유(面柔 : 얼굴만 부드럽게 하다. 또는 그런 사람)이다.

 戚施之疾, 不能仰. 面柔之人常俯, 似之, 亦以名云.

척시(戚施 : 곱사등이)라는 질병에 걸린 사람은 위로 쳐다보지 못한다. 면유지인(面柔之人 : 얼굴만 부드럽게 하는 사람)은 항상 몸을 숙이고 있어 그와 비슷하므로 역시 그렇게 부른다.

戚, 七歷反, 施, 式支反. 舍人曰 : "令色誘人." 李曰 : "和顏悅色以誘人. 是謂面柔也." 賈逵注『國語』曰 : "僂也." 孫郭並云 : "戚施之疾, 不能仰, 面柔之人常俯, 似之, 因以名云."『字書』作䙄頠, 同.

척(戚)은 칠(七)과 력(歷)의 반절이고, 시(施)는 식(式)과 지(支)의 반절이다. 사인은 "얼굴빛을 꾸며 사람을 꾀는 것이다"고 하였다. 이순은 "안색을 온화하게 해서 사람을 꾄다. 이를 면유(面柔)라 한다"고 하였다. 가규는 『국어』의 주에 "루(僂 : 곱사등이)이다"고 하였다. 손염·곽박은 모두 "척시(戚施)라는 질병에 걸린 사람은 위로 쳐다보지 못한다. 면유지인(面柔之人)도 항상 몸을 숙이고 있어 그와 비슷하므로 그렇게 부른다"고 하였다. 『자서(字書)』에는 척시(䙄頠 : 곱사등이)로 되어 있는데 음의가 같다.

「邶風」「新臺」云 : "籧篨不鮮." 又曰 : "得此戚施." 故此釋之也. 毛傳云 : "籧篨, 不能俯. 戚施, 不能仰者." 李巡曰 : "籧篨, 巧言好辭, 以口饒人, 是謂口柔. 戚施, 和顏悅色以誘人, 是謂面柔." 但籧篨·戚施本人疾之名, 故「晉語」云"籧篨不可使俯, 戚施不可使仰." 是也. 人口柔者, 必仰面觀人之顏色而爲辭, 似籧篨不俯之人, 因名口柔者爲籧篨. 面柔者必低首下人, 媚以容色, 似戚施之人, 因名面柔者爲"戚

施". 故郭云: "籧篨之疾, 不能俯. 口柔之人, 視人顔色, 常亦不伏. 因以
名云."

　『시경』「패풍」「신대(新臺)」에 "거저불선(籧篨不鮮: 籧篨가 착하지 못하다)"[79]
이라 하였고, 또 "득차척시(得此戚施: 이 곱사등이를 얻었다)"라 하였으므로 여
기서 풀이하였다. 『모전』에 "거저(籧篨)는 몸을 굽히지 못하는 사람이고,
척시(戚施)는 위로 쳐다보지 못하는 사람이다"고 하였다. 이순은 "거저는
말을 교묘하고 좋게 해서 남에게 너그러이 하니, 이를 일러 구유(口柔)라
한다. 척시는 안색을 온화하게 해서 사람을 꾀니, 이를 일러 면유(面柔)라
한다"고 하였다. 다만 거저(籧篨)·척시(戚施)는 본래 질병의 명칭이니, 『국
어』「진어(晉語)」에 "거저병에 걸린 사람은 몸을 숙이게 할 수 없고, 척시
병에 걸린 사람은 위로 쳐다보게 할 수 없다"고 한 것이 이것이다. 말만
부드럽게 하는 사람은 반드시 얼굴을 들고 남의 안색을 살펴 말을 하는데,
마치 몸을 굽히지 못하는 거저병에 걸린 사람과 같다. 그러므로 말만 부
드럽게 하는 사람을 거저(籧篨)라 한다. 얼굴만 부드럽게 하는 사람은 반드
시 머리를 숙이고 남에게 겸손히 대하면서 용모와 안색으로 아양떠는데
마치 척시병에 걸린 사람과 같다. 이를 따라 얼굴만 부드럽게 하는 사람
을 "척시(戚施)"라 한다. 그러므로 곽박이 "거저(籧篨)라는 병에 걸린 사람
은 몸을 굽히지 못한다. 구유지인(口柔之人)은 남의 안색을 살피고 항상 몸
을 굽히지 못하므로 이런 명칭으로 부른다"고 하였다.

 夸毗, 體柔也.

---

79) 籧篨가 …… 못하다 : 정전의 "鮮, 善也"를 따랐다. 집전은 "鮮, 少也"라 하여, '거저
　가 적지 않다'로 번역된다.

과비(夸毗)는 체유(體柔: 몸을 낮추어 남에게 유순하게 대하다)이다.

 屈己卑身以柔順人也.

자기의 몸을 비굴하게 하여 유순하게 타인을 따르는 것이다.

夸, 苦瓜反. 毗, 鼻尸[80]反. 舍人曰: "卑身屈己也." 樊引『詩』云:
"無爲夸毗." 李孫郭云: "屈己卑身以柔順人也." 『字書』作骻躄.
己, 音紀.

과(夸)는 고(苦)와 과(瓜)의 반절, 비(毗)는 비(鼻)와 시(尸)의 반절이다. 사인
은 "자기의 몸을 낮추고 굽히는 것이다"고 하였다. 번광은 『시경』「대아」
「판(板)」편을 인용하여 "포악한 임금에게 너희들은 몸을 굽혀 순종하지 말
라"고 하였다. 이순·손염·곽박은 "자기의 몸을 비굴하게 하여 유순하게
타인을 따르는 것이다"고 하였다. 『자서』에는 과비(骻躄)로 되어 있다. 기
(己)는 음이 기(紀)이다.

「大雅」「板」篇云: "無爲夸毗." 故此釋之也. 毛傳云: "夸毗, 以
體[81]柔人也." 李巡曰: "屈己卑身求得於人曰體柔." 然則夸毗
者, 便辟. 其足前却爲恭, 以形體順從于人, 故郭云: "屈己卑身以柔順
人也."

『시경』「대아」「판(板)」편에 "무위과비(無爲夸毗)"라 하였으므로, 여기서 풀
이하였다. 『모전』에 "과비는 자신의 몸을 낮추어 남에게 부드러이 함이다"고

---

80) 尸: 『釋文』에는 '口'로 되어 있으나 『이아고림』「音義攷證」에 따라 고쳤다.
81) 體: 대본에는 없으나 十三經注疏本 『詩經正義』의 毛傳에 따라 삽입하였다.

하였다. 이순은 "자기의 몸을 비굴하게 하여 남에게 구걸하는 것을 체유(體柔)라 한다"고 하였다. 그렇다면 과비(夸毗)는 편벽(便辟)[82]함이다. 그 발은 앞으로 숙여 공손히 하고[83] 몸은 남에게 순종하는 것이다. 그러므로 곽박이 "자기의 몸을 굽히고 낮추어 유순하게 타인을 따르는 것이다"고 하였다.

 婆娑, 舞也.

파사(婆娑)는 무(舞 : 춤추는 모습)이다.

 舞者之容.

춤추는 사람의 모습이다.

 娑, 素河反.

사(娑)는 소(素)와 하(河)의 반절이다.

---

82) 便辟 : 남이 싫어하는 것을 교묘히 피하면서 아첨하는 일. 『書經』「冏命」 "便辟"의 蔡傳에 "便者, 順人之所欲, 辟者, 避人之所惡"라 하였다. 『論語』「季氏」에 損者三友의 하나로 便辟된 사람을 넣었다.

83) 그 발은 …… 공손히 하고 : 『爾雅詁林』「義疏」의 "體柔之人, 其足便辟, 其躬卑屈前俛爲恭"을 따랐다.

「陳風」「東門之枌」云 : "婆娑其下." 故此釋之. 李巡曰 : "婆娑, 盤
辟, 舞也." 郭云 : "舞者之容." 孫炎曰 : "舞者之容婆娑." 然則婆
娑, 舞者之狀貌也.

『시경』「진풍(陳風)」「동문지분(東門之枌)」에 "파사기하(婆娑其下 : 나무 아
래에서 춤을 춘다)"라 하였으므로 여기서 풀이하였다. 이순은 "파사(婆娑)는
빙글 돌음이니, 춤추는 것이다"고 하였다. 곽박은 "춤추는 사람의 모습이
다"고 하였으며, 손염은 "춤추는 사람의 모습이 파사(婆娑)하다"고 하였다.
그렇다면 파사(婆娑)는 춤추는 사람의 모습이다.

 擗, 拊心也.

벽(擗)은 부심(拊心 : 가슴을 치다)이다.

 謂椎胸也.

가슴을 침을 말한다.

擗, 婢亦反. 拊, 本亦作撫, 同, 芳武反. 椎, 本或作搥, 同, 直追
反. 『字林』云 : "擊也." 胸, 音凶.

벽(擗)은 비(婢)와 역(亦)의 반절이다. 부(拊)는 본에 따라 무(撫)로 되어 있
는데, 음의가 같으며, 방(芳)과 무(武)의 반절이다. 추(椎)는 본에 따라 추(搥)

로 되어 있는데, 음의가 같으며, 직(直)과 추(追)의 반절이다. 『자림』에는 "격(擊: 치다)이다"고 하였다. 흉(胸)은 음이 흉(凶)이다.

 「邶風」「柏舟」云: "寤擗有摽." 擗,[84] 謂拊心也. 郭云: "謂椎胸也."

『시경』「패풍(邶風)」「백주(柏舟)」에 "오벽유표(寤擗有摽: 정신들어 가슴 치기를 쾅쾅한다)"[85]라 하였다. 벽(擗)은 가슴을 침을 말한다. 곽박은 "가슴을 침을 말한다"고 하였다.

 矜憐, 撫掩之也.

긍련(矜憐)은 무엄(撫掩: 불쌍히 여겨 위로하다)함이다.

 撫掩猶撫拍, 謂慰卹也.

무엄(撫掩)은 무박(撫拍)과 같으며, 위로함을 말한다.

 矜, 几陵反. 憐, 力堅反. 拍, 普伯反.

---

84) 擗: 대본에는 없으나 『이아고림』「邢疏」에 따라 삽입하였다.
85) 정신들어 …… 쾅쾅한다: 정전의 "摽, 拊心貌"와 孔穎達 疏의 "寤覺之中, 拊心而摽然"을 따랐다.

긍(殑)은 궤(几)와 릉(陵)의 반절이다. 련(憐)은 력(力)과 견(堅)의 반절이다. 박(拍)은 보(普)와 백(伯)의 반절이다.

 撫掩猶撫拍, 謂慰㑦也. 「小雅」「鴻鴈」云 : "爰及矜人."

무엄(撫掩)은 무박(撫拍)과 같으며 위로함을 말한다. 『시경』 「소아」 「홍안(鴻鴈)」에 "이 가련한 사람에도 미친다"고 하였다.

 緎, 羔裘之縫也.

역(緎)은 고구지봉(羔裘之縫 : 가죽옷의 꿰맨 자국)이다.

 縫飾羔皮之名.

양가죽을 꿰매고 장식한 명칭이다.

 緎, 許域反, 又音域. 縫, 扶用反.

역(緎)은 허(許)와 역(域)의 반절로 또 음이 역(域)이다. 봉(縫)은 부(扶)와 용(用)의 반절이다.

 「召南」「羔羊」云: "羔羊之革, 素絲五緎." 故此解之也. 孫炎云: "緎之爲界緎." 然則縫合羔羊皮爲裘, 縫卽皮之界緎. 因名裘縫爲緎. 故郭云: "縫飾羔皮之名."

『시경』「소남」「고양(羔羊)」에 "고양지혁, 소사오역(羔羊[86]之革, 素絲五緎: 양가죽에 흰 실로 꿰맨 다섯 솔기)"라 하였으므로, 여기서 풀이하였다. 손염은 "역(緎)이 계역(界域:境界)이 된다"고 하였다. 그렇다면 양가죽을 봉합(縫合)하여 가죽옷으로 만드는데 봉(縫)은 즉 가죽의 경계이다. 그로 인하여 가죽옷의 꿰맨 곳(솔기)을 역(緎)이라 한다. 그러므로 곽박은 "양가죽을 꿰매고 장식한 명칭이다"고 하였다.

 殿屎, 呻也.

전시(殿屎)는 신(呻: 신음하는 소리)이다.

 呻吟之聲.

신음하는 소리이다.

爾雅音義 殿, 丁練反. 屎, 虛伊反. 殿屎, 或作欦吹, 又作懸𦜕. 『說文』作唸㕧. 郭上音香惟反, 又音丁念反. 下許利反. 呻, 音申.

---

86) 羔羊: 羔는 작은 양, 羊은 큰 양. 모전에 "小曰羔, 大曰羊"이라 하였다.

전(殿)은 정(丁)과 련(練)의 반절이다. 시(屎)는 허(虛)와 이(伊)의 반절이다. 전시(殿屎)는 혹 전취(欻吹)로 쓰며, 또한 전시(慇瘝)로도 쓴다. 『설문』에는 전이(唸呎)로 되어 있다. 곽박은 "앞[殿]의 음이 향(香)과 유(惟)의 반절, 또는 정(丁)과 넘(念)의 반절이다. 뒤[屎]는 허(許)와 리(利)의 반절이다"고 하였다. 신(呻)은 음이 신(申)이다.

「大雅」「板」云: "民之方殿屎." 毛傳云: "殿屎, 呻吟也." 是用此爲說. 郭云: "呻吟之聲." 孫炎云: "人愁苦呻吟之聲也."

『시경』「대아」「판(板)」에 "민지방전시(民之方殿屎: 백성이 한창 신음하고 있다)"라 하였는데, 모전(毛傳)에 "전시(殿屎)는 신음(呻吟)함이다"고 하였으므로 이를 인용하여 설명한 것이다. 곽박은 "신음하는 소리이다"고 하였으며, 손염은 "사람이 근신하고 고생하여 신음하는 소리이다"고 하였다.

 幬謂之帳.

주(幬)를 장(帳: 장막)이라 한다.

 今江東亦謂帳爲幬.

지금 강동 지방에서 역시 장(帳)을 주(幬: 장막)라고 한다.

幬本或作裯, 同, 直留反. 帳, 陟亮反.

주(幬)는 본에 따라 주(裯)로 되어 있는데 음의가 같으며, 직(直)과 류(留)의 반절이다. 장(帳)은 척(陟)과 량(亮)의 반절이다.

 帳一名幬. 「召南」「小星」云 : "抱衾與裯." 鄭箋云 : "裯,[87] 牀帳也."[88] 郭云 : "今江東亦謂帳爲幬." 幬與裯音義同.

장(帳)은 일명 주(幬)이다. 『시경』「소남」「소성(小星)」에 "포금여주(抱衾與裯:〈임금 모시러〉이불과 휘장을 안고 간다)"고 하였는데『정전』은 "주(裯)는 침상의 휘장이다"고 하였다. 곽박은 지금 강동 지방에서도 역시 장(帳)을 주(幬)라 한다."고 하였다. 주(幬)는 주(裯)와 음의가 같다.

 俆張, 誑也.

주장(俆張)은 광(誑 : 속이다)이다.

 『書』曰 : "無或俆張爲幻."[89] 幻惑欺誑人者.

---

87) 裯 : 대본에는 '幬'로 되어 있으나 十三經注疏本『毛詩正義』의 鄭箋에 따라 고쳤다.
88) 裯, 牀帳也 : 모전과 집전은 "襌被也"라 하였다. 즉 정전은 '침상의 휘장'으로 보았고, 모전은 '홑이불'로 보았다.
89) 無或俆張爲幻 :『서경집전대전』에는 "民無或胥俆張爲幻"으로 되어 있고, 공씨전에 "俆張, 誑也"라 하였다.

『서경』에 "혹시라도 속여 현혹시키지 말라"고 하였으니, 사람을 현혹시켜 속이는 것이다.

 佝, 本或作倜, 同, 張留反. 誆, 俱放反. 幻, 胡辦反.

주(佝)는 본에 따라 주(倜)로 되어 있는데 음의가 같으며 장(張)과 류(留)의 반절이다. 광(誆)은 구(俱)와 방(放)의 반절이다. 환(幻)은 호(胡)와 판(辦)의 반절이다.

 「陳風」「防有鵲巢」云 : "誰佝予美" 毛傳云 : "佝張, 誆也." 鄭箋云 : "女衆讒人, 誰佝張誆欺我所美之人乎?" 郭云"『書』曰 : 無或佝張爲幻"者, 「周書」「無逸」篇文也. 引之者, 以證佝張謂幻惑欺誆人者.

『시경』「진풍」「방유작소(防有鵲巢)」에 "수주여미(誰佝予美 : 나의 사랑하는 사람을 누가 기만하는가?)"라고 하였는데, 모전에 "주장(佝張)은 광(誆)이다"[90]고 하였고, 정전에는 "너희 많은 참소하는 사람들, 누가 나의 사랑하는 사람을 속이고 기만하는가?"라 하였다. 곽박이 주에서 말한 『서경』의 "무혹주장위환(無或佝張爲幻)"은 「주서」「무일(無逸)」편의 글이다. 이 글을 인용한 것은, 주장(佝張)은 사람을 현혹시켜 속이는 것임을 증명한 것이다.

🔳 誰昔, 昔也.

---

90) 佝張은 誆이다 : 『시경』「陳風」「防有鵲巢」의 毛傳을 표점본에서는 "佝, 張誆也"라고 나타내어, 『이아』의 표점과 다르다.

수석(誰昔)은 석(昔 : 옛날)이다.

 誰, 發語辭.

수(誰)는 발어사이다.

 「陳風」「墓門」云 : "誰昔然矣." 毛傳云 : "昔, 久也." 郭云 : "誰, 發語辭." 與毛同也.

『시경』「진풍」「묘문(墓門)」에 "수석연의(誰昔然矣 : 예로부터 그러하다)"라 하였는데, 모전에 "석(昔)은 구(久 : 오래됨)이다"고 하였다. 곽박이 "수(誰)는 발어사이다"고 하였으니, 모전(毛傳)과 같다.

 不辰, 不時也.

불신(不辰)은 불시(不時 : 좋지 않은 때)이다.

 辰亦時也.

신(辰) 역시 시(時 : 때)이다.

辰亦時也. 不辰者, 言不得其時也.「大雅」「桑柔」云 : “我生不辰,
逢天僤怒”是也.

신(辰) 역시 시(時)이다. 불신(不辰)은 제 때를 얻지 못했음을 말한다. 「대
아」, 「상유(桑柔)」에 “내 태어남이 제 때가 아니어서 하늘의 심한 노여움을
만났다”고 한 것이 이것이다.

 凡曲者爲罶.

일반적으로 굽은 것은 류(罶 : 통발)이다.

『毛詩』傳曰 : “罶, 曲梁也.” 凡以薄爲魚笱者, 名爲罶.

『모시』전에 “류(罶)는 굽은 통발이다”고 하였다. 대체로 발로 만든 어구
(魚笱 : 대로 만든 물고기를 잡는 통발)를 류(罶)라 한다.

罶, 本或作𦥯, 同, 力九反. 薄, 蒲博反, 本今作簿. 笱, 音苟.

류(罶)는 본에 따라 혹 류(𦥯)로 되어 있는데 음의가 같으며, 력(力)과 구
(九)의 반절이다. 박(薄)은 포(蒲)와 박(博)의 반절인데, 본에 따라 지금 박(簿)
으로 되어 있다. 구(笱)는 음이 구(苟)이다.

 曲, 薄也. 凡以薄取魚爲罶. 郭云"『毛詩』傳曰: 罶, 曲梁也"者, 「小雅」「魚麗」篇傳文也. 云"凡以薄爲魚笱者, 名爲罶"者, 卽「釋器」云"嫠婦之笱謂之罶"也.

곡(曲)은 박(薄 : 발)이다. 대체로 발을 사용하여 고기 잡는 기구를 류(罶)라 한다. 곽박이 인용한 『모시』전의 "류, 어량아(罶, 曲梁也)"는 『시경』「소아」「어리(魚麗)」편의 모전(毛傳)의 글이다. "범이박위어구자, 명위류(凡以薄爲魚笱者, 名爲罶)"라고 한 것은, 곧 「석기(釋器)」에 "과부의 통발을 류(罶)라 한다"고 한 것이다.

 鬼之爲言歸也.

귀(鬼)라는 말은 귀(歸 : 돌아가다)이다.

 『尸子』曰: "古者謂死人爲歸人."

『시자(尸子)』에 "옛날에 사인(死人 : 죽은 사람)을 귀인(歸人 : 돌아간 사람)이라 한다"고 하였다.

 人死爲鬼. 「小雅」「何人斯」云: "爲鬼爲蜮." 『周禮』曰: "享大鬼." 謂之鬼者, 鬼猶歸也, 若歸去然. 故『尸子』曰: "古者謂死人爲歸人."

사람이 죽으면 귀(鬼)가 된다.『시경』「소아」「하인사(何人斯)」에 "귀신 되고 여우 된다"고 하였다.『주례』「춘관」「대종백(大宗伯)」에 "큰 귀신에게 제사지낸다"에서 귀(鬼)라고 말한 것은, 귀(鬼)는 귀(歸 : 돌아가다)와 같으니, 돌아가는 것과 같다. 그러므로『시자』에 "옛날에는 죽은 사람을 귀인(歸人)이라 한다"고 하였다.

석친(釋親) 제4(第四)

爾雅音義 『說文』云 : "親, 至也."『蒼頡篇』云 : "親, 愛也, 近也."『禮記』云 : "親親, 以三爲五, 以五爲九."『尙書』云 : "以親九族." 親者, 通謂五服九族親也.

『설문』에 "친(親)은 지(至 : 지극하다)이다"고 하였고,『창힐편』에 "친(親)은 애(愛 : 사랑하다)이며 근(近 : 가깝다)이다"고 하였다.『예기』「상복소기(喪服小記)」에 "친친이삼위오이오위구(親親, 以三爲五, 以五爲九 : 親屬을 親愛하되 3대로부터 5대가 되며 5대로부터 9대가 된다)"[91]라고 하였다.『서경』「요전(堯典)」에 "구족(九族)[92]을 친화시켰다"고 하였다. 친(親)이란 오복(五服)[93]과 구족(九族)의 친속을 통틀어 말하는 것이다.

---

91) 親親은 …… 된다 : 아버지로부터 본인과 자식까지 3대가 되고, 할아버지로부터 손자까지 5대가 되고, 高祖로부터 玄孫(손자의 손자)까지 9대가 됨을 말한다.
92) 九族 : 高祖·曾祖·祖父·父母·자기·아들·孫子·曾孫·玄孫을 말한다.
93) 五服 : 斬衰·齊衰·大功·小功·緦麻를 말한다.

案『禮記』「大傳」云 : "聖人南面而聽天下, 所最先者五, 民不與焉, 一曰治親." 『蒼頡』曰 : "親, 愛也, 近也." 然則親者, 恩愛狎近‧不疏遠之稱也. 『書』曰 : "克明峻德, 以親九族." 喪服小記曰 : "親親(以一爲三), 以三爲五, 以五(爲七), (以七)爲九, 上殺‧下殺‧旁殺, 而親畢矣." 以九族之親, 其名謂非一, 此篇釋之, 故曰"釋親."

　살피건대, 『예기』「대전(大傳)」에 "성인이 남면(南面)하여 천하를 다스릴 때에 가장 먼저 해야 할 일이 다섯 가지인데, 민사(民事)에는 관여하지 않으며, 첫 번째는 친족을 다스리는 일이다"고 하였고, 『창힐편』에는 "친(親)은 애(愛)이며 근(近)이다"고 하였다. 그렇다면 친(親)이란 은애(恩愛)하고 아주 가까워서 소원(疏遠)하지 않음을 일컫는 것이다. 『서경』「요전(堯典)」에 "능히 높은 덕을 밝히고 구족(九族)을 친화(親和)시켰다"고 하였고, 『예기』「상복소기(喪服小記)」에 "친속(親屬)을 친애하되 하나—我로부터 셋—父‧我‧子로 확충되고 셋(父‧我‧子)으로부터 다섯(祖‧父‧我‧子‧孫)으로 확충되고 다섯으로부터 일곱—曾祖‧祖‧父‧我‧子‧孫‧曾孫으로 확충되고, 일곱으로부터 아홉(高祖‧曾祖‧祖‧父‧我‧子‧孫‧曾孫‧玄孫)으로 확충된다. 자기를 기준으로 복을 입는 기간이 차차 父에서 高祖까지 위로 줄어들고 子에서 玄孫까지 아래로 줄어들고 형제‧四‧六‧八寸까지 곁으로 줄어들어 친속이 끝난다"고 하였다. 구족(九族)의 친속은 그 명칭이 한 가지가 아닌데, 이 편에 풀어놓았기 때문에 "석친(釋親)"이라 하였다.

父爲考, 母爲妣.

아버지를 고(考)라 하고, 어머니를 비(妣)라 한다.

爾雅注 『禮記』曰：“生曰父·母·妻, 死曰考·妣·嬪”,94) 今世學者從
之. 案『尙書』曰：“大傷厥考心”, “事厥考厥長”, “聰聽祖考之彝
訓”, “如喪考妣.” 『公羊傳』曰：“惠公者何? 隱之考也. 仲子者何? 桓之母
也.” 『蒼頡篇』曰：“考妣延年.” 『書』曰：“嬪于虞.” 『詩』曰：“聿嬪于京.”95)
『周禮』有九嬪之官, 明此非死生之異稱矣. 其義猶今謂兄爲昆·妹爲娣,
卽是此例也.

『예기』「곡례하(曲禮下)」에 “살아 있을 때는 부(父)·모(母)·처(妻)라 하
고, 죽었을 때는 고(考)·비(妣)·빈(嬪)이라 한다”고 하였는데, 오늘날의 학
자들이 이를 따른다. 살피건대, 『서경』「강고(康誥)」에 “그 아버지의 마음
을 크게 상하게 한다”고 하였고, 「주고(酒誥)」에는 “그 아버지와 어른을
섬긴다”, “할아버지와 아버지의 교훈을 귀기울여 듣는다”고 하였고, 「순
전(舜典)」에는 “아버지와 어머니를 잃은 듯이 하였다”고 하였다. 『공양전』
에 “혜공(惠公)은 누구인가? 은공(隱公)의 아버지이다. 중자는 누구인가? 환
공(桓公)의 어머니이다”고 하였다. 『창힐편』에 “아버지와 어머니가 장수하
셨다”고 하였다. 『서경』「요전(堯典)」에 “유우씨(有虞氏)에게 시집보내다”고
하였고, 『시경』「대아」「대명(大明)」에 “이에 경(京)에 시집보내다”고 하였
고, 『주례』에 구빈(九嬪)이라는 관직이 있으니, 이는 죽었을 때와 살았을
때의 다른 칭호가 아님이 분명하다. 그 의미는 지금 형(兄)을 곤(昆)이라
하고 매(妹)를 위(娣)라 하는 것과 같으니, 이것이 곧 이러한 예이다.

---

94) 生曰父 …… 考妣嬪：『禮記』에는 “生曰父, 曰母, 曰妻. 死曰考, 曰妣, 曰嬪”으로 되
어 있다.
95) 『詩』曰“聿嬪于京”：『詩經』「大雅」「大明」에는 “曰嬪于京”으로 되어 있다.

 父之考爲王父, 父之妣爲王母.

아버지의 아버지를 왕부(王父 : 할아버지)라 하고, 아버지의 어머니를 왕모(王母 : 할머니)라 한다.

 加王者尊之.

왕(王)자를 더한 것은 높이는 것이다.

 王父之考爲曾祖王父, 王父之妣爲曾祖王母.

왕부(王父)의 아버지를 증조왕부(曾祖王父 : 증조할아버지)라 하고, 왕부(王父)의 어머니를 증조왕모(曾祖王母 : 증조할머니)라 한다.

 曾猶重也.

증(曾)은 중(重 : 거듭하다)과 같다.

 曾祖王父之考爲高祖王父, 曾祖王父之妣爲高祖王母.

증조왕부(曾祖王父)의 아버지를 고조왕부(高祖王父 : 고조할아버지)라 하고,
증조왕부(曾祖王父)의 어머니를 고조왕모(高祖王母 : 고조할머니)라 한다.

 高者言最在上.

고(高)라는 것은 가장 위에 있음을 말한다.

 父之世父叔父爲從祖祖父,[96] 父之世母叔母爲從祖
祖母.

아버지의 큰아버지와 작은아버지를 송조소부(從祖祖父 : 종소할아버지)라
하고, 아버지의 큰어머니와 작은 어머니를 종조조모(從祖祖母 : 종조할머니)
라 한다.

 從祖而別, 世統異故.

종조(從祖)로써 구분하는 것은 세통(世統 : 代의 계통)이 달라지기 때문이다.

---

96) 從祖祖父 :『爾雅詁林』「正義」에 "자기의 친할아버지로부터 갈라져 내려옴을 말한
다. 또 자기 할아버지를 따라 이름 붙임을 말한다[言從己親祖別而下也, 亦言隨從己
祖以爲名也]"라고 설명하였다.

 父之晜弟先生爲世父,[97] 後生爲叔父.[98]

아버지의 형과 아우 중에 먼저 태어난 자를 세부(世父 : 큰아버지)라 하고, 나중에 태어난 자를 숙부(叔父 : 작은아버지)라 한다.

 世有爲嫡者, 嗣世統故也.

세(世)에 적자(適子)를 두는 것은 세통(世統)을 이어야 하기 때문이다.

 男子先生爲兄, 後生爲弟. 男子[99]謂女子先生爲姊, 後生爲妹. 父之姊妹爲姑, 父之從父晜弟爲從祖父, 父之從祖晜弟爲族父. 族父之子相謂爲族晜弟, 族晜弟之子相謂爲親同姓.

남자 중에 먼저 태어난 자를 형(兄 : 형님)이라 하고, 나중에 태어난 자를 제(弟 : 아우)라 한다. 남자는 여자 중에 먼저 태어난 자를 자(姊 : 손윗누이)라 부르고, 나중에 태어난 자를 매(妹 : 손아랫누이)라고 한다. 아버지의 자매를 고(姑 : 고모)라 한다. 아버지의 종부곤제(從父晜弟 : 사촌형제)를 종조부(從祖父 : 5촌從叔)라 하며, 아버지의 종조곤제(從祖晜弟 : 6촌형제. 再從兄弟)를 족부(族父 : 7촌종숙. 再從叔)라 하고, 족부의 아들끼리는 서로 일러 족곤제(族晜弟 : 8

---

97) 世父 : 『爾雅詁林』「正義」에 "맏이 계통으로 대를 이음을 말한다[言爲嫡統繼世也]"라고 설명하였다.
98) 叔父 : 『爾雅詁林』「正義」에 "叔은 작다는 뜻이다[叔, 少也]"라고 설명하였다.
99) 男子 : 대본에는 없으나 『이아고림』「郭注」에 따라 삽입하였다.

촌형제. 三從兄弟)라 하며, 족곤제의 아들끼리는 서로 일러 친동성(親同姓 : 10
촌형제. 四從兄弟)이라 한다.

 同姓之親無服屬.

동성친(同姓親)은 복(服)이 없는 친속이다.[100]

 兄之子弟之子相謂爲從父晜弟.

형의 아들과 아우의 아들끼리는 서로 일러 종부곤제(從父晜弟 : 4촌형제.
從兄弟)라 한다.

 從父而別.

아버지를 따라 구별한다.

 子之子爲孫.

___

100) 服이 없는 친속이다 : 10촌, 즉 四從이 됨을 말한다. 服이 미치는 친속은 8촌까지이
고, 이 服은 緦麻이다. 이를 넘어 10촌이 되면 服이 없고 姓만 같은 친족이 된다.

아들의 아들을 손(孫)이라 한다.

 孫猶後也.

손(孫)은 후(後)와 같은 것이다.

 孫之子爲曾孫.

손자의 아들을 증손(曾孫)이라 한다.

 曾猶重也.

증(曾)은 중(重)과 같다.

 曾孫之子爲玄孫.

증손(曾孫)의 아들을 현손(玄孫)이라 한다.

 玄者言親屬微昧也.

현(玄)이란 친속(親屬 : 살붙이)이 희미함을 말하는 것이다.

 玄孫之子爲來孫.

현손(玄孫)의 아들을 내손(來孫 : 5세손)이라 한다.

 言有往來之親.

오고 가는 정도의 친근함이 있음을 말한다.

 來孫之子爲晜孫.

내손(來孫)의 아들을 곤손(晜孫 : 6세손)이라 한다.

 晜, 後也. 『汲冢竹書』曰 : "不窋之晜孫."

곤(晜)은 뒤이다. 『급총죽서(汲冢竹書)』에 "불굴(不窋 : 后稷의 아들)의 곤손(晜孫)이다"고 하였다.

 昆孫之子爲仍孫.

곤손(昆孫)의 아들을 잉손(仍孫 : 7세손)이라 한다.

 仍亦重也.

잉(仍) 또한 중(重)이다.

 仍孫之子爲雲孫.

잉손(仍孫)의 아들을 운손(雲孫 : 8세손)이라 한다.

 言輕遠如浮雲.

운손(雲孫)의 운(雲)은 가볍고 소원함이 뜬구름과 같음을 말한다.

 王父之姊妹爲王姑, 曾祖王父之姊妹爲曾祖王姑, 高祖王父之姊妹爲高祖王姑, 父之從父姊妹爲從祖姑, 父之從祖姊妹爲族祖姑. 父之從父昆弟之母爲從祖王母, 父之從祖昆弟之母爲族祖王母. 父之兄妻爲世母, 父之

弟妻爲叔母. 父之從父晜弟之妻爲從祖母, 父之從祖晜弟之
妻爲族祖母. 父之從祖祖父爲族曾王父, 父之從祖祖母爲
族曾王母. 父之妾爲庶母. 祖, 王父也, 晜, 兄也.

조부(祖父)의 자매(姊妹)를 왕고(王姑: 대고모)라 하고, 증조부(曾祖父)의 자
매를 증조왕고(曾祖王姑: 증조고모)라 하며, 고조부(高祖父)의 자매를 고조왕
고(高祖王姑: 고조고모)라 한다. 부(父)의 종부자매(從父姊妹: 4촌자매)를 종조
고(從祖姑: 5촌고모 당고모)라 하며, 부(父)의 종조자매(從祖姊妹: 6촌자매)를 족
조고(族祖姑: 7촌고모. 재당고모)라 한다. 부(父)의 종부형제(從父兄弟: 4촌형제)
의 어머니를 종조왕모(從祖王母: 從祖祖母. 종조할머니)라 하며, 부(父)의 종조
형제(從祖弟: 6촌형제)의 어머니를 족조왕모(族祖王母: 再從祖母. 재종조할
머니)라 한다. 부(父)의 형의 처를 세모(世母: 큰어머니)라 하고, 부(父)의 아우
의 처를 숙모(叔母: 작은어머니)라 한다. 부(父)의 종부형제의 처를 종조모(從
祖母: 5촌종숙모 종숙모)라 하며, 부(父)의 종조형제의 처를 족조모(族祖母: 7
촌종숙모. 재종숙모)라 한다. 부(父)의 종조조부를 족증왕부(族曾王父: 증조의
형제)라 하며, 부(父)의 종조조모를 족증왕모(族曾王母: 증조의 형제의 아내)라
한다. 부(父)의 첩(妾)을 서모(庶母)라 한다. 조부(祖父)는 왕부(王父)이며 곤
(晜)은 형이다.

 今江東人通言晜.

지금 강동 사람들은 형을 곤(晜)이라고 두루 말한다.

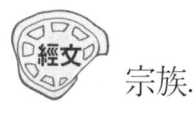 宗族.

종족(宗族 : 동성 친족)이다.

姚, 必里反. 嬪, 毗眞反. 長, 丁丈反, 下皆同. 彜, 音夷. 喪, 息浪
反, 又如字. 頡, 戶結反. 稱, 尺證反. 晜, 音昆, 本亦作昆, 下同.
媦, 于貴反.『廣雅』云 : "媦, 妹也."『說文』云 : "楚人謂女弟爲媦."『纂文』
云 : "河南人云 : '妹, 媦也.'" 重, 直龍反, 下皆同. 別, 彼列反, 又如字, 下
皆同. 嫡, 丁歷反. 倈, 音來, 本亦作來. 汲, 居及反. 冢, 竹奉反. 窋, 丁律
反, 又丁滑反. 不窋, 后稷之子.

비(姚)는 필(必)과 리(里)의 반절이다. 빈(嬪)은 비(毗)와 진(眞)의 반절이다.
장(長)은 정(丁)과 장(丈)의 반절이며 아래에서도 모두 같다. 이(彜)는 음이
이(夷)이다. 상(喪)은 식(息)과 랑(浪)의 반절, 또는 여자(如字)이다. 힐(頡)은
호(戶)와 결(結)의 반절이다. 칭(稱)은 척(尺)과 증(證)의 반절이다. 곤(晜)은 음
이 곤(昆)인데 본에 따라 또한 곤(昆)으로도 되어 있으며, 아래도 같다. 위
(媦)는 우(于)와 귀(貴)의 반절이다.『광아』에 "위(媦)는 매(妹)이다"고 하였다.
『설문』에 "초나라 사람들은 여동생을 위(媦)라 한다"고 하였다.『찬문(纂
文)』에 "하남 사람들은 매(妹)를 위(媦)라고 말한다"고 하였다. 중(重)은 직
(直)과 룡(龍)의 반절이며101) 아래에서도 모두 같다. 별(別)은 피(彼)와 렬(列)
의 반절, 또는 여자(如字)이며 아래도 모두 같다. 적(嫡)은 정(丁)과 력(歷)의
반절이다. 래(倈)는 음이 래(來)인데, 본에 따라 또한 래(來)로 되어 있다. 급
(汲)은 거(居)와 급(及)의 반절이다. 총(冢)은 죽(竹)과 봉(奉)의 반절이다. 굴
(窋)은 정(丁)과 률(律)의 반절, 또는 정(丁)과 활(滑)의 반절이다. 불굴(不窋)은

---

101) 重은 …… 반절이며 : 平聲으로, '거듭'이라는 뜻이 된다.

후직(后稷)의 아들이다.

此別同宗親族. 『白虎通』曰: "父, 矩也, 以法度敎子也." 又爲考. 考成也, 言有成德. 『廣雅』云: "母, 牧也." 言育養子也. 又爲妣. 妣, 媲也, 媲匹於父. 『廣雅』又云: "兄, 況也." 況於父. 又謂之晜. 弟, 悌也, 言順於兄. 子, 孜也. 以孝事父, 常孜孜也. 孫, 順也. 順於祖. 男, 任也. 任家事也. 女, 如也. 『白虎通』曰: "言如人也." 徐鍇曰: "女子從父之敎, 從夫之命, 故曰如." 姑, 故也, 言尊如故也. 又謂之威. 徐鍇曰: "土盛於戌. 土, 陰之主也. 故字從戌." 『漢律』曰: "婦告威姑." 是也. 姊, 咨也. 以其先生, 言可咨問. 『說文』云: "妹, 女弟也." 又謂之娚. 妾, 接也. 鄭注 『禮記』云: "聞彼有禮, 走而往焉, 以得接見於君子也. 庶母者, 父之妾也." 此皆同宗之族也. 『白虎通』曰: "宗者何謂也? 宗者尊也, 爲先祖主也. 宗人之所尊. 『禮記』曰: 宗人將有事, 族人皆侍. 侍所以必有宗, 何也? 所以長和睦也. 族者何也? 族者湊也, 聚也. 謂恩愛相流湊, 生相親愛, 死相哀痛, 有會聚之道, 故謂之族也." ○云"『禮記』曰: 生曰父·母·妻, 死曰考·妣·嬪"者, 『曲禮下』篇文也. 云"今世學者從之"者, 謂從『禮記』, 以父·母·妻爲生之稱, 以考·妣·嬪爲死之稱. 彼乃記者一家之說爾, 學者膠柱, 遂爲生死定稱, 非也. 故郭氏引諸文以證之. 云"『尙書』曰: 大傷厥考心", 『康誥』文也. 云"事厥考厥長"·"聰聽祖考之彝訓"者, 皆『酒誥』文也. 云"如喪考妣"者, 『舜典』文也. 此皆生稱考妣也. 云"『公羊傳』曰: 惠公者何? 隱之考也. 仲子者何? 桓之母也"者, 隱元年傳文也. 此卽死稱母也. 云"『蒼頡篇』曰: 考妣延年"者, 此亦生稱考妣也. 云"『書』曰: 嬪于虞"者, 『堯典』文也. 云"『詩』曰: 聿嬪于京", 『大雅』「大明」篇文也. 云"『周禮』有九嬪之官"者, 屬天官掌婦學之法者也. 此皆生稱嬪者也. 云"明此非死生之異稱矣"者, 所以破先儒之說也. 云"其義猶今謂兄爲晜·妹爲娚, 卽是此例也"者, 擧類以曉人也. ○注"從祖而別世統異故"者, 解所以稱從之理也. 從祖而別, 繼世分宗, 其統各異, 故曰從祖.

○注“世有爲嫡者, 嗣世統故也”, 解所以稱世之義也. 繼世而嫡長, 先生
於父, 則繼世者也, 故曰世父.『說文』叔作未, 許愼曰 : “從上小.” 言尊行
之小也. ○注“同姓之親無服屬”,『禮記』「大傳」云 : “親者屬也.” 鄭注云 :
“有親者服, 各以其屬親疏.” 此經言親同姓者, 謂五世之外, 比諸同姓猶
親, 但無服屬爾. ○注“孫猶後也”, 言繼後嗣也.『廣雅』云, “孫, 順也.”
許愼云 : “從子從系.” 系, 續也. 言順續也, 言順續先祖之後也. ○注“玄
者言親屬微昧也”, 玄者緅緇之間色, 色之微昧者也. 親屬微昧, 故曰玄
孫. ○注“昆, 後也.『汲冢竹書』曰 : 不窋之昆孫”, “昆, 後也”,「釋言」文.
「束晳傳」曰 : “太康元年, 汲郡民盜發魏安釐王塚, 得竹書漆字科斗之文.”
科斗文者, 周時古文也. 其字頭麤尾細, 似科斗之蟲, 故俗名之焉. 不窋,
后稷之子也. 昆孫, 謂毁楡也.

　여기서는 동종(同宗 : 같은 종족)의 친속(親屬)을 구분하였다.『백호통(白虎
通)』에 “부(父)는 구(矩 : 법)이다”고 하였는데, ‘법도로써 자식을 가르친다’는
뜻이다. 또한 고(考)라 한다. 고(考)는 성(成 : 이루다)인데 덕(德)을 이룸이 있
음을 말한다.『광아』에 “모(母)는 목(牧 : 기르다)이다”고 하였는데 자식을 양
육함을 말한다. 또한 비(妣)라 한다. 비(妣)는 비(媲 : 짝하다)인데 아버지와 짝
한다는 뜻이다.『광아』에 또 “형은 황(況 : 견주다)이다”고 하였는데, 아버지
에 비견된다는 뜻이다. 또한 이를 곤(昆)이라 말한다. 제(弟)는 제(悌 : 공경하
다)인데, 형에게 순종함을 말한다. 자(子)는 자(孜 : 부지런하다)인데 효도하여
부모를 섬기기를 항상 부지런히 힘쓴다는 뜻이다. 손(孫)은 순(順 : 순종하다)
인데 조상을 따른다는 뜻이다. 남(男)은 임(任 : 맡다)인데 집안 일을 맡는다
는 뜻이다. 녀(女)는 여(如 : 따르다)이다.『백호통』에 “사람을 따르는 것을 말
한다”고 하였으며, 서개(徐鍇)[102]는 “여자는 아버지의 가르침을 따르고 지

---

102) 徐鍇 : 920~974. 南唐 때의 廣陵 사람. 字는 楚金. 文에 능하고 小學(文字學)을 잘
하였으며, 형인 鉉과 명성이 나란하며 世稱 小徐로 일컬어진다. 저서로는『說文解字
繫傳』40권과『說文解字篆韻譜』5권이 있다.

아비의 명을 따른다. 때문에 여(如 : 따르다)라고 말한 것이다"고 하였다. 고
(姑)는 고(故 : 옛날)이니, 옛날처럼 높임을 말한다. 또한 〈『광아』에 "姑를〉
위(威)라 일컫는다"고 하였는데, 서개는 "토(土)는 술(戌)에서 왕성해지며[103]
토(土)는 음(陰)의 주(主)이다. 때문에 위(威) 글자가 술(戌)을 따른다"[104]고 하
였으며, 『한률(漢律)』[105]에 "며느리가 위고(威姑 : 남편의 모친. 시어머니)에게
고한다"고 한 것이 이것이다. 자(姊)는 자(咨 : 묻다)이다. 먼저 태어났기 때문
에 자문(咨問)할 수 있음을 말한다. 『설문』에 "매(妹)는 여자 동생이다"고
하였으며 또 위(媦)라고도 한다. 첩(妾)은 접(接 : 접촉하다)이다. 『예기』 「내칙
(內則)」의 정현(鄭玄) 주에는 "그에게 예절을 갖추었다고 들었으므로 달려
가서 군자를 접견(接見)할 수 있다"고 하였다. 서모(庶母)란 아버지의 첩이
다. 이는 모두 동종(同宗)의 친족이다. 『백호통』에 "종(宗)이란 무엇을 말하
는가? 종(宗)은 존(尊 . 높다)이니, 선조(先祖)의 주(主)가 되며 종인(宗人)이 높
이는 바이다. 『예기』에 종인(宗人)이 장차 제사를 지내려 함에 족인(族人)이
모두 모신다. 모시는 데에 반드시 종(宗)이 있는 까닭은 어째서인가? 화목
(和睦)을 길이 하기 위해서이다. 족(族)이란 무엇인가? 족(族)이란 주(湊 : 모여
들다)이며 취(聚 : 모이다)이니, 은혜와 사랑이 서로 흘러가서 모임을 말한다.
살아서는 서로 친애(親愛)하고 죽어서는 서로 애통(哀痛)해 하니, 모이는 방
도가 있는 것이다. 때문에 족(族)이라 이르는 것이다"고 하였다. ○ 주에서
인용한 『예기』의 "살아 있을 때는 부(父) · 모(母) · 처(妻)라 하고 죽었을 때
는 고(考) · 비(妣) · 빈(嬪)이라 한다"는 「곡례하」편의 글이다. "금세학자종
지(今世學者從之)"는 『예기』를 따라서 부(父) · 모(母) · 처(妻)를 살았을 때의
명칭으로 하고, 고(考) · 비(妣) · 빈(嬪)을 죽었을 때의 명칭으로 하는 것을
말한다. 그것은 기록한 사람 일가의 설(說)일 뿐인데, 학자들이 고지식하여

---

103) 土는 …… 왕성해지며 : 『설문』의 '戌'의 풀이에 "五行, 土生於戌, 盛於戌"이라 하였다.
104) 때문에 …… 戌을 따른다 : 『설문』에 "威, 姑也. 從女戌聲"이라고 하여, 戌을 聲符로
   풀이하였는데, 『이아』에서는 이와 달리 '威'에서 '戌'이 있는 것을 의미로 풀이한 것
   이다.
105) 漢律 : 漢代 法典의 총칭.

마침내 살았을 때와 죽었을 때의 고정된 명칭으로 하였으니, 잘못이다. 때문에 곽씨는 여러 글을 인용하여 이를 논증한 것이다. 『서경』의 "대상궐고심(大傷厥考心)"은 「강고(康誥)」의 글이다. "사궐고궐장(事厥考厥長)"과 "총청조고지이훈(聰聽祖考之彝訓)"은 모두 「주고(酒誥)」의 글이다. "여상고비(如喪考妣)"는 「순전(舜典)」의 글이다. 이들은 모두 살아 계실 때의 아버지와 어머니를 일컬은 것이다. 『공양전』의 "혜공(惠公)은 누구인가? 은공(隱公)의 아버지이다. 중자(仲子)는 누구인가? 환공(桓公)의 어머니이다"는 은공(隱公) 원년(元年) 전(傳)의 글인데, 이는 바로 돌아가신 어머니를 일컬은 것이다. 『창힐편』의 "고비연년(考妣延年)"은 이 또한 살아 있을 때의 아버지와 어머니를 일컬은 것이다. 『서경』의 "빈우우(嬪于虞)"는 「요전(堯典)」의 글이다. 『시경』의 "율빈우경(聿嬪于京)"은 「대아(大雅)」「대명(大明)」편의 글이다. 주에서 말한 『주례』의 "유구빈지관(有九嬪之官)"은 천관(天官)에 속하여 부학(婦學)의 법도를 관장하는 자이다. 이는 모두 살아 있는 부인을 일컬은 것이다. "명차비사생지이칭의(明此非死生之異稱矣)"는 선유(先儒)들의 설(說)을 인정하지 않은 것이다. "기의유금위형위곤 · 매위서, 즉시차예야(其義猶今謂兄爲晜 · 妹爲婿, 卽是此例也)"는 종류를 들어 사람들에게 밝힌 것이다. ○ 주에서 말한 "종조이별세통이고(從祖而別世統異故)"는 종(從)이라 일컫게 되는 이치를 풀이한 것인데, 종조(從祖)로써 구별하고 세(世)를 이으면서 종(宗)을 나누어 그 계통이 각각 다른 까닭에 "종조(從祖)라고 한다"고 한 것이다. ○ 주에서 "세유위적자, 사세통고야(世有爲嫡者, 嗣世統故也)"라 한 것은, 세(世)를 일컫게 되는 뜻을 풀이한 것이다. 세(世)를 잇고 적장자(嫡長子)가 되어 아버지보다 먼저 태어났으면 세(世)를 잇는 것이다. 때문에 '세부(世父)'라 한다. 『설문』에 숙(叔)은 숙(尗 : 삼촌숙)으로 되어 있고, 허신(許愼)은 "상(上) · 소(小)를 따른다"[106]고 하였는데, 아버지 항렬의 연소자(年少者)를

---

106) 叔은 …… 小를 따른다 : 『說文繫傳祛妄』에 "尗 …… 上 · 小를 따랐으니, 그 아버지 항렬이 위(上)에 있고 자기는 아래(小)에 있음을 말한다[尗 …… 從上小, 言其尊行居 上, 而己小也]"라 하여, 上 · 小로 풀이하였다. 그러나 『설문』에는 "尗은 콩이다. 콩이

말한다. ○ 주에서 말한 "동성지친무복속(同姓之親無服屬)"은 『예기』「대전(大傳)」에 "친(親)이란 속(屬)이다"고 하였는데, 정현(鄭玄)은 주에서 "친분이 있는 자에게는 복(服)이 있는데, 각각 그 친속이 친근하고 소원함으로 한다"고 하였다. 이 경문(經文)에서 '친동성(親同姓)'이라고 말한 것은 오세(五世)의 밖107)을 이르는데, 여러 동성(同姓)에 비하여 그래도 친하며, 단지 복(服)이 없는 친속일 뿐이다"고 하였다. ○ 주에서 "손유후야(孫猶後也)"라 한 것은 후사(後嗣)를 잇는 것을 말한다. 『광아』에 "손(孫)은 순(順)이다"고 하였고, 허신(許愼)은 "자(子)를 따르고 계(系)를 따르는데, 계(系)는 속(續 : 잇다)이다"고 하였으니, 순차적으로 이어짐을 말하며 선조의 뒤를 순차적으로 이음을 말한다. ○ 주에서 "현자언친속미매야(玄者言親屬微昧也)"라 하였는데, 현(玄)이란 검붉은 색과 검은 색의 간색(間色)으로 색이 희미한 것이다. 친속이 희미하기 때문에 현손(玄孫)이라 한다. ○ 주에서 말한 "곤, 후야. 『급총죽서』왈 : 불굴지곤손(昆, 後也. 『汲冢竹書』曰 : 不窟之昆孫)"에서 "곤후야(昆後也)"는 「석언(釋言)」의 글이다. 『진서(晋書)』「속석전(束晳傳)」에 "태강(太康) 원년 급군(汲郡)의 백성이 위(魏) 안희왕(安釐王)108)의 무덤을 도굴하여 죽서칠자과두문(竹書漆字科斗文 : 대나무에 기록한 옻칠로 쓴 글자 과두문)을 얻었다"고 하였는데, 과두문(科斗文)이란 주(周)나라 때의 고문(古文)이다. 그 글자의 머리는 크고 꼬리는 가늘어 올챙이와 비슷하기 때문에 민간에서 이렇게 부른다. 불굴(不窟)은 후직(后稷)의 아들이다. 곤손(昆孫)은 쇠하여 변함을 말한다.

생기는 모양을 본떴다[朮, 豆也. 象朮豆生之形也]"라 하여, 朮 전체를 상형으로 보았다. 그리고 段玉裁는 이를 "朮은 …… '一'로 땅을 본뜨고, 아래(小)는 그 뿌리를 본뜨고, 위(上)는 그 쳐받들고 나오는 모양을 본떴다[朮 …… 以一象地, 下象其根, 上象其戴生之形]"라고 구체적으로 설명하였다.
107) 五世의 밖 : 10촌이 넘어감을 말한다.
108) 安釐王 : 戰國時代 魏나라의 諸侯.

 母之考爲外王父, 母之姒爲外王母. 母之王考爲外
曾王父, 母之王姒爲外曾王母.

어머니의 고(考)는 외왕부(外王父: 외할아버지)이고, 어머니의 모(母)는 외
왕모(外王母: 외할머니)이다. 어머니의 왕고(王考)는 외증왕부(外曾王父: 외증조
할아버지)이고, 어머니의 왕비(王妣)는 외증왕모(外曾王母: 외증조할머니)이다.

 異姓, 故言外.

성(姓)이 다르기 때문에 외(外)라 한다.

 母之晜弟爲舅, 母之從父晜弟爲從舅, 母之姉妹爲從
母. 從母之男子爲從母晜弟, 其女子子爲從母姉妹.

어머니의 곤제(晜弟: 남자 형제)는 구(舅: 외삼촌)이고, 어머니의 종부곤제(從
父晜弟)는 종구(從舅: 외5촌. 외종숙)이며, 어머니의 자매(姉妹)는 종모(從母: 이
모)이다. 종모(從母: 이종형제)의 아들은 종모곤제(從母晜弟: 이종자매)이고, 종
모의 딸은 종모자매(從母姉妹)이다.

 母黨.

모당(母黨: 어머니 친속)이다.

從, 才用反, 下注姪從同. 舅, 音臼.

종(從)은 재(才)와 용(用)의 반절이며, 아래 주의 제종(姪從)도 같다. 구(舅)는 음이 구(臼)이다.

 此一節別母之族黨也. 黨是鄕之細也. 此外族屬母, 若黨之屬鄕, 故云母黨. 云舅者, 孫炎云: "舅之言舊, 尊長之稱." 『詩』「秦風」云: "我送舅氏, 曰至渭陽." 是也.

이 일절은 어머니의 족당(族黨)을 구별한 것이다. 당(黨)은 향(鄕)의 세부적인 것이다.[109] 이것은 외족(外族)이 어머니에 속한 것인데, 당(黨)이 향(鄕)에 속한 것과 같다. 그러므로 모당(母黨)이라 하였다. 구(舅)라 한 것에 대하여 손염은 "구(舅)는 구(舊: 오래다)를 말하는 것으로 존장(尊長)의 명칭이다"고 하였으며, 『시경』「진풍(秦風)」「위양(渭陽)」에 "내가 구(舅)를 전송하여 위수(渭水) 양지쪽에 이르렀도다"[110]고 한 것이 이것이다.

妻之父爲外舅, 妻之母爲外姑.

처(妻)의 아버지는 외구(外舅: 장인)이고, 처(妻)의 어머니는 외고(外姑: 장모)이다.

---

109) 黨은 …… 것이다: 黨과 鄕은 행정구획의 명칭으로, 黨은 500이 단위이고, 鄕은 12,500이 단위로 黨의 상급 단위이다.
110) 내가 舅를 …… 이르렀도다: 舅는 秦 康公의 외삼촌인 晉公子 重耳(뒷날 文公)이고, 渭水 양지쪽은 渭水의 북쪽으로 咸陽을 말한다.

 謂我舅者, 吾謂之甥. 然則亦宜呼壻爲甥 『孟子』曰 : "帝館甥于二室." 是.

나를 구(舅 : 장인)라고 말하는 자를 나는 생(甥 : 사위)이라고 말한다. 그렇다면 역시 서(壻 : 사위)를 생(甥)이라 부르는 것이 당연하다. 『맹자』에 "요제(堯帝)가 사위인 순(舜)을 이실(二室)에 머물게 하였다"고 한 것이 이것이다.

 姑之子爲甥, 舅之子爲甥, 妻之晜弟爲甥, 姉妹之夫爲甥.

고(姑)의 자식은 생(甥 : 고종. 고종사촌. 내종. 내종사촌)이고, 구(舅)의 자식은 생(甥 : 외종. 외종사촌)이며, 처(妻)의 곤제(晜弟 : 남자형제)는 생(甥 : 처남)이고, 자매(姉妹)의 부(夫)는 생(甥 : 자형·매제)이다.

 四人體敵, 故更相爲甥. 甥猶生也. 今人相呼盖依此.

고종, 외종, 처남, 자형·매제 네 사람은 나와 몸(항렬)이 대등하기 때문에 서로 생(甥)이라 한다. 생(甥)은 생(生 : 낳다)과 같다. 지금 사람이 서로 부르는 것은 대체로 이를 따른 것이다.

 妻之姉妹同出爲姨.

처(妻)의 자매(姉妹)가 모두 시집갔으면 이(姨 : 처자매)이다.

 同出謂俱已嫁. 『詩』曰 : "邢侯之姨."

동출(同出)은 모두 이미 시집간 것을 말한다. 『시경』에 "형후(邢侯)의 이(姨)이다"고 하였다.

 女子謂姉妹之夫爲私.

여자는 자매(姉妹)의 남편을 일러 사(私 : 형부·제부)라 한다.

 『詩』曰 : "譚公維私."

『시경』에 "담공(譚公)은 사(私)이다"고 하였다.

 男子謂姉妹之子爲出.

남자는 자매(姉妹)의 아들을 일러 출(出 : 생질)이라 한다.

『公羊傳』曰 : “蓋舅出.”

『공양전』 양공(襄公) 5년에 “아마도 구(舅 : 외삼촌)로서 출(出 : 생질)일 것이
다”고 하였다.

 女子謂昆弟之子爲姪.

여자는 곤제(昆弟 : 형제)의 자식을 일러 질(姪 : 친정조카)이라 한다.

 『左傳』曰 : “姪其從姑.”

『좌전』에 “질(姪)이 고(姑)를 따른다”고 하였다.

 謂出之子爲離孫, 謂姪之子爲歸孫, 女子子[111]之子爲
外孫. 女子同出, 謂先生爲姒, 後生爲娣.

출(出 : 생질)의 자식을 이손(離孫)이라 하고, 질(姪 : 친정조카)의 자식을 귀
손(歸孫)이라 하고, 딸의 자식을 외손(外孫 : 외손자)이라 한다. 여자가 동출
(同出 : 한 남자에게 시집감)하여 출생일이 빠른 이를 일러 사(姒)라 하고, 출생

---

111) 女子子 : 딸. 『禮記』 「曲禮上」에 “姑姊妹女子子”의 疏에 “重言女子子, 是別於男
子, 故云女子子”라고 하여, 男子와 구별하기 위하여 ‘子’를 하나 더 붙였다고 하였다.

일이 늦은 이를 일러 제(娣)라 한다.

 同出謂俱嫁事一夫. 『公羊傳』曰: "諸侯娶一國, 二國往媵之, 以
姪娣從, 娣者何? 弟也." 此即其義也.

동출(同出)은 함께 시집가서 한 남편을 섬기는 것을 이른다. 『공양전』에
"제후(諸侯)가 일국(一國)에 장가들면 이국(二國)이 가서 잉첩(媵妾)으로 삼아
주어 질(姪: 조카딸)과 제(娣: 여자 아우)를 따르게 한다. 질(姪)은 무엇인가?
형의 딸이다[112] 제(娣)는 무엇인가? 제(弟)이다"고 하였으니, 이것이 곧 그
뜻이다.

 女子謂兄之妻爲嫂, 弟之妻爲婦.

여자는 형(兄: 오라버니)의 처를 일러 수(嫂: 형수)라 하고, 제(弟: 남동생)의
처를 일러 부(婦: 제부)라 한다.

 猶今言新婦, 是也.

지금 말하는 신부(新婦: 새색시)와 같은 것이 그것이다.

---

112) 侄은 …… 딸이다: 대본에는 없으나 『公羊傳』에는 이에 해당하는 "侄者何? 兄之子
也"가 더 있다. '侄'은 '姪'의 俗字이다.

 長婦謂稚婦爲娣婦, 娣婦謂長婦爲姒婦.

　　장부(長婦 : 맏며느리)는 치부(稚婦 : 낮은 며느리)를 일러 제부(娣婦 : 아우 되는
며느리)라 하고, 제부(娣婦)는 장부(長婦)를 일러 사부(姒婦 : 형님 되는 며느리)라
한다.

 今相呼先後, 或云妯娌.

　　지금 서로 선후(先後 : 동서)라고 부르는데, 간혹 축리(妯娌 : 동서)라고도
한다.

 妻黨.

　　처당(妻黨)이다.

爾雅
音義　甥, 音生. 壻, 音細. 舘, 古半反. 更, 音庚. 譚, 大南反. 姪, 大結
反. 『字林』云 : “兄女.” 又丈乙反. 姒, 音似. 娣, 大計反. 娶, 七具
反. 媵, 以證反. 嫂, 素早反. 稚, 直吏反. 先, 蘇練反. 後, 胡遘反. 『廣雅』
云 : “先後妯娌.” 韋昭云 : “先謂姒, 後謂娣.” 妯, 音逐. 娌, 音里. 『廣雅』
云 : “先後也.” 郭注『方言』云 : “今關西, 兄弟婦相呼爲妯娌.”

　　생(甥)은 음이 생(生)이다. 서(壻)는 음이 세(細)이다. 관(舘)은 고(古)와 반

(牛)의 반절이다. 경(更)음 음이 경(庚)이다. 담(譚)은 대(大)와 남(南)의 반절이다. 질(姪)은 대(大)와 결(結)의 반절인데, 『자림』에는 "형의 딸이다"고 하였고, 또한 장(丈)과 을(乙)의 반절이다. 사(姒)는 음이 사(似)이다. 제(娣)는 대(大)와 계(計)의 반절이다. 취(娶)는 칠(七)과 구(具)의 반절이다. 잉(媵)은 이(以)와 증(證)의 반절이다. 수(嫂)는 소(素)와 조(早)의 반절이다. 치(稺)는 직(直)과 리(吏)의 반절이다. 선(先)은 소(蘇)와 련(練)의 반절이다. 후(後)는 호(胡)와 구(遘)의 반절이다. 『광아』에 "선후축리(先後妯娌)"라고 하였는데, 위소(韋昭)는 "선(先: 나이 많은 사람)을 사(姒), 후(後: 나이 적은 사람)를 제(娣)라한다"고 하였다. 축(妯)은 음이 축(逐)이고, 리(娌)는 음이 리(里)이니, 『광아』에 "선후(先後)를 말하는 것이다"고 하였다. 곽박의 『방언』의 주에 "지금관서(關西)에서는 형제의 부(婦: 아내)가 서로 축리(妯娌)라고 부른다"고 하였다.

⌗爾雅疏 此一節別妻之親黨也.「內則」云: "聘則爲妻." 『白虎通』云: "妻者齊也, 與夫齊體. 自天子下至庶人, 其義一也." ○注 『孟子』曰: 帝館甥于二室", 『孟子』云: "舜尙見帝, 帝館甥于貳室. 亦饗舜, 迭爲賓主, 是天子而友匹夫也." 彼注云: "尙, 上也. 舜在畎畝之時, 堯友禮之. 舜上見堯, 舍之於貳室. 貳室, 副宮也. 堯亦就饗舜之所設, 更迭爲賓主. 『禮記』: '妻父曰外舅. 謂我舅者, 吾謂之甥.' 堯以女妻舜, 故謂舜甥. 卒與之天位, 是天子之友匹夫也." ○注 "四人"謂姑之子・舅之子・妻之昆弟・姊妹之夫也.[113] 此四人尊卑體敵, 更相爲甥. 云"甥猶生也"者, 取相親之意也. ○注 "『詩』曰: 邢侯之姨"・"譚公維私", 皆 『衛風』 「碩人」篇文也. 孫炎曰: "私, 無正親之言." 然則謂吾姨者, 我謂之私. 邢侯譚公, 皆莊姜姊妹之夫. 互言之耳. 『春秋』 "譚子奔莒", 則譚是子爵. 言公者, 蓋依臣子稱便文耳. ○注 "『公羊傳』曰: 蓋舅出", 案 『春秋』 襄五年 "夏, 叔

---

113) 也: 대본에는 '是也'로 되어 있으나 『아이고림』 「邢疏」에 따라 고쳤다.

孫豹·鄅世子巫如晉."『公羊傳』曰："外相如不書, 此何以書? 爲叔孫豹率而與之俱也. 叔孫豹則曷爲率而與之俱? 蓋舅出也." 何休云："巫者, 鄅前夫人襄公母姊妹之子也, 俱莒外孫, 故曰舅出." 是也. ○注『左傳』曰：姪其從姑", 案僖十五年傳云：初, 晉獻公筮嫁伯姬於秦, 遇"歸妹"之"睽." 史蘇占之曰："不吉. 其繇曰：'姪其從姑.'" 杜注云："震爲木, 離爲火, 火從木生, 離爲震妹, 於火爲姑.[114] 謂我姪者, 我謂之姑. 謂子圉質秦." 是也. ○『春秋』莊十九年 "秋, 公子結媵陳人之婦于鄅, 遂及齊侯·宋公盟."『公羊傳』曰："媵者何? 諸侯娶一國, 則二國往媵之, 以姪娣從. 姪者何? 兄之子也. 娣者何? 弟也. 諸侯壹聘九女, 諸侯不再娶." 何休云："必以姪娣從之者, 欲使一人有子, 二人喜也. 所以防嫉妬, 令重繼嗣也.[115] 因以備尊尊親親也. 九者, 極陽數也. 不再娶者, 所以節人情開媵路." ○注"猶今言新婦, 是也",『儀禮』「喪服傳」云："夫之昆弟, 何以無服也? 其夫屬乎父道者, 妻皆母道也. 其夫屬乎子道者, 妻皆婦道也. 謂弟之妻婦者, 是嫂亦可謂之母乎? 故名者, 人治之大者也. 可無愼乎?" 鄭注云："道猶行也. 言婦人[116]棄姓, 無常秩, 嫁於父行則爲母行, 嫁於子行則爲婦行, 謂弟之妻爲婦者, 卑遠之, 故謂之婦. 嫂者, 尊嚴之稱, 是嫂亦可謂之母乎? 嫂猶叟也, 叟, 老人稱也, 是爲序男女之別爾. 若己以母婦之服服兄弟之妻, 兄弟之妻以舅子之服服己, 則是亂昭穆之序也. 治猶理也. 父母兄弟夫婦之理, 人倫之大者, 可不愼乎!『大傳』曰：'同姓從宗, 合族屬; 異姓主名, 治際會. 名著而男女有別.' 是別嫂婦之名也. 郭云"猶今言新婦"者, 以時驗而知也. 至今猶然. ○注"今相呼先後, 或云妯娌",『廣雅』云："娣姒妯娌.[117] 娣姒, 先後也." 世人多疑娣姒之名, 皆以爲兄

---

114) 火從木生 …… 於火爲姑：표점본『좌전』杜注의 구두를 따랐다. 그리고 각주에서 '於火'는 '於兌'로 해야 한다고 하였다.

115) 所以防嫉妬, 令重繼嗣也：대본에는 "所以妨嫉妬, 令重繼也"로 되어 있으나 十三經注疏本『春秋公羊傳』의 何休 解詁에 따라 고쳤다.

116) 人：대본에는 없으나 十三經注疏本『儀禮』의 鄭玄의 주에 따라 삽입하였다.

117) 娣姒妯娌：『廣雅』에는 "姒 妯娌"(卷6, 釋親)로 되어 있다(『字典彙編』25).

妻呼弟妻爲娣, 弟妻呼兄妻爲姒, 因卽惑於斯文, 不知何以爲說. 今謂母婦之號, 隨夫尊卑. 娣姒之名, 從身長幼, 以其俱來夫族, 其夫班秩, 旣同尊卑, 無以相加, 遂從身之少長.『喪服』「小功章」曰: "娣姒婦報. 傳曰: 娣姒婦者, 弟長也" 以弟長解娣姒, 言娣是弟, 姒是長也.『公羊傳』亦云: "娣者何? 弟也." 是其以弟解娣, 自然以長解姒. 長謂身之年長, 非夫之年長也. 此云"長婦謂稚婦爲娣婦, 娣婦謂長婦爲姒婦"者, 止言婦之長稚, 不言夫之大小.『左傳』成十一年, 穆姜謂聲伯之母爲姒; 昭二十八年傳, 叔向之嫂謂叔向之妻爲姒. 二者皆呼夫弟之妻爲姒, 豈計夫之長幼乎? 上云"女子同出, 謂先生爲姒, 後生爲娣." 郭云: "同出謂俱嫁事一夫"也. 事一夫者, 以己生先後爲娣姒, 則知娣姒以己之年, 非夫之年也. 故賈逵・鄭玄及杜預皆云兄弟之妻相謂爲姒, 言兩人相謂, 長者爲姒, 知娣姒之名不計夫之長幼也.

이 일절은 처(妻)의 친당(親黨 : 同姓 친족)을 구별한 것이다.『예기』「내칙 (內則)」에 "빙례(聘禮)를 하고 가면 妻가 된다"고 하였다.『백호통』에는 "처(妻)는 제(齊 : 대등하다)의 뜻이다. 남편과 함께 몸을 대등하게 하는 것이니, 천자(天子)로부터 아래 서인(庶人)에 이르기까지 그 뜻이 같다"고 하였다. ○ 주에서 인용한『맹자』의 "제관생우이실(帝館甥于二室)"은,『맹자』「만장하(萬章下)」에 "순(舜) 임금이 위로 올라가 요(堯) 임금을 뵙거늘, 요 임금은 사위인 순을 이실(貳室)에 머물게 하시고, 또한 순에게 음식을 먹이며, 번갈아 빈(賓 : 손님)・주(主 : 주인)가 되셨으니, 이는 천자로서 필부(匹夫)와 벗한 것이다"고 하였는데, 그 주에 "상(尙)은 위로 올라감이다. 순 (舜) 임금이 농사를 짓고 있을 때 요(堯)가 벗으로 예우하였다. 순이 위로 올라가 요를 배알하니, 요(堯)가 이실(貳室 : 別室)에 머물게 하였다. 이실(貳室)은 부궁(副宮)이다. 요 역시 순(舜)이 차려 놓은 곳에 나아가 음식을 먹었으니, 번갈아 가며 빈(賓)・주(主)가 된 것이다.『예기』에 '처(妻)의 아버지를 외구(外舅 : 장인)라 한다. 나를 구(舅)라고 부르는 자를 나는 생(甥 : 사위)이라 한다'고 하였다. 요는 딸을 순의 아내가 되게 하였기 때문에 요의 생(甥)이라 한 것이며, 마침내 천위(天位 : 천자의 자리)를 물려 준 것은 바로 천자가 필부(匹夫)를 벗한 것이다"고 하였다. ○ 주에서 "사인(四人 : 네 사람)"이라고 한 것은 고(姑)의 자식과 구(舅)의 자식과 처의 곤제(昆弟)와 자매(姊妹)의 부(夫)를 말한다. 이 네 사람은 존비(尊卑)에 몸이 대등하여[118] 서로 생(甥)이 된다. "생유생야(甥猶生也)"는 서로 친근하다는 뜻을 취한 것이다. ○ 주에서 말한 『시경』의 "형후지이(邢侯之姨)"와 "담공유사(譚公維私)"는 모두 「위풍(衛風)」 「석인(碩人)」의 글이다. 손염은 "사(私)는 정친(正親)이 없다는 말이다"고 하였는데, 그렇다면 나를 이(姨 : 처자매)라고 하는 자를 나는 사(私 : 형부·제부)라고 한다. 형후(邢侯)와 담공(譚公)은 모두 장강(莊姜) 자매의 남편이어서 상호적으로 말했을 뿐이다. 『춘추』 장공(莊公) 10년에 "담자(譚子)가 거(莒)로 달아났다"고 하였으니, 담(譚)은 자작(子爵)인데, 공(公)이라고 말한 것은 대체로 신자(臣子)에 따라 편하게 일컬은 글일 뿐이다. ○ 주에서 인용한 『공양전』의 "개구출(盖舅出)"은 살피건대, 『춘추』 양공(襄公) 5년에 "여름에 숙손표(叔孫豹)와 증(鄫)나라 세자(世子)인 무(巫)가 진(晉)나라로 갔다"고 하였는데, 『공양전』에는 "밖에서 서로 갔으므로 쓰지 않아야 하는데 여기서는 어찌하여 썼는가? 이는 숙손표가 데리고 함께 갔기 때문이다. 숙손표는 어찌하여 데리고 함께 갔는가? 아마도 구(舅)로서 출(出)이었기 때문일 것이다"고 하였는데, 하휴(何休)는 "무(巫)는 증(鄫)의 전 부인인 양공(襄公)의 어머니의 자매(姊妹)[119]의 자식이다. 함께 거(莒)의 외손(外孫)[120]이기 때문에 구출(舅出)이다"고 한 것이 이것이다. ○ 주에서 인용한 『좌전』의 "질기종고(姪其從姑)"는 살피건대, 희공(僖公) 15년 전(傳)에 처음에 진 헌공(晉獻公)이 백희(伯姬)를 진(秦)에 시집보내

---

118) 이 네 사람은 …… 대등하여 : 고종과 외종의 항렬이 대등하고, 자형·매제와 처남의 항렬이 대등함을 말한다.

119) 姊妹 : 대본에는 '妹夫'로 되어 있으나 『공양전』 何休 注에 따라 고쳤다.

120) 外孫 : 『爾雅詁林』 「義疏」에 "姊妹之子曰出, 出嫁於異姓而生之也. …… 何休注, 以 出爲外孫, 誤矣"라고 하여, '外孫'으로 풀이한 것은 잘못이라고 하였다.

는 일을 점쳤는데, 귀매(歸妹 : ☳☱)가 규(睽 : ☲☱)로 가는 괘(卦)를 만났다. 복관(卜官)인 소(蘇)가 "불길(不吉)합니다. 점사(占辭)가 '질(姪)이 고(姑)를 따른다'고 하였습니다"고 하였는데, 두예의 주에는 "진(震 : ☳)은 목(木)이 되고 리(離 : ☲)는 화(火)가 된다. 화(火)는 목(木)에서 나는 법인데, 리(離)는 진(震)의 매(妹)가 되고 화(火 : ☲)에서 고(姑)가 되었던 것이다.121) 나를 질(姪)이라고 하는 자를 나는 고(姑)라 하니, 자어(子圉)가 진(秦)에 인질로 잡혀 있는 것을 말한다"고 한 것이 이것이다. ○『춘추』 장공 19년 추(秋)에 "공자(公子) 결(結)이 견(鄄) 땅에서 진인(陳人)의 부(婦)를 잉첩(媵妾)으로 삼고 드디어 제후(齊侯)와 송공(宋公)과 맹약(盟約)을 맺었다"고 하였는데, 『공양전』에 "잉(媵)이라는 것은 무엇인가? 제후(諸侯)가 일국(一國)에 장가들면 이국(二國)이 가서 잉첩(媵妾)으로 삼아주어 질(姪)과 제(娣)를 따르게 한다. 질(姪)은 무엇인가? 형(兄)의 자식이다. 제(娣)는 무엇인가? 제(弟)이다. 제후는 아홉 여자에게 빙례(聘禮)를 하여, 제후는 재취(再娶 : 거늡 상가김)하지 않는다"고 하였다. 하휴(何休)는 "반드시 질제(姪娣)로 따르게 하는 것은 한 사람이 자식을 두게되면 두 사람에게 기쁘게 하여, 질투(嫉妬)를 막고 계사(繼嗣 : 後嗣)를 중하게 하고자 한 것이다. 이것으로 인하여 높은 사람을 존경하고 친한 이를 친하게 하는 데에 대비하는 것이다. 구(九)는 극양수(極陽數 : 최고의 양수)이다. 재취하지 않는다는 것은 인정(人情)을 절제(節制)하여 잉첩(媵妾)의 길을 열어주는 것이다"고 하였다. ○ 주에서 말한 "유금언신부, 시야(猶今言新婦, 是也)"는, 『의례(儀禮)』「상복(喪服)」의 전(傳)에 "부(夫 : 남편)의 곤제(昆弟 : 형제)에게 어찌하여 복(服)이 없는가? 그 남편이 부도(父道 : 아버지 항렬)에 속해 있는 자는 처가 모두 모도(母道 : 어머니 항

---

121) 火는 …… 것이다 : 대본에는 "火從木生離爲震, 妹于火爲姑"로 되어 있다. 이에 따르면 '火(☲)는 木(☳)에서 나오는 법인데, 도리어 離(☲)가 震(☳)이 되었고, 火(☲)에서 妹인 것이 姑로 되었던 것이다'로 번역된다. 그리고 본문 "不吉"에 대한 『좌전』孔穎達 疏에는 "震變爲離, 離還變爲震, 震爲雷, 離爲火, 震變爲離, 是雷變爲火, 以其雷爲火, 爲此嬴敗姬, 言秦將敗晉也"라 하여, 震이 離로 되고, 離가 다시 震으로 된다 하고, 秦이 晉을 패퇴시킬 것을 말한다고 설명하였다.

렬)이며, 그 남편이 자도(子道 : 아들 항렬)에 속해 있는 자는 처(妻)가 모두 부도(婦道 : 며느리 항렬)이다. 제(弟)의 처부(妻婦 : 아내 며느리)라고 한다면, 수(嫂) 또한 모(母)라고 할 수 있겠는가? 그러므로 명(名)이라는 것은 사람이 다스리는 큰 것이니, 삼가지 않을 수 있겠는가?"라고 하였는데, 정현의 주에 "도(道)는 항(行 : 항렬)과 같다. 부인이 성을 버리는데 일정한 법칙이 있는 것은 아니다. 부항(父行)에 시집가면 모항(母行)이 되고, 자항(子行)에 시집가면 부항(婦行)이 된다. 제(弟)의 처(妻)를 부(婦)라고 한 것은 낮추고 멀리한 것이기 때문에 부(婦)라고 한다. 수(嫂)는 존엄한 호칭이지만, 수(嫂)를 또한 모(母)라고 할 수 있겠는가? 수(嫂)는 수(叟 : 노인)와 같다. 수(叟)는 노인의 호칭으로 이는 남녀의 구별을 차례짓는 것일 뿐이다. 만약 자기가 모부(母婦 : 어머니 며느리)의 복(服)으로 형제의 처의 복(服)을 입고, 형제의 처가 구자(舅子 : 시아버지 아들)의 복으로 자신에게 복을 입는다면, 이는 소목(昭穆)의 차례를 어지럽히는 것이다. 치(治)는 이(理 : 다스리다)와 같다. 부모·형제·부부를 다스리는 것은 인륜의 큰 것이니, 삼가지 않을 수 있겠는가! 『예기』 「대전(大傳)」에 '동성은 종(宗 : 종족)을 따라 족속을 화합하고, 이성은 호칭을 주로 하여 제회(際會 : 만남)를 다스린다. 이름이 드러나면 남녀의 구별이 있다'[122]고 하였다"고 하였으니, 이는 수부(嫂婦 : 형수 며느리)의 명칭을 구분한 것이다. 곽박이 "유금언신부(猶今言新婦)"라 한 것은 당시의 증험으로 안 것이며, 지금까지 여전히 그러하다. ○ 주에서 말한 "금상호선후 혹운축리(今相呼先後 或云妯娌)"는 『광아』에 "제사(娣姒 : 손위아래동서)는 축리(妯娌)이니, 제사(娣姒)는 선후(先後)이다"고 하였는데, 세상 사람들이 대부분 제사(娣姒)의 명칭에 대하여 의심하여 모두 형의 처

---

122) 동성은 …… 구별이 있다.「大傳」정주에 "合, 合之宗子之家, 序昭穆也. 異姓, 謂來嫁者也, 主于母與婦之名耳. 際會, 昏禮交接之會也. 著, 明也. 母婦之名不明, 則人倫亂也"라 하였고, 孔穎達 疏에는 "合族屬者, 謂合聚族人親疎, 使昭爲一行, 穆爲一行, 同時食, 故曰, 合親屬也"라고 하여, '合族屬'은 宗子의 집에 친속이 모여 동시에 음식을 먹는 경우이고, '異姓'은 시집을 온 여자로서 母·婦라는 명칭으로 불려지는 경우이고, '際會'는 昏禮 交接의 모임이고, '名著'는 母·婦의 명칭이 드러나는 것을 말하였다.

(妻)가 아우의 처(妻)를 제(娣)라고 부르고, 아우의 처가 형의 처를 사(姒)라 한다고 생각하고 있다. 그로 인하여 이 글에 대하여 의심하면서도 왜 그렇게 말하는지 모르고 있다. 지금 모부(母婦)의 명칭은 남편의 존비(尊卑)를 따르며, 제사(娣姒)의 명칭은 자신의 장유(長幼)에 따른다고 말하였으니, 모두 남편 종족에서 와서 그 남편의 위차(位次)에 이미 존비를 똑같이 하여 서로 더할 것이 없이 드디어 자신의 장유(長幼)로 따르게 되었다. 『의례』「상복(喪服)」「소공(小功)」장에 "제사부(娣姒婦)가 서로 복(服)을 입는다.[123] 전(傳)에 '제사부(娣姒婦)는 제장(弟長 : 작은며느리 큰며느리)이다'고 하였다"고 하였다. 제장(弟長)으로 제사(娣姒)를 풀이하였으니, 제(娣)는 제(弟)이며 사(姒)는 장(長)임을 말한 것이다. 『공양전』에서도 역시 "제(娣)는 무엇인가? 제(弟)이다"고 하였다. 이는 제(弟)로서 제(娣)를 풀이한 것이니, 자연히 장(長)으로 사(姒)를 풀이한 것이다. 장(長)은 자신의 나이가 많은 것이지 남편의 나이가 많은 것이 아니다. 여기에서 "장부(長婦)는 치부(稚婦)를 제부(娣婦)라 하고, 제부(娣婦)는 장부(長婦)를 사부(姒婦)라 한다"고 한 것은 다만 부(婦)의 나이가 많고 적음을 말한 것으로 부(夫)의 대소(大小)를 말한 것은 아니다. 『좌전』 성공(成公) 11년에 목강(穆姜)이 성백(聲伯)의 어머니를 사(姒)라고 하였고, 소공(昭公) 28년 전(傳)에는 숙향(叔向)의 수(嫂 : 형수)가 숙향(叔向)의 처를 사(姒)라고 하였으니, 이 두 가지는 모두 남편 아우의 처(妻)를 사(姒)라고 부르는 것이지, 어찌 남편의 장유(長幼)를 따져 서이겠는가? 위에서 "여자가 같은 남편을 섬기고 있는 경우 나이 많은 사람을 사(姒), 적은 사람을 제(娣)라 한다"고 하였는데, 곽박은 "동출(同出)은 함께 시집가서 한 남편을 섬기는 것을 이른다"고 하였다. 한 남편을 섬기는 자가 자기 출생의 선후(先後)로 제사(娣姒)라고 하였으니, 제사(娣姒)는 자기의 나이로 하는 것이지 남편의 나이로 하는 것이 아님을 알겠다. 때문에 가규(賈逵)·정현·두예가 모두 형제의 처끼리 서로 말함에 사(姒)

---

123) 娣姒婦가 …… 입는다 : 『儀禮』 賈公彦疏에 "要娣姒婦相爲服"이라 하여, '報'는 '상호적으로 복을 입는 일'을 말한다.

라 한다고 하였으니, 두 사람이 서로 말함에 나이 많은 사람을 사(姒)라 한다는 것을 말한 것으로, 제사(娣姒)의 명칭은 남편의 장유(長幼)를 따진 것이 아님을 알겠다.

 婦稱夫之父曰舅, 稱夫之母曰姑. 姑舅在, 則曰君舅 · 君姑; 沒, 則曰先舅 · 先姑.

부(婦 : 아내)가 부(夫 : 남편)의 부(父 : 아버지)를 구(舅 : 시아버지)라 하고, 부(夫)의 모(母 : 어머니)를 고(姑 : 시어머니)라 한다. 고구(姑舅)가 살아 있을 때는 군구(君舅 : 생존하신 시아버지) · 군고(君姑 : 생존하신 시어머니)라 하고, 죽었을 때는 선구(先舅 : 돌아가신 시아버지) · 선고(先姑 : 돌아가신 시어머니)라 한다.

 『國語』曰 : "吾聞之先姑."

『국어』에 "내가 선고(先姑)에게 들었다"고 하였다.

 謂夫之庶母爲少姑, 夫之兄爲兄公.

부(夫)의 서모(庶母 : 첩)를 소고(少姑 : 작은 시어머니)라 하고, 부(夫)의 형(兄)을 형공(兄公 : 남편 형님)이라 한다.

今俗呼兄鍾, 語之轉耳.

지금 민간에서 〈兄公을〉 불러 형종(兄鍾 : 남편 형님)이라 하니, 말이 바뀐 것이다.

 夫之弟爲叔, 夫之姊爲女公, 夫之女弟爲女妹.

부(夫)의 제(弟 : 아우)를 숙(叔 : 시동생. 서방님)이라 하고, 부(夫)의 자(姊 : 손윗누이)를 여공(女公)이라 하고, 부(夫)의 여제(女弟 : 여동생)를 여매(女妹)라 한다.

 今謂之女妹是也.

지금 〈女弟를〉 여매(女妹)라고 말하는 것이 이것이다.

 子之妻爲婦, 長婦爲嫡婦, 衆婦爲庶婦. 女子子之夫爲壻. 壻之父爲姻, 婦之父爲婚. 父之黨爲宗族, 母與妻之黨爲兄弟. 婦之父母·壻之父母相謂爲婚姻. 兩壻相謂爲亞.

아들의 처(妻 : 아내)는 부(婦 : 며느리)가 되는데, 장부(長婦 : 맏며느리)가 적부(嫡婦)가 되며 중부(衆婦 : 일반 며느리)가 서부(庶婦)가 된다. 딸의 남편은 서

(壻 : 사위)가 되고, 서(壻)의 부(父)는 인(姻 : 사위 아버지 사돈)이 되고, 부(婦)의
부(父)는 혼(婚 : 며느리 아버지 사돈)이 된다. 부(父)의 당(黨)은 종족(宗族 : 同姓親
族)이 되고, 모(母)와 처(妻)의 당(黨)은 형제(兄弟)가 된다. 부(婦)의 부모와 서
(壻)의 부모는 서로 혼인(婚姻)이 되고, 양서(兩壻 : 두 사위)는 서로 아(亞 : 남자
동서)가 된다.

 『詩』曰 : "瑣瑣姻亞." 今江東人呼同門爲僚壻.

『시경』에 "보잘것없는 인아(姻亞)들"이라 하였다. 지금 강동 사람들은
동문(同門 : 동서)을 부르기를 요서(僚壻 : 동서)[124]라 한다. 옛날에는 모두 혼
인(婚姻)을 일러 형제(兄弟)라 하였다.

 婦之黨爲婚兄弟, 壻之黨爲姻兄弟.

부(婦)의 당(黨)은 혼형제(婚兄弟 : 결혼형제)가 되고, 서(壻)의 당(黨)은 인형
제(姻兄弟 : 인척형제)가 된다.

 古者皆謂婚姻爲兄弟.

옛날에는 모두 혼인(婚姻)을 일러 형제(兄弟)라 하였다.

---

124) 僚壻 : 友壻. 『爾雅詁林』「義疏」에 "又曰友壻, 言相親友也. 按友壻卽郭云僚壻, 其
義同"이라고 하였는데, 友壻는 친근함으로 일컫는 말이다.

 嬪, 婦也.

빈(嬪)은 부(婦 : 아내)이다.

 『書』曰 : “嬪于虞.”

『서경』에 “우순(虞舜)에게 아내 삼게 하다”고 하였다.

 謂我舅者, 吾謂之甥也.

나를 일러 구(舅 : 장인)라고 하는 자는 나는 그를 일러 생(甥 : 사위)이라
한다.

 婚姻.

혼인(婚姻)이다.

稱, 如字. 少, 詩[125]照反. 公, 音鍾. 轉, 丁戀反, 又如字. 姻, 音
因. 亞, 一駕反, 又作婭. 瑣, 桑果反. 僚, 力彫反.

---

125) 詩 : 『釋文』에는 ‘證’으로 되어 있으나 『이아고림』 「音義攷證」에 따라 고쳤다.

칭(稱)은 여자(如字)이다. 소(少)는 시(詩)와 조(照)의 반절이다. 공(公)은 음이 종(鍾)이다. 전(轉)은 정(丁)과 련(戀)의 반절, 또는 여자(如字)이다. 인(姻)은 음이 인(因)이다. 아(亞)는 일(一)과 가(駕)의 반절, 또는 아(婭)로도 쓴다. 쇄(瑣)는 상(桑)과 과(果)의 반절이다. 료(僚)는 력(力)과 조(彫)의 반절이다.

此別夫婦婚姻之名也. 『說文』云: "婦, 服也. 從女持帚灑掃也." 『白虎通』云: "夫婦者何謂也? 夫者扶也, 以道扶接. 婦者服也, 以禮屈服." "謂之舅姑者何? 舅者舊也. 姑者故也. 舊·故, 老人稱也. 夫之父母謂舅姑何? 尊如父而非父者舅也, 親如母而非母者姑也." 鄭注『喪服傳』云: "女子子者, 子女也, 別於男子也." 『說文』云: "壻, 女之夫也. 從士從胥." 聞一知十爲士. 胥者, 有才智之稱. 故謂女之夫爲壻. 『廣雅』云: "壻謂之倩." 『方言』云: "東齊之間, 壻謂之倩." 『白虎通』云: "婚姻者何謂? 昏時行禮, 故曰婚. 婦人因夫而成, 故曰姻." ○注"『國語』曰: 吾聞之先姑", 『魯語』: 季康子問於公父[126]文伯之母曰: "主亦有以語肥也." 對曰: "吾能老而已, 何以語子?" 康子曰: "雖然, 肥願有聞於主." 對曰: "吾聞諸先姑曰: '君子能勞, 後世有繼.'" 子夏聞之曰: "善哉! 商聞之曰: '古之嫁者, 不及舅·姑, 謂之不幸.' 夫婦, 學於舅姑者也." 是矣. ○注"『詩』曰: 瑣瑣姻亞", 『小雅』「節南山」文也. 劉熙『釋名』云: "'兩壻相謂爲亞'者, 言每一人取姊, 一人取妹, 相亞次也. 又並來女氏, 則姊夫在前, 妹夫在後, 亦相亞也." ○注"古者皆謂婚姻爲兄弟", 『禮記』: "曾子問曰: '昏禮旣納幣, 有吉日, 女之父母死, 則如之何?' 孔子曰: '壻使人弔, 如壻之父母死, 則女之家亦使人弔.'" 鄭注云: "必使人弔者, 未成兄弟." 又云: "父喪稱父, 母喪稱母, 父母不在, 則稱伯父·世母. 壻已葬, 壻之伯父致命女氏曰: '某之子有父母之喪, 不得嗣爲兄弟, 使某致命.' 女氏許諾而弗敢嫁, 禮也." 是古者謂昏姻爲

---

126) 父: 대본에는 없으나 『이아고림』「邢疏」에 따라 삽입하였다.

兄弟, 以夫婦有兄弟之義. 或據壻於妻之父母有緦服, 故得謂之兄弟也.
○ 注“『書』曰 : 嬪于虞”, 案『堯典』: 群臣共擧舜於帝, “帝曰 : ‘我其試
哉! 女于時, 觀厥刑于二女.’ 釐降二女于嬀汭, 嬪于虞.” 孔安國注云 :
“降, 下. 嬪, 婦也. 舜爲匹夫, 能以義理下帝女之心於所居嬀水之汭, 使
行婦道於虞氏.” 是也.

　여기서는 부(夫)·부(婦)와 혼(婚)·인(姻)의 명칭을 구별하였다. 『설문』
에 “부(婦)는 복(服 : 복종하다)이다. 녀(女 : 여자)가 추(帚 : 빗자루)를 가지고 청
소하는 것을 따랐다”고 하였다. 『백호통』에는 “부부(夫婦)는 무엇을 말하
는가? 부(夫)는 부(扶 : 돕다)라는 뜻으로, 도(道)로써 돕고 접촉한다는 뜻이
다. 부(婦)는 복(服)이라는 뜻으로 예(禮)로써 굽혀 복종한다는 뜻이다. 구
고(舅姑)라는 것은 무엇인가? 구(舅)는 구(舊 : 오래다)의 뜻이며, 고(姑)는 고
(故 : 옛날)의 뜻이니, 구(舅)·고(姑)는 노인을 일컫는다. 남편의 부모를 구
고(舅姑 : 시부모)라고 하는 것은 무엇인가? 높기가 자기를 낳은 아버지와
같으면서 아버지가 아닌 것이 구(舅)이며, 친하기가 어머니와 같으면서
어머니가 아닌 것이 고(姑)이다”고 하였다. 정현은 『의례』「상복(喪服)」의
주에서 “여자자(女子子)는 자식으로서 딸이니, 남자와 구별된다”고 하였
다. 『설문』에 “서(壻)는 딸의 남편으로 사(士 : 선비)를 따르고 서(胥 : 재주 있
는 이)를 따랐다”고 하였다. 하나를 들으면 열을 아는 것이 사(士)이며, 서
(胥)는 재지(才智)가 있음을 일컫기 때문에 딸의 남편을 서(壻)라고 한다.
『광아』에는 “서(壻)를 천(倩)이라 한다”고 하였다. 『방언』에는 “동제(東祭)
지역에서는 서(壻)를 천(倩)이라 한다”고 하였으며, 『백호통』에는 “혼인(婚
姻)이란 무엇을 말하는가? 어두울 때 예식을 치르기 때문에 혼(婚)이라 하
고, 부인(婦人)은 남편으로 인(因)하여 이루어지기 때문에 인(姻)이라 한다”
고 하였다. ○ 주에서 인용한 『국어』의 “오문지선고(吾聞之先姑)”는 「노어
하(魯語下)」에 “계강자(季康子)가 공보문백(公父文伯)의 어머니에게 말하기
를 ‘주(主 : 주인 마님)께서 또한 비(肥 : 저)에게 훈계할 말이 있을 것입니

다'127)라고 하였는데, 대답하기를 '내가 늙어갈 뿐이니, 어떻게 너에게 훈계할 수 있겠는가?'라고 하였다. 계강자가 '비록 그러하나 저는 주(主)에게 들을 말한 훈계가 있기를 바랍니다'라고 하였다. 대답하기를 '내가 선고(先姑)에게 들었는데, 군자는 열심히 노력하여야 후세에 자손이 이어진다'고 하였다"고 하였는데, 자하(子夏 : 商)가 이를 듣고 '훌륭하구나! 상(商 : 나)은 듣건대, 옛날에는 시집가는 자가 구고(舅姑)를 모시지 못하면 불행이라고 하였다. 부부는 구고(舅姑)에게 배우는 자이다'고 하였다"고 한 것이 이것이다. ○ 주에서 인용한 『시경』의 "쇄쇄인아(瑣瑣姻亞)"는 『소아』「절남산(節南山)」의 글이다. 유희(劉熙)의 『석명(釋名)』「석친속(釋親屬)」에 "'양서(兩壻)는 서로 아(亞)가 된다'고 하는 것은 항상 한 사람은 자(姊 : 손위 누이)를 취하고, 한 사람은 매(妹 : 손아래 누이)를 취함으로 서로 아차(亞次 : 차례로 배열됨)가 되며, 또 함께 여씨(女氏 : 妻家)에게 올 때에 자부(姊夫 : 손위 동서)가 앞에 있고 매부(妹夫 : 손아래 동서)가 뒤에 있게 되니, 또한 서로 아(亞)가 되는 것을 말함이다"고 하였다. ○ 주에서 말한 "고자개위혼인위형제(古者皆謂婚姻爲兄弟)"는 『예기』「증자문(曾子問)」에 "혼례에 있어 이미 폐백을 드리고 길일(吉日)을 정했는데, 여자의 부모가 죽었다면 어떻게 합니까? 공자가 말하기를 '서(壻)가 사람을 시켜서 조상(弔喪)하며, 사위의 부모가 죽었다면 여자 집에서 또한 사람을 시켜 조상(弔喪)한다'고 하였는데, 정현의 주에 "반드시 사람을 시켜 조상하는 것은 아직 형제(兄弟 : 姻戚)가 되지 않았기 때문이다"고 하였다. 또 「증자문」에 "아버지의 상(喪)에는 조문하는 쪽도 조문을 아버지의 이름으로 조문하고, 어머니의 상에는 어머니의 이름으로 조문한다. 부모가 계시지 않으면 백부(伯父)와 세모(世母)의 이름으로 조문한다. 사위가 이미 아버지의 장사를 지냈으면 사위의 백부가 여자의 집에 치명(致命 : 혼담을 되돌림)하여, '모(某 : 백부 이름)의 아들이 부모의 초상이 있어서 연이어 형제가 될 수 없기에,

---

127) 主께서 …… 것입니다 : 主는 『國語』 韋昭注에 "大夫稱主, 妻亦如之"라고 하여, '大夫妻'를 2인칭으로 일컬은 것이다. 語는 '敎戒'이다. 肥는 季康子의 이름이다.

모(某 : 심부름꾼 이름)를 시켜 치명하게 했습니다'고 한다. 여자의 집에서 허락하고 딴 곳으로 시집가지 않는 것이 예(禮)이다"고 하였는데, 이것이 옛날에 '혼인(昏姻)을 일러 형제가 된다'고 말한 것이다. 부부에게 형제의 뜻이 있게 되는 것은 혹 사위가 아내의 부모에게 시마복(緦麻服)을 입는 것에 근거하므로, 형제라고 말할 수도 있다. ○ 주에서 인용한 『서경』의 "빈우우(嬪于虞)"는 「요전(堯典)」에 "여러 신하들이 함께 요(堯)에게 순(舜)을 천거하니 요 임금이 '내가 그를 시험해 볼 것이다. 이에 딸을 아내 삼아 주어128) 두 딸에게서 그의 법도를 볼 것이다'고 하고, 두 딸을 규수(嬀水)129)의 물가에서 의리로 겸양케 하여 순(舜)에게 아내 삼아 주었다"130)고 하였는데, 공안국은 "강은 하(下 : 낮추다), 빈(嬪)은 부(婦 : 아내로 삼다)의 뜻이다. 순(舜)이 필부(匹夫)가 되어 능히 의리로써 제녀(帝女 : 요의 딸)의 마음을 순(舜)이 살고 있는 규수(嬀水)의 물가에서 낮추도록 하여, 순에게 부도(婦道)를 행하게 하였다"고 한 것이 이것이다.

【부록】

韓·中의 親屬 명칭을 이해하기 위하여 다음 圖表를 첨부한다. 특히 本宗五服之圖의 명칭은 『이아』의 명칭과 같은 대상이면서 다르게 표현되어 있음을 주의해야 한다.

---

128) 아내 삼아 주어 : 孔安國 注의 "女, 妻"를 따랐다.

129) 嬀 : 音을 『서경』「요전」의 孔傳에 '居危反'이라 하였고, 『書經諺解』에는 '위'라 하였다.

130) 두 딸을 …… 주었다 : 孔穎達 疏에는 注를 보충하여 "釐降, 未能以義理下之, 則女意初時不下, 故傳解之, 言舜爲匹夫, 帝女下嫁, 以遺適賤, 必自驕矜, 故美舜能以義理下帝女尊亢之心于所居嬀水之汭, 使之服行婦道于虞氏"라 하였는데, '釐'는 '義理'로 나타나고, '降' 즉 '下'는 帝女之心을 '下'하는 것으로 나타났다.

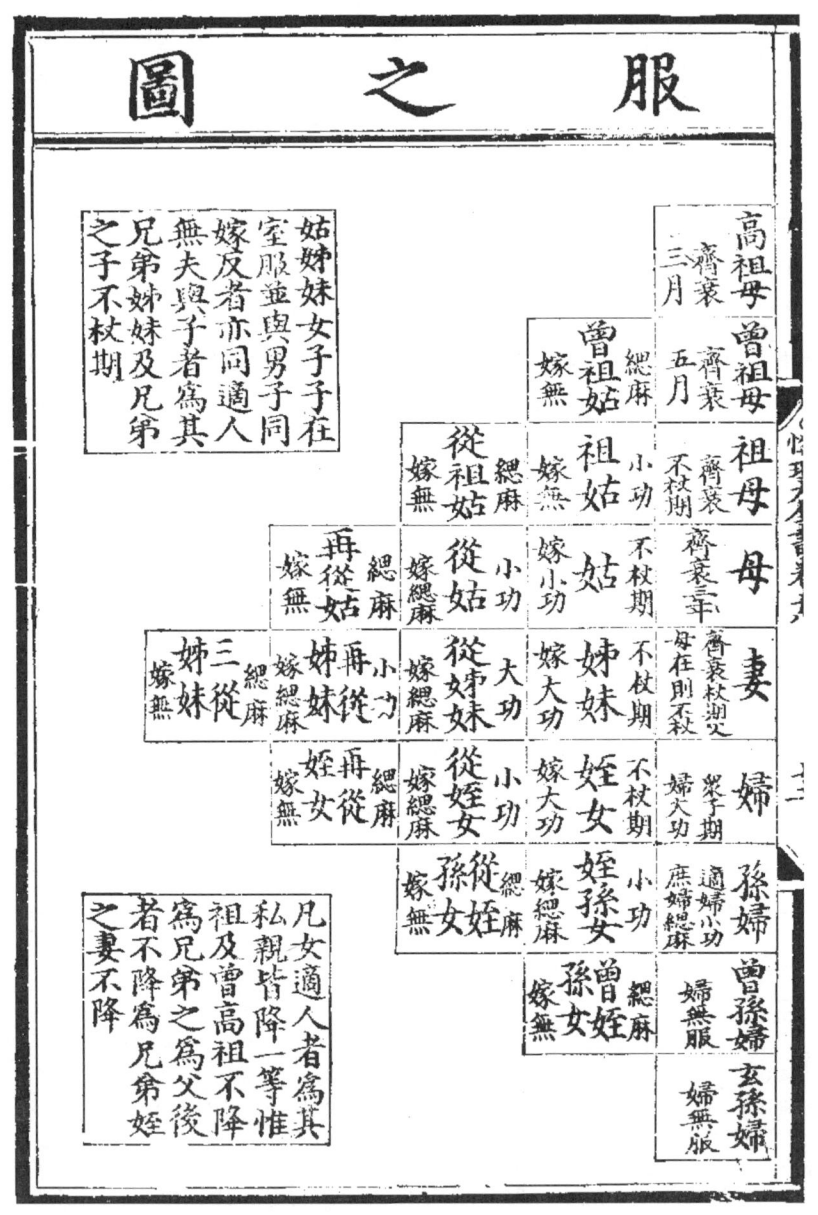

부록 1 本宗五服之圖(『性理大全』 권18, 家禮 1)

嫡孫父卒爲祖若
曾高祖承重者斬
衰三年爲祖母曾
高祖母承重者齊
衰三年

高祖父　齊衰三月

曾祖父　齊衰五月
曾祖伯叔父母　緦麻

祖父　齊衰不杖期
祖伯叔父母　小功
從祖祖伯叔父母　緦麻

父　斬衰三年
伯叔父母　不杖期
從伯叔父母　小功
再從伯叔父母　緦麻

己
兄弟　不杖期　妻小功
從父兄弟　大功　妻無
再從兄弟　小功　妻無
三從兄弟　緦麻　妻無

子　長子斬衰三年　長婦期　庶大功
姪　不杖期　妻大功
從姪　小功　妻緦麻
再從姪　緦麻　妻無

孫　適不杖　庶大功
姪孫　小功　婦緦麻
從姪孫　緦麻　婦無

曾孫　緦麻
曾姪孫　緦麻　婦無

玄孫　緦麻

凡男爲人後者爲
其私親皆降一等
惟本生父母降服
不杖期申心喪三
年其本生父母亦
爲之降服不杖期

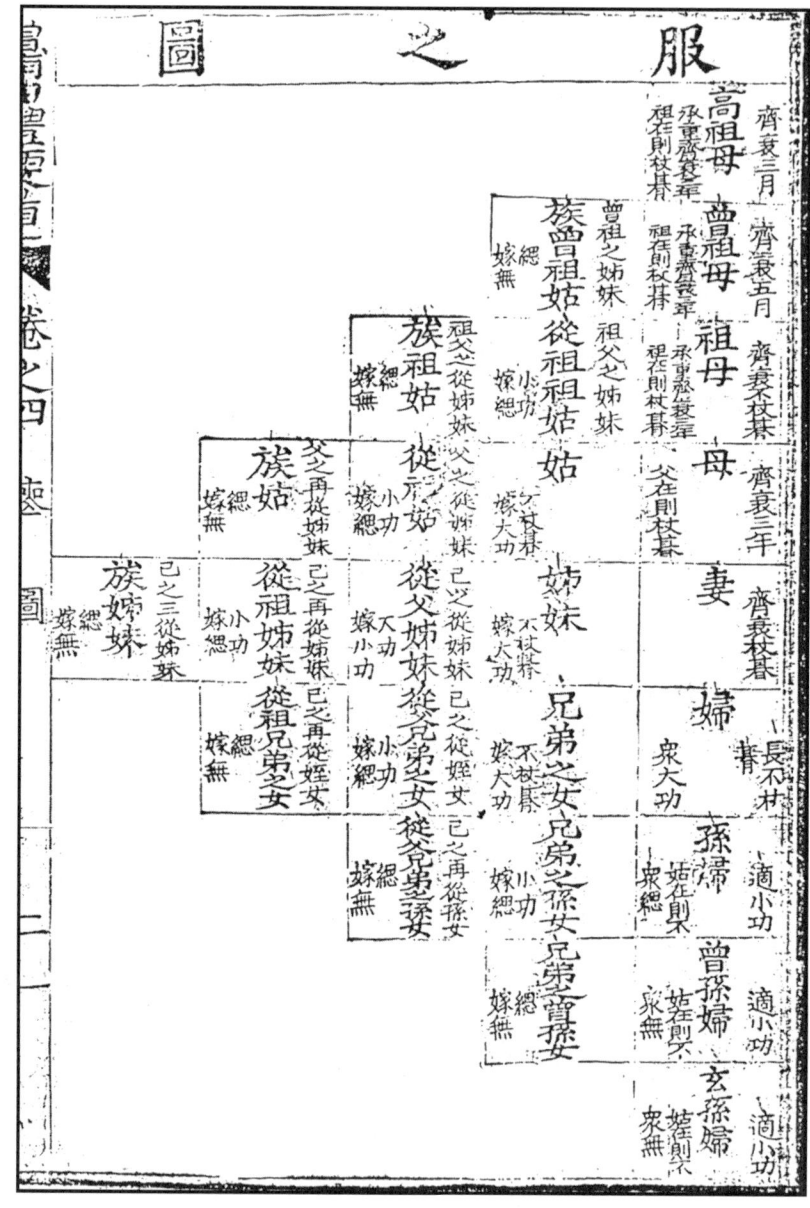

부록 2 本宗五服之圖(『性理大全』 권4, 喪圖)

本宗五服

凡男爲人後者爲所後黨服一如正服

高祖父 齊衰三月 承重斬衰三年

曾祖父 齊衰五月 承重斬衰三年

祖父 齊衰杖朞 承重斬衰三年

父 斬衰三年

己

子 長斬衰三年 衆不杖朞 女嫁降

孫 適不杖朞 衆大功 女嫁降

曾孫 適不杖朞 衆緦 女嫁無

玄孫 適不杖朞 衆緦 女嫁無

曾祖之兄弟 族曾祖父母 緦

祖父之兄弟 從祖祖父母 小功

伯叔父母 不杖朞

兄弟 不杖朞 妻小功

兄弟之子 不杖朞 婦大功

兄弟之孫 小功 婦緦

兄弟之曾孫 緦 婦無

祖父之從兄弟 族祖父母 緦

父之從兄弟 從祖父母 小功

己之從兄弟 從父兄弟 大功 妻緦

己之從姪 從父兄弟之子 小功 婦緦

己之再從孫 從父兄弟之孫 緦 婦無

父之再從兄弟 族父母 緦

己之再從兄弟 從祖兄弟 小功 妻無

己之再從姪 從祖兄弟之子 緦 婦無

己之三從兄弟 族兄弟 緦 妻無

服制之圖

父

父有子己
上有大功
親服齊
衰三月
則無服
元不同居
附異父同
母之兄弟各服
小功姉妹五月

繼母

謂父再娶之
母義服齊衰
三年○繼母
為長子報服
齊衰三年○
不杖期○繼
母嫁而従
之乃服杖期
○母出則無服
繼母報服不
杖期○母出
則無服
為繼母之兄
弟姉妹小功

母

期而為祖
後則無服
○庶母為君
其子○衆子
之為君齊
衰不杖期
○長子○為君
為君齊衰○妾
三年○為妾
三年斬衰
女君不杖
父母庶母
三年○庶母
應己者謂
自小乳養
期○謂
己著義服
小功

養母

謂養同
宗及三
歲以下
遺弃之
子者與
親母同
正服齊
衰三年

母

謂小乳
哺曰乳
母義服
緦麻

嫁母

謂父亡母再
嫁降服杖期
母為子○乃服
不杖期子
子為母大功
為女適人者○
不子為女報服
乃服大功服
者之迕從○父前後
服不杖
期嫁夫

부록 3 三父八母服制之圖(『性理大全』권18, 家禮 1)

三父八母

繼

同居　繼父
父子皆無大功以上，乃義服不杖期。

不同居　謂不隨母嫁。繼父先同居，後異居；或雖同居，而繼……

嫡母

妾生子謂父正室曰嫡母，與正室服齊衰三年。○嫡母與嫡母，服庶子為嫡母報，亦不杖期。○嫡母之父母兄弟姊妹死不服小功。

庶

謂父妾之有子者，眾子謂之庶母。士之庶子為其母齊衰三年，眾子為其母緦麻。○庶子為父後者，為其母緦麻而降。○其母○父母兄弟則無服。○父妾妹則無服。○庶母之子為父……之母不杖。

慈母　乳母

慈母：謂庶子無母而父命他妾之無子者慈己也，子之義同親母。服齊衰三年。

乳母：三年服齊衰不……命則小功，功則小。

出母

謂被父離弃。為降服杖期。○子降服不杖。父出母，後母乃降。○為出母杖期服。○女適人則不降，女亦報大功。母為降服大功，女亦報服。